北京古迹史话

窦欣平 著

三联书店

图书在版编目（CIP）数据

北京古迹史话／窦欣平著. —北京：生活·读书·新知三联书店，
2022.1
ISBN 978 - 7 - 108 - 06851 - 4

Ⅰ.①北…　Ⅱ.①窦…　Ⅲ.①名胜古迹－介绍－北京②北京－地方史－史料
Ⅳ.① K928.701 ② K291

中国版本图书馆 CIP 数据核字（2020）第 075504 号

责任编辑　柯琳芳
装帧设计　刘　洋
责任印制　宋　家
出版发行　**生活·讀書·新知** 三联书店
　　　　　（北京市东城区美术馆东街 22 号 100010）
网　　址　www.sdxjpc.com
经　　销　新华书店
制　　作　北京金舵手世纪图文设计有限公司
印　　刷　河北鹏润印刷有限公司
版　　次　2022 年 1 月北京第 1 版
　　　　　2022 年 1 月北京第 1 次印刷
开　　本　635 毫米 × 965 毫米　1/16　印张 19.5
字　　数　234 千字　图 46 幅
印　　数　0,001 - 3,000 册
定　　价　69.00 元

（印装查询：01064002715；邮购查询：01084010542）

紫禁城瑞雪　宋建华　绘

西山秋语 宋建华 绘

北京恭王府　宋建华　绘

道教圣地白云观　宋建华　绘

目　录

帝王之家的传奇

　　北京，一座有着八百多年都城史的城市，荟萃着金、元、明、清以来的中华皇家文化，拥有众多关于帝王的名胜古迹和人文景观，成为全球世界文化遗产最多的城市之一。岁月其实并不残忍，它侵蚀了人类的生命，却留下了他们的足迹。关于北京的历史，最重要的当属八百多年的皇家史，它无须典籍的记载，却早已随着岁月印刻在了这座城市的每一个角落。游走在众多的名胜古迹之中，就像在历史的画卷中徜徉。

　　北京的城市建筑历史可以追溯到三千年前的西周时期。西周早年，开国君主武王姬发便把他的弟弟召公姬奭分封于"蓟城"，"蓟城"位于北京城的西南隅。自此之后，一直到宋、金时期的两千多年间，北京地区一直都是北方的军事重镇。由于远离国都，这一时期北京的建筑大多与军事有关，单纯以游览、休闲为目的建造的建筑并不多见，直到12世纪一个少数民族政权——金的出现。八百多年前的宋、金时期，成为北京都城历史的起点。

　　金是生活在我国东北地区的女真族建立的政权。1114年，女真族领袖完颜阿骨打不堪忍受辽的长期欺压，在会宁府（今黑龙江省哈尔滨市阿城区）起兵反辽并于次年建国。辽国与北宋对峙，是统治中国北部的一个王朝，当时的北京正是辽国版图中的"南京"，又称"燕京"，与上京（今内蒙古自治区赤峰市巴林左旗）、东京（今辽宁省辽阳市）、西京（今山西省大同市）和中京（今内蒙古自治区赤峰市宁城县西大明镇）并称为"五京"。1122 年，北宋将燕京改称为"燕山府"，并于次年以谈判的方式从金国取得了燕山府。1125年，金灭辽，形成与北宋并立的民族政权。金代初期的首都位于会宁府，而北宋的首都在东京（今河南省开封市）。北京地区作为北宋的燕山府，正处于两个政权的接壤地带，依然是北部军事重镇的地位。也是在 1125 年，金攻占了北宋的燕山府，北京地区从此成为金的势力范围，北京的历史地位也从这一刻发生改变。

金将所占领的燕山府作为它的都城之一，将原来设在平州（今河北省秦皇岛市卢龙县）的最高国务机关——中书省、枢密院都搬了过来，但这一时期金的首都仍然在东北的会宁府。

皇统九年（1149）十二月，金国发生政变，皇室完颜亮杀死金熙宗登上皇位，他就是后世闻名的海陵王。《金史》对海陵王的评价非常刻薄，为我们勾画出了一个堪比商纣王的暴虐帝王形象。海陵王一生，为夺皇位而弑君，为保住皇位而残害忠良、屠杀宗族，并且杀死自己的嫡母、抢夺别人的妻子，简直就是天下无道暴君之首。

海陵王完颜亮弑君犯上，虽然成功登上了皇帝宝座，但在上京的宗室、贵族中仍然有很多人对他的行为不满，这使他非常担心这些人会威胁到自己的统治。同时，完颜亮也意识到，当时金的首都上京地处东北的一隅，不利于女真政权的发展壮大及与中原地区的融合交流。在这种情况下，被金占领才二十多年的燕京因为发达的交通和丰富的物产，成为金朝都城的最佳选择。

天德三年（1151）四月，完颜亮正式下诏欲迁都燕京，派遣张浩、苏保衡等官员前往燕京，参照北宋都城东京的规划设计，在原有的辽代"南京"城的基础上，向城市的东、西、南三面扩展，营建新的都城。工程动用了一百二十万人，历经两年，到贞元元年（1153）才告完工。

在建筑工程尚未竣工的情况下，海陵王便迫不及待地于1153年迁都燕京，并把燕京改名为"中都"。为了断绝皇亲贵族对故土的留恋，完颜亮下令将上京的宫殿、贵族府第一律毁弃，以表达他迁都的决心。他的这一举措极大地促进了金的封建化进程，也使北京第一次成为一个王朝的首都。完颜亮在位的十二年间，整肃吏治，团结各民族，巩固了金王朝的统治。

随着大批贵族、官僚的迁入，中都的商业得以迅速发展。为了使中都更加繁荣，完颜亮下令在四方招募民众，只要在中都居住就免除十年徭役。这一举措使北京地区的人口迅速增加，一座充满活力的城市已初具规模。

在"家天下"的封建社会，一个国家的首都更像是皇帝和王公贵族自己的家。

中都城作为首都一改以往千年军事重镇的萧索面貌，逐渐变得繁华起来。随着金、南宋与西夏等政权并立局面的形成，大规模战争暂时平息。金朝皇帝与王公贵族的生活也逐渐稳定下来，这极大地激发了他们享受生活的欲望。

为了使生活更加惬意，金朝皇帝开始修饰自己的"家园"，大量的风景区得以在中都城迅速修建。如今的北海、香山、钓鱼台、玉泉山、玉渊潭等，都是当年金朝皇帝的离宫别苑。时至今日仍被人们津津乐道的"燕京八景"也是从金朝开始的。金代的"燕京八景"分别为太液秋风、琼岛春阴、道陵夕照、蓟门飞雨、西山积雪、玉

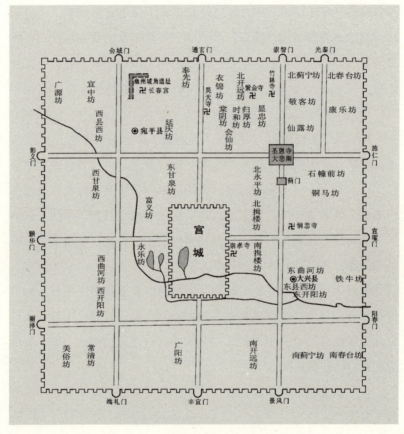

金中都城坊复原示意图

泉垂虹、卢沟晓月、居庸叠翠。

经历了八百多年的时光，当年力主迁都的海陵王早已重归尘土，而这些名胜古迹却任凭岁月侵蚀，仍然默默伫立在那里。它们不属于曾经的建造者海陵王和他的王公贵族，也不属于任何后来人，从它们建成的那一刻起，就已经成为北京的一部分，即使毁坏了、改变了也永远不能分割。

1215 年，蒙古军队攻陷金中都，只存在六十多年的中都城遭到严重破坏。

元朝统一中国，也把首都迁到北京，并改中都为"大都"，北京第一次成为大一统王朝的首都。从元世祖至元九年（1272）正式定都到 1368 年明朝大将徐达攻陷大都，近一百年间，元朝统治者除了修建新都城——大都之外，并没有建造更多供王公贵族休闲游乐的离宫别苑，只是把金朝的秀美风景保留了下来。

这个马背上的民族深深懂得"居马上得之，宁可以马上治之乎"（出自《史记·郦生陆贾列传》，意为"可以马上打天下，却不能马上治天下"）的道理，在统一全国之后，蒙古族统治者开始推动本民族的封建化。看看元朝的皇帝为自己的"家"所添置的建筑，就会明白他们的良苦用心。

元大德六年（1302），为了加强思想统治，团结汉族的贵族和士大夫，元成宗铁穆耳下令沿袭历代旧典，在大都兴建祭祀孔子的孔庙。经过四年的修建，1306 年大都孔庙正式建成，根据"左庙右学"的礼制，孔庙建成之后，其西侧的国子监也随之建好。

一切准备就绪之后，1307 年元成宗特宣诏加谥孔子为"大成至圣文宣王"，以此来表达自己向儒家文化学习的决心。1331 年，元明宗又下诏特别恩准孔庙配享宫城规制，准许孔庙四隅修建角楼，使大都孔庙的地位空前提高。

　　在尊孔重儒的同时，元朝的皇帝们也在大都修建了大量的佛家寺院。元世祖忽必烈先是修建了大护国仁王寺，至元十六年（1279），又在大都城内修建了民间俗称"白塔寺"的大圣寿万安寺。从忽必烈开始，之后的元朝每一代皇帝几乎都在大都修建寺庙，如元武宗修建了大崇恩福元寺，元仁宗修建了大承华普庆寺，元英宗修建了大永福寺和大昭孝寺，泰定帝修建了天源延圣寺，元文宗修建了大承天护圣寺。到了元朝的末代皇帝元顺帝时期，由于社会混乱，各地农民起义不断，崇信佛教的顺帝已无暇顾及修建佛寺。在整个元代，元朝皇帝中只有他留下了未修建寺院的遗憾。这些皇家佛寺多数在北京城内或近郊，还有一些在西山风景区。

　　元代是中国历史上的一个特殊朝代，是中国第一个由少数民族建立的大一统政权。元朝统治者用强悍的武力夺取天下之后，应该也曾想努力地治理好这个国家，从他们尊孔重教与大建寺院就可以看出，他们至少知道该用什么治理国家。

　　到元朝灭亡之时，北京作为都城的历史已经走过了两百多年。两百多年里，在北京这个皇帝的"家园"之中，金朝的"主人们"为了满足自己享受生活的需要修建了很多的离宫别苑，而元朝的"主人们"为了维护整个大家庭的稳定修建了大量文化宗教类的建筑。如今，回望历史，金朝统治者最终没能统一全国，而元不但完成了国家的统一，同时还成为中国历史上国土面积最大的封建王朝。原因何在？单从他们的统治者建设首都的侧重点上，也许就可以窥探一二。

　　元朝统治者大力修建文化宗教建筑，但遗憾的是，历史没有给予他们足够的时间。1368年，明军大将徐达攻破大都城，元顺帝弃城逃跑，元朝灭亡。随着王朝的更替，历史翻开了一个新的篇章，而北京的都城地位却由此变得扑朔迷离起来。

　　明朝的开国皇帝朱元璋在南京称帝，南京再次成为首都，而北京的地位则回到了三百年前。据说当年选都之时，朱元璋连他的老家凤阳都计算在内，却根本没有考虑北京。这是不难理解的。朱元璋毕竟是农民出身，而浓重的乡土观念是几千年来我国农民的传统，至今仍是中华文化的重要组成部分。从小在淮西长大的朱元璋，自然不会首先考虑在偏远的北方建都。

　　在北京两百多年短暂的辉煌都城史即将像流星一样在历史的天空中划过之时，一个人的出现，却让北京重拾辉煌，并超越以往。

　　明成祖朱棣，1360 年出生在南京，十岁被封为燕王，二十岁到北京，从此他的一生便与北京结下了不解之缘。1399 年 8 月，由于对建文帝削藩政策的不满，在北京生活了近二十年的燕王朱棣起兵造反。1402 年 6 月，朱棣攻陷南京，成功夺取帝位，次年改年号为"永乐"，他因此也被称为"永乐大帝"。

　　朱棣在北京生活了多年，可以说，北京就是朱棣的家。夺取帝位之后，他仍然无法适应南京的生活，于是，性格坚毅的永乐帝毅然迁都北京，回到了熟悉的"家"。

　　"回家"的永乐帝所做的第一件大事就是修建自己和后世子孙的皇宫——紫禁城。紫禁城一直保留至今，成为世界上现存最大的皇宫建筑群，如今它是每一个到北京游览的旅客必去的景点之一。朱棣走上皇位的是是非非，我们无意评说，但是没有他，也就没有紫禁城，无法为我们的国家和民族留下如此珍贵的文化遗产。

　　为了保护"家"的安全，维护"家"的繁荣与稳定，明朝皇帝在京城北部修建了雄伟的八达岭长城，这为抵御北方少数民族的进攻和国家的稳定做出了不可磨灭的贡献。如今，巍峨的八达岭长城依然在军都山顶蜿蜒，毛泽东主席当年的那句"不到长城非好汉"早已成为中外游客到北京旅游时广为传扬的"口号"。

随着社会的稳定与经济的发展，北京很快恢复了繁荣。中国人十分注重对祖先的敬重与怀念，作为一国之主的皇帝更是这方面的表率。朱棣在修建紫禁城的同时，按照中国古代"敬天法祖"的传统礼制，修建了祭祀皇帝祖先的家庙——太庙。为了满足皇帝祭祀及为天下苍生祈福的需要，明朝又修建了天坛、地坛和先农坛。天坛是明清两朝皇帝祭天的地方，始建于 1420 年。皇帝自称为"天子"，既然是"天之子"就要对上天有足够的敬重，所以天坛的整个面积比紫禁城还要大一些，可见皇帝对"上天"的重视，毕竟，"天子"之说应该是封建社会统治的思想基础，事关国家社稷。地坛始建于明代嘉靖九年（1530），是北京五坛中的第二大坛。作为另一座庄严肃穆、古朴幽静的皇家坛庙，它是明清两朝皇帝祭祀"皇地祇神"的场所，是整个中国最大的"祭地"之所。

明代是中华文明的又一个高峰，璀璨的文化光芒四射。有明一代，人才辈出，精英无数，现在仍流传于世的古典四大名著中有三部完成于明代。在耀眼的文明之光中，礼仪也是不可分割的重要部分，而北京的庙院与祭坛正是中华文明礼仪的见证者。当天下唯我独尊的封建帝王恭恭敬敬地在它们面前跪拜之时，这些建筑就再也不只是石头与木块的堆积。

除了雄伟的皇宫和承载着中华古老礼仪的建筑之外，明代留给我们的另一个文化遗产就是明代帝王的陵墓群——明十三陵。

坐落在北京西北郊天寿山麓的明十三陵，是明朝永乐皇帝迁都北京之后十三位皇帝陵墓的总称，自 1409 年朱棣修建长陵开始，到 1644 年顺治帝为崇祯修建思陵止。陵区占地面积约为四十平方公里，是目前世界范围内规模最大、保存最为完整、帝后陵寝数量最多的一处皇陵建筑群。

如今，明十三陵已陆续向游人开放。走在苍松翠柏环绕、肃穆庄严的陵区之间，也许我们最该感谢的是清朝的统治者。或许他们当时的动机只是为了笼络人心，然而，他们的确为历史保留下了这片珍贵的陵区。

1644 年，这一年的北京城见证了太多的历史，有生有亡，有兴有衰。农历三月十九日，崇祯皇帝在景山自杀殉国；同日，李自成率领农民起义军攻入北京城，明朝灭亡。四月二十三日，吴三桂引清兵入关。四月三十日，李自成被迫退出北京。五月二日，多尔衮率清军进入北京城。九月十九日，顺治皇帝自正阳门进入皇宫，清朝统治者入主中原。

历史就是这样的巧合，五百年前，女真人第一次把北京设置为王朝的首都；五百年后，他们的后代——满族人再次回到了这里。所不同的是，此时的北京城已不再是割据政权的都城，而是大一统王朝的首都。

五百年间沧海桑田。金朝统治者留下的离宫别苑仍在，又经过元、明两朝众帝王的精心添置，北京城"帝王之家"的地位已不容改变。

经过几百年的繁衍，生活在我国东北地区的这个少数民族似乎并未改变他们的"喜好"。随着国家的统一与安定，住在北京的满族皇帝们再次修饰起自己的"家园"。有趣的是，他们与他们的祖先一样，热衷的仍旧是修建"离宫别苑"，这也许是因为游猎民族不喜欢久居皇宫的缘故吧。

自清军入关的第一任皇帝顺治帝开始，清朝的皇帝就不喜欢在皇宫长久居住，他们大多在宫外寻找风景优美之处修建离宫。顺治皇帝进入北京之后，就经常在南苑和西苑居住。明代大学士李东阳曾在《南苑秋风》一诗中描绘了南苑的美景："落雁远惊云外浦，飞鹰欲下水边台。"位于紫禁城之北的积水潭在元代被称为"北海子"，与之相对，南苑则被称为"南海子"。因苑内有永定河故道穿过，又有凉水河、小龙河、凤河等河流流经此地，南苑水流密布，湖泊众多，成为一处水丰草茂的胜地。饮鹿池、眼镜湖、大泡子、二海子、三海子、四海子、五海子等一系列水域散布其中，呈现出一派北方难得的水乡之韵。因水而兴，南苑为水生和喜水的动、植物提供了栖息之所，逐渐成为理想的休闲之地。这正好与游牧民族喜欢渔猎的需求相契合，而刚刚进入中原的清朝皇族仍然或多或少地保留着那种"逐水草而居"的生活习性。在这样的背景之下，水草丰茂的南苑自然是顺治皇帝修建离宫的最佳选择。

在清朝统治者入主中原后的大部分时间里，南苑一直是当时北京地区最大的皇家猎场。清朝的皇帝们在这里修建了四处行宫和多间庙宇，并在南苑开辟出一部分专供士兵操练的场所，清朝皇帝曾多次在此校阅八旗军队。

当时的南苑草木茂盛，动物繁多，獐子、野兔、麋鹿等在南苑内悠闲、自在地生活着。清末，由于清朝统治的腐朽，国力日趋衰弱，帝国主义列强乘机侵略中国。这些强盗闯入南苑后，烧杀抢掠，无恶不作，清朝皇帝苦心经营的南苑从此成为一片废墟。如今，那广袤的猎场、恢宏的行宫早已消散在历史的烟云中，唯有一些残留的石碑，伴着"大红门""小红门""旧宫""鹿圈""角门"等依旧使用中的地名，一道见证着南苑曾经的辉煌与耻辱。

康熙十九年（1680），康熙皇帝在玉泉山南麓的金章宗所建芙蓉殿遗址基础上改建行宫，创设了澄心园。康熙二十三年（1684），康熙皇帝南巡，深为江南湖山美景所吸引，于是下令在明朝武清侯李伟的清华园废址上修建行宫，赐名为"畅春园"。

畅春园是清代修建的第一座离宫苑囿，落成之后，康熙皇帝时常奉孝庄文皇后和孝惠章皇后于园中休息，同时在园中处理政务，使这里成为紫禁城之外的第二个政务中心。康熙六十一年(1722)，康熙皇帝病逝于畅春园清溪书屋。

在畅春园周围，康熙皇帝赐给各位皇子和宠臣很多园林，最著名的就是赏赐给当时还是四阿哥的雍正皇帝的圆明园。这个前世以金碧辉煌著称，今生以民族耻辱闻名的特殊园林，曾是清朝皇帝最爱的园囿。

雍正登基后，就开始大规模营建圆明园，引水凿池，增筑亭榭。至雍正三年（1725），圆明园占地面积增加了近九倍，由三百亩扩大到了约三千亩。扩建后的圆明园升级为离宫，不仅是皇帝的日常居住之所，也是处理政务之地。园中景致美不胜收，命名了"圆明园二十八景"。

1735 年，乾隆皇帝即位。这个在建筑艺术方面有着极高造诣的帝王，在北京及京畿地区保护、扩修、兴建了无数皇家宫殿园林。乾隆皇帝曾六次南巡，深为江南美景所吸引，于是将江南各地胜景仿造于圆明园内，是为"圆明园四十景"。乾隆九年（1744），乾隆皇帝完成了御制四十景诗。诗篇中的四十景，与雍正时代的"圆明园二十八景"完全不同，可见这些胜景是修建于乾隆登基后的数年。乾隆十年（1745），乾隆皇帝开始在香山修建静宜园，历时七个月，于次年建成"静宜园二十八景"。乾隆十五年（1750），乾隆皇帝为庆贺其生母转年六十寿辰，于昆明湖北侧堤岸、依万寿山筑园，赐名为清漪园。同年，扩建玉泉山麓的静明园。静明园是在康熙三十一年（1692）由澄心园改名而来，乾隆皇帝为扩建后的静明园御制了《静明园十六景诗》。此后，乾隆皇帝对康熙朝所建畅春园进行大修，用于太后居住。至此，万寿山清漪园、玉泉山静明园、香山静宜园及圆明园、畅春园，组成了著名的"三山五园"，代表了清代皇家园林的巅峰。

晚清时期朝阳门以北城墙（［日］小川一真 摄）

　　乾隆皇帝在位期间，正是清朝的全盛时期。除了"三山五园"之外，还建有长春园、绮春园、西花园、熙春园、镜春园、淑春园、鸣鹤园、朗润园、弘雅园、澄怀园、自得园、含芳园、诚亲王园、康亲王园、寿恩公主园、礼王园、泉宗庙花园、圣化寺花园等数十处皇家御苑与赐园。

　　这些壮观气派、气势恢宏的皇家园林，无不体现着中华园林文化的辉煌，是北京皇家园林艺术史上一串璀璨的明珠。

　　至此，中华帝王们对"帝王之家"绵延几百年的修建基本完成，北京的皇家历史就镶嵌在这些历史文化遗迹之中。也许，正是因为有了它们，那些关于北京、关于帝王的往事才没有随时间流逝。时至今日，当我们在北京见到这些或辉煌或优雅的皇家建筑之时，那种旷远的感觉油然而生。譬如气质非凡的皇宫紫禁城，它目睹过明成祖"回家"时的喜悦，见证了后宫嫔妃钩心斗角的险恶，得到了明、清两代几十位帝王的厚爱。上下五百年，人非而物是，一座宫殿，留下了无数皇家的印记。

五百年皇宫禁地

　　一提到皇宫，人们首先想到的就是北京故宫。其实，中国的封建王朝历史长达两千多年，自秦始皇统一中国以来，大一统的封建王朝有近十个，每个封建王朝无不建有自己的皇宫。如汉代的长乐宫和未央宫、唐代的大明宫等皇家宫殿，在历史上都赫赫有名，即使是在历经千年后的今天，这些建筑仍被世人广为传颂。然而由于种种原因，多数皇宫当年的辉煌早已不再，只剩下荒废的遗址和人们的无限追忆。

　　如今，中国封建王朝的历史已经结束了百余年，帝国王者们也随着宣统皇帝溥仪的逝去而永远消失在历史之中。然而，幸运的是，有一座皇宫却被保留下来，它就是曾被称为"紫禁城"的北京故宫。

　　故宫是北京城的中心，是明、清两代皇帝的宫殿，也是世界上现存最大、最完整的皇宫建筑群。故宫于明代永乐十八年（1420）建成，在此后五百年的历史中，明朝有十四位皇帝，清朝有十位皇帝，共二十四位皇帝在这里执政和生活。可以说，在封建王朝的最后五百年里，北京城都是帝国的中心，而当年的紫禁城便是中心的中心。

　　说起紫禁城，就不能不提到它的第一位主人——明成祖朱棣。

　　不管世人对朱棣本人的评价如何，以他在位时的功绩论，明成祖可以称得上是一代明君。永乐年间，社会安定、国家富足，后世公认这一时期为"永乐盛世"。而在朱棣所有的功绩中，迁都北京和营建紫禁城是对后世影响最为巨大的两件事。

　　朱棣是明太祖朱元璋的第四个儿子，1360 年出生于南京，八岁的时候，他的父亲朱元璋攻占了元朝首都——当时被称为"大都"的北京。朱棣十岁时被封为燕王，二十岁时赴北平（明朝建立后，北京的称呼由"大都"改为"北平"）就藩。朱棣与北京，皇帝与紫禁城，从这一刻开始就结下了不解之缘。

　　从当时的情况看，朱棣已经到北平就藩，若无意外，他的一生都将与皇位无缘。如果历史就这样发展下去，皇宫紫禁城也许永远不会出现在北京的土地上。但是，历史就是因为它的意外而对世人产生了巨大的吸引力。朱元璋晚年，太子朱标以及比朱棣年长的秦王和晋王相继早逝，历史第一次给了朱棣当皇帝的机会。然而，朱元璋却封了已故太子朱标的儿子朱允炆为新太子，他就是后来引发了不少猜测和争论的建文帝。错过一次机会的朱棣反而对皇位有了更强烈的渴望。朱元璋死后，朱棣起兵造反，经过四年的拼杀，最终攻占南京，成功登上皇位。此时，南京依旧是明朝的京城，而北京似乎又回到了北部军事重镇的时代。然而，没有被历史抛弃的朱棣，注定不会抛弃他的王兴之地，他酝酿着迁都北平。

　　朱棣二十岁就任燕王，到 1402 年领兵攻占南京，在北平生活了将近二十年。一方面，在朱棣的心里，北平早已是他的家，有家的人谁不渴望回家呢？另一方面，失去政权的元朝统治集团还没有完全瓦解，北部边陲尤其是北平时常受到蒙古军队的袭扰，迁都北平不仅可以抗击自北入侵的蒙古骑兵，还可以进一步控制东北地区，有利于维护全国的统一。于是，已经登上皇位的朱棣便开始筹划迁都北平。永乐元年（1403），朱棣的皇位还没有坐热便下诏改北平布政司为北京行部，改北平府为顺天府，为迁都积极做准备。

既然是京师就必然要有皇宫。北京虽然曾经是金和元的都城，但是皇宫的规模并不大，而朱棣作为一代雄才大略的英主，他需要的是一个气势恢宏、大气磅礴的皇宫，只有这样才能与帝王俯瞰一切的气势与威严相匹配。于是，永乐四年（1406），朱棣又下诏将于第二年五月开始正式在北京修建皇宫，这座皇宫就是后来闻名于世的紫禁城。

1407年，紫禁城正式动工修建。修建之初，从全国征集的工匠有十多万人，役夫更是多达百万人。因为按照朱棣的要求，紫禁城一定要尽显气派与富丽。在当时的社会生产条件下，这样一个浩大的工程，没有足够的劳动者是根本无法完成的。与此同时，修建皇宫需要大量的名贵木材，这样的木材北方很少，大多产自四川、广西、广东、云南、贵州等地。而建皇宫所用石料也要采自北京郊区或更远的山区，最轻的石料往往也有几吨重，大的石料甚至达到数百吨。就在故宫保和殿北台基中央的御路上，我们可以发现一块保存完好的云龙丹陛。这块丹陛由整块石料雕刻而成，石长十六点五七米，宽三点零七米，厚一点七米，重约二百五十吨。在这些因素影响之下，修建工程注定旷日持久并需要巨大的劳动量。在经过无数工匠长达十四年的艰辛劳动后，紫禁城终于在1420年建成。1421年正月，朱棣下诏正式改北京为京师，并在北京奉天殿接见百官，在南郊祭祀天地和祖先。迁都北京的伟大工程至此基本完成。此后，紫禁城一直是明、清两代封建王朝的皇宫，直至封建王朝的完结。

可以说，紫禁城是几百年前我国劳动人民智慧和血汗的结

保和殿后檐云龙丹陛俗称"大石雕",由整块石料雕刻而成,为宫中石雕之最

晶。以当时的社会条件，能建造出如此庞大而卓越的建筑群，充分反映了我国古代劳动人民的智慧和创造才能。后世的建筑学家们无不惊叹于紫禁城的设计与建筑，将它看作一个无与伦比的杰作，一个建筑史上的奇迹。这座世界上现存规模最大的皇宫，南北长九百六十一米，东西宽七百五十三米，占地面积约七十二万平方米，建筑面积十五点五万平方米。它的四面建有高十米的城墙，一条宽五十二米的护城河环绕整个紫禁城，日夜守护着这座雄伟的皇宫。相传，故宫内共有房间九千九百九十九间半，其实这只不过是个传说。1973年，经过专家们的仔细统计，事实上，故宫现有房屋九百八十座，房间共计八千七百零四间。

　　紫禁城的城墙四面各设有一座城门，南面是紫禁城的正门——午门。在明代，午门外的广场就是杖责犯有过错的大臣的地方，"推出午门外斩首"的话一直流传至今。这句话让人们以为皇帝批示斩首的犯人就在午门外的广场执行，其实这是一个误会，真正的含义是将犯人推出皇宫在菜市口等地斩首。之所以提及"午门"，是因为在紫禁城的布局中，午门就是皇宫的正门，"推出午门"指的就是推出皇宫。至于天安门，其实是皇宫的外门。

　　午门还是皇帝发布诏书的地方，除了日常发布有关国家大事的诏书，每年十月初一，午门会举行"颁朔礼"。颁朔礼是颁布次年历书的仪式，在古代被视为国家大事，颁布的历书将指引下一年的日期、节令、农耕等。仪式旧称"颁历"，至乾隆朝，为避乾隆皇帝名讳中的"历"字，改称"颁朔"。午门还会举行"献俘礼"，每遇到国家的重大战争，凯旋的将军会在午门向皇帝敬献战俘，以示军功。作为皇宫的正门，这里的一切都是为了彰显皇帝的威严。

　　如果不仔细看，一般会以为午门只有三个门洞，其实，在东西城台里侧，它还有左右两个掖门，在正面是不容易被发现的，所以有"明三暗五"的说法。也许有人会问，这么多门有什么用呢？如果是在普通百姓家，那自然是太过浪费了，然而，这里是皇宫，皇宫的气势与规矩终归是不同的。

午门正中最大的门洞，平时只有皇帝才有资格出入。另一个有资格的人，就是皇帝大婚当天的皇后，而且皇后一生也就只有一次这样的机会。帝王的家人获得从午门正中走进皇宫的机会都如此难得，那么，作为皇室之外的普通人，是不是就一点机会都没有了呢？其实，普通人也是有机会的，如果考生在殿试中考中全国前三名，即科举考试的状元、榜眼、探花，那么就有幸可以在殿试结束后从午门正中走出皇宫一次。而其他没有考中前三名的考生，就只能从旁边的门进去，再从旁边的门出来了。

这一进一出的荣耀，对当时的人来说可算是一生中最耀眼的辉煌时刻。从此门洞进去的女人从此成为母仪天下的皇后，而从此门洞出来的男人们，也许就是日后治理帝国的国家柱石。

紫禁城的东门叫东华门，它靠近太子宫，是太子出入紫禁城的专用城门。到了清代，东华门也允许内阁官员出入，乾隆朝中期，一些年事已高的一、二品官员也可以从这里出入了。另外，东华门还是清代大行皇帝、皇后、皇太后的梓宫出皇宫的地方。

与东华门遥相对应的就是紫禁城的西门——西华门。西华门并没有什么特别的作用，因为西华门外正对着皇宫园林西苑，所以，很多帝王、后妃游幸西苑花园，都从西华门出去。

紫禁城的北门是神武门，按布局来说，它是皇宫的后门，是宫内下人日常出入的重要门禁。清代每三年选一次秀女，备选者也是从这里的偏门入宫候选的。神武门上设置有钟和鼓，由专门的部门——銮仪卫负责管理。每天黄昏之后，便敲钟一百〇八响，钟声响过之后，鼓声随即响起，这就是一更的开始。随后，每过一更便打钟击鼓一次，黎明的时候还要鸣钟报晓。如果皇帝住在宫内，黎明就不用鸣钟了，以免惊扰劳累了一晚的皇帝。

城墙之内就是真正的皇宫了，城内宫殿建筑布局沿着由承天门（清代顺治年间改为天安门）—端门—午门—太和殿—中和殿—保和殿组成的中轴线向东西两侧展开。南半部分以太和殿、中和殿、保和殿三大殿为中心，再以文华殿、武英殿两殿侍立左右两翼，是皇帝每天举行朝会的地方，称为"前朝"。北半部以乾清宫、交泰殿、坤宁宫三宫及东西六宫和御花园为中心，即是人们通常所说的"三宫六院"，其外东侧有奉先殿、皇极殿等宫殿，西侧有养心殿、雨花阁、慈宁宫等，是皇帝和后妃们居住、举行祭祀和宗教活动以及处理日常政务的地方，称为"后寝"。此外还有斋宫、毓庆宫、重华宫等。整个宫殿建筑布局严谨却不失大气，既秩序井然又气势磅礴，寸砖片瓦、一阁一殿都显示出皇宫无与伦比的壮美，映现着帝王至高无上的权威。

皇宫的平面布局严谨有序，形式上尽显雄伟、辉煌、庄严、和谐，是中国古代建筑艺术的精华所在。整个建筑充分显示了五百多年前的古代工匠们在建筑上的卓越成就，也表现了中国悠久的历史文化传统。

紫禁城不仅是皇帝理政和生活的场所，也是国家的政治中心。新皇帝的登基典礼就是紫禁城中最重要的仪式，它可以算是封建社会整个国家最重要的政治事件之一。紫禁城建成之后，皇帝登基典礼大多在如今的太和殿举行，第一位在紫禁城举行登基仪式的并不是它的第一位主人朱棣，而是朱棣的儿子明仁宗朱高炽。

1424年，明成祖朱棣病逝之后，早已被立为太子的朱高炽在紫禁城举行了这座皇宫的第一次登基大典。

在典礼举行之前，司设监、钦天监、尚宝司、教坊司等礼部直

紫禁城鸟瞰图

属机关就做了大量的准备工作。皇宫的后勤保障部司设监把皇帝的御座摆放在奉天门之上；负责观察天象、推算节气、制定历法的钦天监推算出登基的最佳时间，并设定时鼓；尚宝司负责典礼设备的安置；教坊司负责仪式中的文艺演出。这几个部门是明代筹备皇帝登基典礼的主要机构，典礼的准备工作几乎都由它们负责完成。

登基当日的早上，朱高炽派遣礼部的官员分别到天坛、先农坛、太庙告知祖先，拜祭天地。登基大典由此拉开序幕。

登基"吉时"到达之时，钟鼓齐鸣，朱高炽穿着只在特别重大的仪式中才穿的黄色衮服，缓步登上奉天门城楼，登基仪式正式开始。

朱高炽在奉天门上祷告天地之时，身着朝服的官员早已在奉天门前排队等候，在鸿胪寺官员的引导下，他们经由金水桥进入紫禁城，在午门外的广场上以"文东武西"的方式跪在御道两侧，等待皇帝从奉天门上祷告完毕下来。

从奉天门城楼下来之后，朱高炽在随从人员的簇拥下进入登基的大殿就座。正在午门广场外跪拜的大臣们这才站起身来依官阶高低鱼贯进入，依次对新皇帝上表道贺。然后，司礼太监宣读即位诏书，确认朱高炽的新皇帝身份，明王朝的换代正式完成，洪熙时代就此拉开序幕。

这个仪式自明仁宗朱高炽之后便被确定下来，成为明代皇帝登基的定制，明朝后世皇帝大都沿用这套礼仪制度。皇宫紫禁城见证了几乎所有明、清帝王登基时的荣耀。

历史上，每一座皇宫的名字都有其非凡的意义，比如汉代的长乐宫和未央宫，就表达了刘邦对养尊处优的帝王生活永远延续下去的美好希冀。

紫禁城的命名与中国传统文化息息相关。古人将星空中的紫微星称为"众星之主"，视之为代表天帝的星座；又将星空划分为"三垣二十八宿"，紫微星所属的紫微垣位于天空中央，为三垣的中垣，被视为天帝的居所。因而，天帝所居的天宫即被称为"紫宫"。

古代皇帝都以天帝的儿子自居，认为自己是天帝派到人间的神，具有至高无上的地位。既然是天子，皇帝的居所应当与天帝的居所相呼应，皇宫也便被称为"紫宫"。皇帝们希望自己身居"紫宫"，能够如天帝般威严，江山永固。

同时，紫禁城的设计者出于保证帝王的安全、权威及威严的考虑，在规划之初就考虑到了皇宫需壁垒森严，除了设置林立的哨岗之外，还建有十米高的城墙和五十二米宽的护城河，使进入皇宫难上加难。早在秦汉时期，皇宫就被称为"禁城"。既是紫宫，也是禁城，因此，这座皇宫被称为"紫禁城"。

无论紫禁城的名称是如何得来的，这个名称都是一个恰如其分的命名，不是因为代表天帝居所的"紫"字，而是那个"禁"字。

紫禁城是皇宫，也是禁地。

最先被紫禁城禁止在外的就是民间百姓。作为封建社会的普通老百姓，是绝对不允许靠近皇宫的，即使偷看一眼也许都会被逮捕入狱。毕竟，皇帝与百姓是天与地的差别，皇帝居住的皇宫不是普通百姓有资格靠近的。

然而，相比于皇宫外面的人无法进入而言，皇宫里面的人，也许更理解这个"禁"字的含义。

万历皇帝朱翊钧是紫禁城的第十一位主人，1573年，年仅十岁的他就继承了皇位，在位四十八年，是明朝在位时间最长的皇帝。

万历六年（1578），十六岁的朱翊钧在皇太后的安排下和皇后王氏成亲。这是万历皇帝的初婚。皇帝的婚姻，除了政治需要外，最重要的就是要尽快生下龙子，以延续皇家的江山社稷。然而，到了万历九年（1581），结婚已经三年的王皇后，还是没有传出怀孕的喜讯。通常情况下这也不是什么大事，毕竟夫妇二人都还不到二十岁，但是，急着要做祖母的皇太后却等不及了。

万历十年（1582），皇太后下懿旨，要到各地挑选女子入宫。然而，当这份懿旨被当时的首辅张居正看到后，他却提笔修改了懿旨，把挑选女子入宫改为挑选女子入宫册封妃嫔。

"老谋深算"的张居正非常了解民间的疾苦，他知道，民间百姓并不愿意把自己辛苦养大的女儿送入宫里，因为皇宫是禁地，女儿进去之后，也许一生都将被锢深宫，不能再出皇宫一步。女子入宫，如果无名无分，就只能作为下人在宫中劳碌一生，甚至终老其中，再也无法与家人相见。但是如能被选为妃嫔，虽无自由，至少还能让自己和家人享尽人间的荣华富贵。所以如果懿旨只说挑选女子入宫，百姓一定会把女儿藏匿起来，不让她被选入宫，这样的话，结果就会是"无人可挑"，或者挑不到"国色天香"的真正美女。

从这件事上就可以看出，并不是每个人都想进入皇宫，起码很多宫女就非常向往外界的自由，即使她们被册封为妃嫔，依然不能随意出宫。她们虽人前显贵，但是并没有多少自由，而那些被冷落的妃嫔，一生只能与孤独寂寞为伍，那种痛不欲生的悲凉是外人永远也无法体会的。

紫禁城里的女人，无论权势大小，与皇帝相比都永远是皇宫中的配角。然而，即使作为一国之主的皇帝，虽身为紫禁城的主人，仍然要被这深深的皇宫和高大的城墙牢牢禁锢着，相信很多住在里面的帝王都曾向往过紫禁城外的自由世界。敢用实际行动打破这种禁锢的明代皇帝中，最有名的一位就是极具争议的明武宗朱厚照了。

明武宗朱厚照，一个被后人唾弃、嘲笑、批判的帝王，一个好色、贪杯、尚武、行事荒诞不经的皇帝，却是一个追求自由、敢于打破皇宫禁锢的勇者。朱厚照生在帝王之家，贵为天下王者，虽然身为紫禁城的主人，却依然感觉到那无处不在的束缚，时刻想着冲出紫禁城。

朱厚照是明孝宗朱祐樘唯一长大成人的皇子，他的弟弟和妹妹都夭折了。因此，明孝宗对朱厚照非常疼爱，这也为朱厚照以后的任性妄为埋下了伏笔。

弘治十八年（1505）五月，明孝宗逝世，年仅十五岁的朱厚照在紫禁城即位，从此开始了他独特的帝王生涯。

朱厚照登基时还是个孩子，他从小就顽劣成性，当他拥有至高无上的皇权后，他想的不是如何承担皇帝的责任，治理好这个国家，而是想着如何利用皇帝的权力为所欲为，不受任何约束，做自己想做的任何事。

即位之初，朱厚照就废除了尚寝官和文书房侍从皇帝的内官，这样做不是因为他勤劳，而是为了减少这些侍从对自己行动的限制。"经筵日讲"是古代特设的专门为皇帝讲解经史的御前讲席，目的是让皇帝增进涵养，保持德行，学习治国之道。经筵制度最早可追溯到西汉昭帝时期，到北宋时期形成定制并延续下来。到了明朝，除经筵制度外，又增加了日讲制度，每天或者每隔几天，文华殿大学士就要在文华殿为皇帝讲课。明武宗年少贪玩，他经常以各种借口逃脱，自始至终也没听过几次经筵日讲。后来，自由惯了的朱厚照索性连早朝也不上了。他的这一做法开启了明朝皇帝长期罢朝的先河，之后的明世宗、明神宗都曾长期不上早朝，对明朝历史的发展产生了极大的影响。

有人因此认定明武宗朱厚照是史上罕见的懒惰皇帝，其实，他只不过是一个追求自由、任性、个性张扬的孩子，他还不懂得做皇帝的责任和意义；或者他已经懂得，但是，与当那个责任重大的皇帝相比，他更愿意追求自我罢了。

朱厚照一点也不留恋象征权力和地位的金碧辉煌的紫禁城，他最喜欢待的两个地方是豹房和宣府（今河北宣化）的镇国府。

豹房是贵族豢养虎、豹等凶猛野兽以供玩乐的地方，元朝便有了这种风气。另外还有虎房、象房、鹰房等。"房"又称为"坊"，如羊坊、象坊、虎坊等，北京至今仍然存在这类地名。明朝的皇帝尤其喜欢豢养动物，并为此修建了许多饲养动物的场所，如虎城、豹房、鹁鸽房、鹿场等。

渐渐长大的明武宗朱厚照再也无法忍受枯燥乏味的皇宫生活，他的心思早已不在紫禁城的高墙之内了。于是，正德二年（1507），他命人在皇城西北修建"豹房新宅"以供自己休闲玩乐。经过五年的修建，到正德七年（1512），这个耗银二十四万余两、有房间两百多间的皇家游乐、办公场所正式建成。从正德二年到正德十六年（1521）三月朱厚照驾崩，他一直住在那里。

很多人都说朱厚照是留恋豹房的欢愉才喜欢住在那里的。在豹房里，除了有明武宗最喜欢的动物——豹子之外，还有无数乐妓。每天，朱厚照都在豹房中饮酒作乐、虚度时光，丝毫不管民间的疾苦和国家的安危。

其实，豹房并不像后人想象的那样只是明武宗荒淫享乐的场所，它也是那一时期大明帝国的政治中心和军事总部。因为，朱厚照虽然贪玩，却还知道处理国家大事。明武宗处理事情刚毅果断，诛杀权宦刘瑾，平定安化王和宁王之乱以及在应州从容应对蒙古鞑靼部落首领小王子率领的大军都体现了他临危不乱的良好处事能力。

其实，豹房是娱乐场所也好，是办公地点也罢，在朱厚照的心里，那里就是一个他可以随意说笑、随意玩乐、不受任何约束的地方。在那里，他可以像一个普通人一样，也可以有喜怒哀乐，也可以无拘无束，不像在紫禁城，总是有无形的压力束缚着他的身体与灵魂。

除了豹房，朱厚照喜欢去的另一个地方就是宣府。因为武宗自幼习武，非常崇拜太祖和成祖的"武功"，所以，他一直梦想到边关与蒙古军队进行真正的较量，成就一番丰功伟业。而此时一个人的出现更坚定了朱厚照巡行北方边关的想法，这个人就是宣府边将江彬。

江彬原本只是边关一名普通的军官，适逢京郊密云地区爆发刘六、刘七起义，朝廷调派边军前来镇压，他才得以进京。江彬勇猛好战，在战斗中身中三箭，即使一箭正中面门，他也毫不胆怯，拔掉后仍冲杀在前，后来因为军功受到明武宗的召见。朱厚照自身也是尚武的性格，所以对彪悍勇武的江彬非常欣赏，就把他留在了身边。

有一次，明武宗在豹房内戏耍老虎，这是一只早被驯服的兽中之王，然而，不知什么原因，这只平日温顺的老虎突然兽性大发，向武宗猛扑过来。武宗在慌乱之下，连忙呼叫身旁的钱宁救驾，然而，钱宁也被老虎的气势吓住了，愣在旁边畏惧不前，这时，同样站在一边的江彬及时出手，将老虎制伏，救了武宗一命。朱厚照十分感激江彬，从此对他更加宠信了。

正德十二年（1517）八月，在宠臣江彬的怂恿下，早就对紫禁城厌烦无比的朱厚照，不顾群臣的激烈反对，带着自己的亲信冲出北京城，来到了当时的边关重地宣府。

朱厚照在宣府营建"镇国府"，封自己为"总督军务威武大将军总兵官"，往来的公文都以"威武大将军"的名号发布，并更改自己的名字为朱寿，后来又加封自己为"镇国公"，让兵部存档，户部发饷。

同年十月，蒙古鞑靼部落首领小王子部又对宣府发动了军事进攻，等待已久的明武宗终于有了一次大显身手的机会。面对蒙古的五万骑兵，明武宗亲任指挥，从容调动军队，先以少量军队引蛇出洞，然后再逐渐增加兵力。由于明武宗指挥得当，打了整整一天的"应州之战"，最终以蒙古骑兵的溃退而结束。

这次战斗的胜利是明英宗"土木之变"后，明军对蒙古骑兵取得的第一次野外战争的胜利。明武宗朱厚照率领数万名普通的边军直接对抗五万名蒙古精锐骑兵，并战胜了蒙古骑兵。此后很长一段时间内，蒙古小王子都不敢进犯边关，为边关的和平与国家的稳定做出了贡献。这是应州一战最直接的结果。在这场几乎被后人忘却的战役中，曾经"荒诞不经"的明武宗亲自指挥布置，战术正确，指挥得法，体现了很高的军事指挥才能。应州大捷成为朱厚照一生中最为光彩的时刻。

正德十五年（1520）九月，南巡途中的朱厚照在江苏淮安的清江浦钓鱼时，不慎掉入水中，虽被侍卫救起，但身体却大不如前。1521 年，年仅三十一岁的明武宗朱厚照在豹房中病逝。

《明史》中先是夸赞了一下朱厚照的历史功绩——"手除逆瑾，躬御边寇，奋然欲以武功自雄"。然后笔锋一转，说他"耽乐嬉游，昵近群小"，致使"朝纲紊乱"，国家几近危亡。最后惋惜地说，假如朱厚照能像他父亲孝宗一样"制节谨度"，那么不仅可以把国家治理得井井有条，还能在历史上留下美名，也不至于被后世嘲笑非议。

纵观朱厚照一生，"玩"字贯穿始终，"荒唐"似乎是他永远摆脱不掉的标签。据说，明武宗即位之初就搞起了恶作剧，在奉天殿里，把一只猴子放在了狗的背上，然后，点燃爆竹。受到惊吓的猴子和狗四处乱窜，紫禁城的庄严因此荡然无存。

也许，"问题青年"朱厚照就是要摆脱这种无处不在的"庄严"，他修建豹房，巡幸南北，从未在紫禁城中一本正经地做他的皇帝。也许，他与崇祯朝的长平公主有着同样的感叹——奈何生在帝王家？

　　在小说《红楼梦》中，皇帝的贤德妃贾元春回贾府省亲之时，隔着帘含泪对她的父亲说道："田舍之家，虽齑盐布帛，终能聚天伦之乐。今虽富贵已极，骨肉各方，然终无意趣！"她称皇宫为"不得见人的去处"。由此可见，一个"禁"字包含了皇宫中多少的哀怨。

　　如今，封建社会早已成为过去，曾经的皇宫禁地"紫禁城"也成为供游客观光游览的景点。那庄严高大的建筑群依然诉说着昔日的辉煌，当我们普通人有幸走近它时，我们所有的人都已实现了紫禁城曾经的主人朱厚照为之奋斗一生的对个性解放的追求，拥有了他向往的自由。

紫禁城中的家国传奇

　　从营建到发展，从固守到变革，紫禁城承载了它的主人——皇帝的命运与传奇。然而，紫禁城是博大的，如果只了解其宏观发展史，我们看到的将仅仅是冰山一角。这里的每一处建筑都见证了历史的发生，或是皇权荣耀，或是刀光剑影，那么多神秘都蕴藏其中。如此看来，宏观之外的微观历史或许更加细腻而有趣。如今，当我们徜徉在紫禁城，眼前是当年皇家的外朝与内廷，虽然时过境迁，虽然建筑物不会说话，可是一旦我们了解了那里曾经发生的往事，紫禁城之旅就会变得不一样，令人想起并沉浸于历史的情境之中。

　　紫禁城是明、清两代皇帝的宫殿，始建于明永乐四年，建成于明永乐十八年，是我国现存最大、最完整的古代宫殿建筑群，占地面积为七十二万余平方米，如果算上护城的筒子河，面积则多达一百余万平方米。规模宏大的紫禁城并非徒有排场，面积虽大却使用有序，城内建筑按功能、作用等被划分为外朝与内廷，形成了合理而实用的结构布局，承载起皇权富贵与国运兴衰。

明、清两朝间紫禁城有幸迎接了二十四位帝国的主人。明朝有十四位皇帝，清朝有十位皇帝，都曾在这里执政与生活，使紫禁城得以同中国的明、清历史息息相关。然而，耐人寻味的是，这座一度承载帝国命运的紫禁城却并非出自正统，它的奠基人不是一个名正言顺继承大位的人，而是一个篡位的皇帝——朱棣。不知朱棣之外那二十三位明、清的皇帝是否有过思量，他们在一个篡位者奠基的皇宫内执政与生活，是否代表了对篡位的认可？抑或是对皇权的血腥之争熟视无睹？不管他们是否在意朱棣的过去，也不管紫禁城如何恢宏、雄伟，它最初的主人那段篡位的历史都是紫禁城无法抹去的时代记忆。

元惠宗至正二十八年（1368），明朝开国皇帝太祖朱元璋灭元称帝，将首都定在了南京。此前作为元大都的北京城，失去了至高地位。

作为一个育有二十六位亲生皇子的皇帝，朱元璋的福分不浅，他算是历代帝王中最为多子的一个。随着年岁不断增高，朱元璋开始着手安排自己的身后事，其中最重要的一项任务就是立储。对于日后皇位继承人的考虑，"内有仁君，外有强藩"的思想对朱元璋的影响十分明显。他建立明朝政权以后，为巩固朱家王朝，已设计出一套独特的封建制度，分封诸子为王，各统兵三千至一万九千不等，驻守在各地及边境要塞。朱元璋的二十六位皇子中，除长子朱标和早死的皇子朱楠外，其余二十四子均被分封为藩王。"强藩"已确立，只待继承皇位的"仁君"。而皇长子朱标生性仁慈，正是朱元璋心目中"仁君"的理想人选，恰好朱标又是嫡长子，将他立为太子成为理所当然之事。然而造化弄人，被立为太子的朱标身体却十分孱弱，还没等到继承皇位，便于洪武二十五年（1392）四月因病不治身亡，使年过六旬的朱元璋遭遇了"白发人送黑发人"的惨景。

储君之位虚悬，令饱受丧子之痛的朱元璋身心疲惫。按照传统，太子薨逝或被废，可在其余皇子中择贤立储。二十余位皇子中，当然有可选之人。朱棣是明太祖朱元璋的第四个儿子，1360 年出生，十岁时被分封为燕王，二十岁即前往北平就藩。北平就是元朝的大都，被明军攻陷后，改名为北平。朱棣前往北平就藩开启了传奇人生的序曲，为日后起兵造反、迁都北京、营造紫禁城埋下伏笔。在当时，朱元璋虽然喜爱和重视相貌奇伟的朱棣，但他却深受立储立长原则的影响，并未将朱棣推上太子之位，而是将死去太子朱标的儿子朱允炆立为"皇太孙"，让他入居东宫。这样的决定自然令众多驻藩的皇子深感失望，然而太祖在世时，天下依旧维持一片祥和，及至朱元璋驾崩，情况就变得难以预测了。

明太祖在位三十一年，1398 年闰五月驾崩，二十一岁的皇太孙朱允炆随即继位，定年号为"建文"。新登基的建文帝不会想到，皇权对他而言，仅仅是一场过眼云烟，短短几年便将易主。事实上，他对自己能否稳掌皇权早已充满忧虑，或许是始于他成为皇太孙的时候，或许是在他登基大位之际。不管怎么说，驻藩的叔叔们势力强大，已在他的心底留下挥之不去的阴霾。据记载，太祖在世时，身为皇太孙的朱允炆就曾向朱元璋表达过对诸王的担心，还提出了"以德争取其心，以礼约制其行。如果无效，削他的属地；再无效，改封到别处。这样再不知改悔，就只好举兵讨伐"的谋略，得到太祖的首肯。的确，朱允炆的担心不是没有道理的，明朝的分封制度产生了积极作用，却也存在一定弊端。它虽然使亲王为帝室屏蔽了外藩的侵扰，降低外藩作乱的可能，却也为藩王提供了养精蓄锐的可能。由于备边的需要，各个藩王都在积极练兵，时有"战事演习"，军事实力不可小觑。正因如此，继位后的建文帝很快便着手实施削藩，周王、齐王、代王、岷王、湘王等多位亲王相继失势，或

"阖宫焚死"，或被废囚禁，无不落得悲惨下场。

远在北平的燕王如何能够安心？出于自保的需要，朱棣开始在北平的燕王府后苑加紧练兵，同时大量铸造兵器，以备不时之需。建文元年（1399）七月，建文帝下旨捉拿燕王朱棣，北平布政使张昺、北平都指挥使谢贵奉旨带兵擒拿燕王，却被朱棣设计擒杀。当天夜里，北平城便被朱棣控制，他随即以"清君侧"为名誓师造反，将军队称为"靖难军"，同时废除建文年号，改称"洪武三十二年"。可以说，朱棣起兵造反也是迫不得已，他毕竟不想同其他亲王一样，被自己的侄子解除兵权、禁锢牢中。然而，朱棣也对起兵充满担心，他毕竟军力薄弱，如果内地大军前来围剿，靖难军必败无疑。

历史是奇妙的，这种奇妙便在于它的诡谲多变。起兵后的朱棣虽然取得了短暂的胜利，但与内地大军相比毕竟实力相差悬殊，特别是建文帝委派的盛庸、铁铉等将领精于用兵，因此靖难军不断遭受重创，甚至在"东昌战役"中精锐部队损失殆尽。依当时的形势来看，靖难军必败，燕王朱棣更无法保全性命。然而，建文帝的"仁慈"却为他自己挖掘了坟墓，也给燕王带来了生机。建文帝曾告诫征讨叛军的将士说："毋使朕有杀叔父名。"这样的话，无疑成为燕王的"挡箭牌"，他多次陷入重围，终能死里逃生。如此看来，燕王三次出师换得三次兵败，仍然敢于第四次出师就不足为奇了。建文三年（1401）十二月，朱棣第四次出兵。他总结了前三次兵败的经验，绕过朝廷重兵把守的城市，曲折进兵，直扑南京。建文四年（1402）六月，燕王大军抵达南京城下，原本坚固的城池却因为金川门守军的投降而快速沦陷。朱棣虽占领京师，却不敢攻占皇宫，否则，他所说的"清君侧"便不攻自破，必将激起忠臣义民更深的反感。朱棣尚在皇宫之外，宫内却已经起火。不久后，朱棣宣称建文帝在宫中"自焚身亡"。据说,建文帝并未死亡,而是在京师沦陷时化装成和尚逃出城,他去向何方则成为千古谜案。

篡位的朱棣获得了皇权,称建文四年为洪武三十五年,次年改年号为永乐,史称朱棣为"永乐大帝"。正是这个永乐大帝,使明朝的京城最终由南京迁往北京,紫禁城才得以营建。

明清时期的紫禁城分为前后两大部分。

前面一部分称为外朝,是皇帝召见大臣商议国家大事和举行重大典礼活动的场所,以中轴线上的三大殿为中心,文华殿、武英殿等为两翼。三大殿的名称最初沿用南京宫殿的旧名,由南至北依次为奉天殿、华盖殿、谨身殿。三大殿建成不久即遭火灾,重修后又在明代两次遭遇火毁与修复,三大殿的名称也在明代嘉靖年间分别改为皇极殿、中极殿、建极殿。清代的紫禁城沿袭明代皇宫的规制,只是更改了三大殿的名称,也就是沿用至今的称谓:太和殿、中和殿、保和殿。外朝的正门名为奉天门(太和门),是明朝皇帝上早朝御门听政的地方。太和殿作为明清皇帝举行盛大典礼的场所,每逢皇帝即位、大婚、万寿节(皇帝生日)、元旦、冬至、派将出征、册立皇后等,皇帝都要在这里接受王公大臣和百官的朝贺。举行盛大典礼前,皇帝要先到保和殿更换礼服,在中和殿接受执事官的朝拜,而后才会进入太和殿。此外,中和殿还是清朝皇帝每年举行耕籍礼之前,阅视农具、谷物等器物及粮食的地方。而保和殿则是清朝皇帝举行"国宴"款待"外藩"大臣的地方,从清代乾隆五十四年(1789)起,更成为科举考试中殿试的场所。

紫禁城后面一部分称为内廷,是皇帝处理日常政务和后妃、子女们居住的场所。中心轴线上由南向北依次为乾清宫、交泰殿、坤宁宫,轴线东侧有斋宫、东六宫,轴线西侧有养心殿、西六宫。此外,内廷的东侧还有奉先殿、宁寿全宫,西侧还有慈宁宫等宫殿建

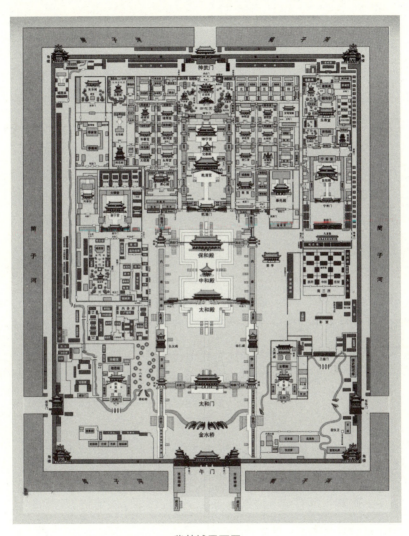

紫禁城平面图

筑，是皇家祭祀和太上皇、太后、太妃们居住的场所。高墙与宫殿，构成了后廷极为紧密的格局。然而，高耸的朱墙竖起的只是建筑上的屏障，真正令人生畏的则是大内森严的制度，使进入紫禁城的后妃们终生与世隔绝，虽有千门万户，却只能冷冷清清过时日，实为封建社会皇家内苑的悲哀。

外朝与内廷，既是主宰天下的"国"之核心，又是皇帝的起居之"家"，在紫禁城内实现了统一。"国"与"家"之间的紧密联系与区隔差异，正是封建制度下中国社会最高权力中心的真实写照。紫禁城内发生的故事已成为中国明清历史中的重要一页，那么神秘，那么有传奇色彩。

作为明朝和清朝初期皇帝处理政务和居住的场所，乾清宫在内廷中的地位非同一般。诸多影响天下政局的重大决定都从这里发出，乾清宫是权力中心的中心。乾清宫内有"正大光明"匾，匾后曾是放置"建储匣"的所在，见证了清朝立储制度的发展。储君，即皇位继承人。立储，即确立皇位继承人。清朝皇位继承制度与其他王朝迥然不同，先后出现贵族公推、皇帝遗命、公开建储、秘密立储的曲折变化。

努尔哈赤是后金政权的缔造者，其身后就有个汗位的继承问题。他于天命十一年（1626）八月十一日病逝。由于他生前并没有确立太子，临终也没有留下传位遗诏，因此汗位继承人需依靠八和硕贝勒举行会议来推举。汗位易人，往往充满激烈复杂的斗争。在诸王、贝勒的推举会议上，皇太极被推选为后金国新汗，登上大位，第二年改年号为天聪元年。天聪十年（1636），皇太极改年号为崇德，定国号为清。皇太极一生征战，病逝于崇德八年（1643）八月初九晚十时清军入关前夕。由于他临终前未确立继承人，其弟睿亲王多尔衮与长子豪格争位不下，彼此陈兵示威。面对争夺皇位的双方互不

乾清宫，是帝王的居住之所

妥协的局面，善于变通的多尔衮提出了动议，拥立皇太极第九子福临为帝，由多尔衮与和硕郑亲王济尔哈朗共同辅政。这个提议最终得到了各方势力的认可。顺治皇帝六岁登基，真正的权力仍掌握在睿亲王多尔衮手中。可以说，皇太极和顺治皇帝继位，都不是先皇指定，而是诸王、贝勒们出于政治平衡的考虑加以推荐的结果。这种公推的制度成为清朝最早的皇位继承制度。

顺治十八年（1661）正月初二，顺治皇帝感染天花。由于病情急剧恶化，顺治皇帝自知命不久矣，至初六日，病体越发沉重，便连夜紧急召见了礼部侍郎兼翰林院掌院学士王熙和原内阁学士麻勒吉，在养心殿口授了遗诏，立八岁的皇三子玄烨为皇太子，继承帝位，命索尼、苏克萨哈、遏必隆、鳌拜为辅政大臣。这种皇帝遗命确立皇位继承人的制度避免了对皇位的争夺导致的互相残杀，保证了皇权顺利过渡，但减弱了诸王、贝勒等大臣参与决策的机会。

康熙皇帝吸取前朝历史教训，为避免因为争夺皇位而使政权濒于崩溃的危险，也为了强化皇权，他推行公开立储，在皇子中确立继承人。然而，继承人公开也带来许多问题，如皇太子与皇帝发生权力冲突、太子与皇子之间的矛盾加剧等都成为此种制度的弊端。于是，从雍正皇帝开始，创立了秘密立储制度。皇帝在位期间确定皇位继承人，将继承人的名讳写于两份传位诏书上，分别藏于两个密匣中，一份置于乾清宫"正大光明"匾额之后，另一份则留于皇帝身边。一旦皇帝驾崩，便由宣诏大臣共同拆启诏书，两份诏书一模一样，便可根据诏书中的继承人确立新君。秘密立储制有很多优点，该制度会鞭策皇子们严于律己，避免了皇子之间为谋求皇位而明争暗斗，也不会使皇太子在知道自己成为继承人以后放松对自己的严格要求，还避免了太子与皇帝权力上的冲突。而缺点则是由于皇帝一人决定皇权继承人，一旦选人不当，便会影响后世。不管怎样，雍正皇帝创立的秘密立储制度，是对皇嗣制度的创造性改革。雍正皇帝之后，乾隆、嘉庆、道光、咸丰四位皇帝都通过秘密立储制度登上大位。咸丰皇帝二十岁登基，在位十一年，三十一岁病逝，是清朝通过秘密立储制继承皇位的最后一位皇帝。

可以说，自雍正皇帝设立秘密立储制度以后，在众多皇子的眼中，乾清宫"正大光明"匾额背后是一个充满无限希望的地方，一旦匣中书写的是自己的名字，那就意味着天下即将属于自己。或为皇者，或为王者，仅仅一步之遥，使身处权力之争中的皇子们深深感受到了历史的微妙。

乾清宫北侧为交泰殿，每逢元旦、千秋节（皇后生日）等重大节日，皇后会在交泰殿接受朝贺。清代乾隆时期，交泰殿存放了二十五方宝玺，象征着至高无上的封建皇权。乾隆皇帝之所以将宝玺数钦定为二十五，实为祝福之意，祈祷上天保佑大清皇权享国二十五代。

交泰殿后面的坤宁宫是明朝皇后的寝宫，清代顺治十二年（1655）改建后，宫内东侧成为皇帝大婚的洞房，西侧则成为萨满教祭神的场所。皇帝大婚关乎国家盛衰，洞房的布置自然处处彰显喜庆。东、西二门对应的木影壁内外，都饰以金漆双喜大字，寓意出门见喜。洞房内设有新人新婚的龙凤喜床，床前挂"百子帐"，床上摆"百子被"，其均来自江南的精工织绣，所绣的百名顽童神态各异，寓意多子多福。不过，有幸在这里大婚的清朝皇帝并不多，结婚后才登基的皇帝自然没有这样的机会，因此，终清一代，先后只有康熙、同治、光绪三位幼年登基的皇帝使用过坤宁宫的洞房。

内廷外东路有宁寿全宫，为明代外东裕库与仁寿殿旧址，康熙二十八年（1689）改建为宁寿宫，作为太皇太后、皇太后的寝宫。乾隆皇帝二十五岁继位，身体康健，想到祖父康熙皇帝在位六十一年的佳绩，不敢轻易超越，于是他早早放言执政时间以六十年为限。正是因为有了这样的打算，自乾隆三十七年（1772）起，乾隆皇帝开始大规模改建宁寿宫，以作为归政后的"太上皇宫"。改建宁寿宫耗时近六年，及至乾隆四十一年（1776）才得以完成。

这座未来的"太上皇宫"可谓清代宫廷建筑中的典范，作为乾隆朝鼎盛时期的产物，细腻而恢宏，仿佛是紫禁城的微缩版，是一座城中之城。宫殿分前后两部分。前面部分以皇极门为正门，门内中轴线上依次为宁寿门、皇极殿、宁寿宫，与附属建筑共同组成宁寿全宫的"前朝"。后部分即为"后廷"，中轴线上由南至北依次为养性门、养性殿、乐寿堂、颐和轩、景祺阁，东路主体建筑为紫禁城内最大的戏台——畅音阁，西路则是俗称为"乾隆花园"的宁寿宫花园。

宁寿全宫虽是修建的"太上皇宫"，但当乾隆皇帝达到在位六十年上限，不得不遵守前言而于嘉庆元年（1796）禅位给皇太子时，乾隆皇帝对皇权依旧那么眷恋，他并未当真搬到宁寿全宫居住。这座恢宏的城中之城，虽没能成为乾隆皇帝的"太上皇宫"，却也并未失去荣耀，此后它一度成为慈禧皇太后的居所。在清朝近三百年的历史中，慈禧太后显赫一时，影响至深，她先后经历咸丰、同治、光绪三朝，统治中国近半个世纪。这样一位皇太后又会在宁寿全宫中留下怎样的传奇呢？

我们暂且抛开政治风云，关注一下充满传奇色彩的珍妃。宁寿全宫中有珍妃井，因珍妃在此处投井自尽而得名。说起珍妃，她与慈禧太后的渊源甚深。珍妃（1876—1900）为他他拉氏，满洲镶红旗人。珍妃家族较为显赫，其祖父裕泰曾任陕甘总督，其父长叙曾任户部右侍郎，其伯父长善则任广州将军，可谓地位显赫。珍妃与其姊自幼随长善在广州长大，十岁那年，因长善卸任广州将军才返回京城。1889 年，两姊妹入选宫中，十五岁的姐姐被封为瑾嫔，十三岁的妹妹被封为珍嫔，为九等宫女序列中的第五等，直至光绪二十年（1894）春天，适逢慈禧太后六旬大寿才得以晋升为妃，成为位列皇后、皇贵妃、贵妃三个等级之后的第四等宫女。珍妃生性活泼、聪明伶俐，虽然地位远远不及隆裕皇后，她却很会讨光绪皇帝的欢心。同样是因为这种开朗机灵的性格，慈禧太后对珍妃也是大为喜爱，甚至将她视为自己年轻时的"影子"。在慈禧太后看来，珍妃身上有许多和自己相似的地方，比如她们都是在选秀入宫后，因得皇帝恩宠而地位攀升的。这样的共性拉近了珍妃与慈禧太后的距离。看到珍妃欢笑，慈禧太后往往触景生情，不禁发出"青春真是个好玩意儿"的感叹，足见她对珍妃的爱怜。

　　然而，政治是残酷的。与光绪皇帝朝夕相伴的珍妃渐渐融入光绪皇帝的世界，开始对他在政治上的落寞而深感同情，由衷地支持光绪皇帝寄托了无限希望的"戊戌变法"运动。光绪二十四年（1898），当"戊戌变法"被慈禧太后扼杀时，珍妃自然而然被纳入光绪皇帝的阵营，被囚禁在宫中。光绪二十六年（1900），八国联军借口镇压中国北方义和团运动而入侵中国。面对直扑北京的八国联军，慈禧太后惊慌不已，慌忙挟持光绪皇帝出逃。正是在这次劫难中，珍妃投井自尽。至于珍妃投井的细节，坊间说法不一，大多演绎胜过真实。历史上的珍妃当真是被慈禧太后投入井中而死吗？隆裕皇后在日后对其弟弟叶赫那拉·增锡亲述了当时的经过，当属较为真实的记录。

　　由于光绪皇帝宠爱珍妃，而失宠的隆裕皇后又是慈禧太后的亲侄女，因此，很多人认为是隆裕皇后因为妒忌而向慈禧太后告了珍妃的黑状，最终导致珍妃被慈禧太后命人扔入井中的。隆裕皇后自言她和慈禧太后都是被传言冤枉的。事实上，慈禧太后十分喜爱珍妃，即使"戊戌变法"中慈禧太后已面临性命之忧，她也仅仅是把珍妃打入冷宫，怎么会因为隆裕皇后的几句话就匆忙杀死珍妃呢？八国联军攻向北京时，情势危急，没人清楚这些外来侵略者会做出什么事，会不会像火烧圆明园一样烧毁紫禁城。正因如此，慈禧太后仓促西行，能够带着一同出逃的人自然不会多。隆裕身为皇后，又是慈禧太后的亲侄女，加上比较听话，因而成为随行的人员之一，其他的皇妃则需要回到亲属家回避。年轻的珍妃由于受到皇帝宠爱，十分气盛，并不服从慈禧太后的指挥，当场顶撞老太后。一直说自己是皇帝的妻子，理应带着一起走，还说慈禧太后有偏见，所以才只带亲侄女隆裕皇后一起走。慈禧太后在宫中一言九鼎，哪有人敢在大庭广众之下言语顶撞她？！即使是皇帝也不曾有所违背，如今却被珍妃破了例，慈禧太后非常难堪。珍妃的不识大体虽令慈禧太后非常不高兴，但她仍旧对珍妃说：如果带你走，就必须带瑾妃走；如果带瑾妃，就必须带瑜妃她们一起走，这样人太多了，就非常危险，也难管理。的确，一旦为珍妃开了绿灯，就要带上其他皇妃一道走，这显然不现实。然而珍妃并未理解老太后的难处，依旧喋喋不休。此时八国联军已经打到北京城，再不走就来不及了。气愤已极的慈禧太后拔腿就走，珍妃却仍在纠缠，甚至说自己生是皇上的人，死是皇上的鬼。焦急的慈禧太后哪还有耐心，接上珍妃的话就说：你愿意去死就去死吧。当时前边正好有一眼井，于是珍妃紧走两步，直接就奔井口去了，边走边说要死给太后看。慈禧太后一看事情不好，马上吩咐身边的宫女崔玉贵去拉住珍妃。结果崔玉贵一迟疑，珍妃已经跳下井去了……

珍妃早已故去，带着光绪皇帝的爱，也带着慈禧太后的怜。慈禧太后与光绪皇帝由西安返京后，命人将珍妃的尸体打捞出来并安葬于北京恩济庄，追封她为珍贵妃。珍妃后被移葬清西陵崇陵妃园寝内。如今，紫禁城宁寿全宫中的珍妃井吸引着无数游人的目光，它虽然只是一块顽石雕琢的井口，却蕴藏着鲜为人知的故事。

　　内廷东六宫以北有"乾东五所"，西六宫以北有"乾西五所"。这些建筑始建于明朝初年，相互对称，合为十，恰好对应"十天干"。而东六宫与西六宫合为十二，恰好对应"十二地支"。这些体现了阴阳五行学说对紫禁城建筑布局产生的影响。"乾东五所"与"乾西五所"原为皇子的居所，而后功用有所变化。"乾东五所"由五组建筑构成，从西至东分别称头所、二所、三所、四所和五所。乾隆三十年（1765），因功用有所变化，五所依次改名为如意馆、寿药房、敬事房、四执库和古董房，但建筑格局仍与明代相同。直至乾隆三十九年（1774），遵照乾隆皇帝旨意，头所、二所进行了修缮，作为十五皇子（即嘉庆皇帝）婚后的居所。修缮过程中，三所、四所的装修被拆移到了头所、二所。十五皇子在这里居住的时间并不长，乾隆四十年（1775）便移居到了撷芳殿，但头所、二所仍用于皇子居所。嘉庆年间，"乾东五所"被改为库房。"乾西五所"由东向西分别称为头所、二所、三所、四所和五所，乾隆皇帝即位后，其作为皇子时居住的二所便成为"龙潜之地"，因此二所升为重华宫。头所建戏台变为听戏之所，改名漱芳斋。三所改为重华宫御膳房。而后拆四所、五所改建为建福宫及花园，彻底改变了原有格局。

见证了明王朝终结的景山

景山虽然不是一座高山，却因为经历了 1644 年那历史性的一天而变得与众不同。相比于中华五千年的浩瀚历史，一天的时间只是短暂的一瞬，然而，就在这一瞬之间却汇聚了太多的往事，乃至于近四百年后的今天，景山依旧为人们所评说。

景山位于紫禁城的正北方，与紫禁城毗邻而建，是中国历史上一处知名的景观。其实，严格说来，景山并不能算是真正意义上的山，这里在金代以前只是一片荒郊野地。直到金大定年间，尚未登上皇位的金章宗选择在此地附近修建大宁宫，同时开挖西华潭（今北海前身），于是，施工过程中挖出了大量的泥土，逐渐堆砌成小土丘，形成了景山的雏形。元代，此地被开辟为专供皇帝游览的后苑，苑内开垦了耕地八万多平方米，由皇帝耕种，以昭示天下，显示君主勤政爱民。《马可·波罗游记》中记载："离皇宫不远的北面，距围墙一箭远的地方，有一座人造的假山，山高整整一百步，四周长约一点六公里，山上遍栽着美丽的常青树。因为皇帝殿下（忽必烈）一旦得悉哪里有一株好看的树，他就命令人把它连根带土挖起，不管该树多大多重，也要用象运到这座小山上栽种，给这座山添绿增翠，因此这座小山的树木四季常青，并由此得名'青山'。山顶上耸立着一个装饰别有风味的亭子，亭身全部绿色。青山、翠树、绿亭，浑然一体，形成一幅赏心悦目的园林奇景。"到了明代初期，明成祖朱棣在北京大规模修建城池，逐渐用泥土沙石堆积起了五座山峰，称为"万岁山"。相传"万岁山"上曾堆积过大量的煤炭，所以在民间又俗称"煤山"。直到这时，景山才真正有了山峰的样子。清代顺治时期，这座紧邻紫禁城的山峰正式被命名为"景山"。

在明代崇祯之前，景山并不被人熟知，很多时候，它只是皇帝登高望远的"远眺台"。平凡的景山虽然紧邻皇宫，虽然也是皇家御苑，但它似乎毫无"贵气"可言。如果不是那历史性的事件发生在了这里，也许它很快就会被淹没在岁月的洪流里。

1627年，一生对木器制作有着浓厚兴趣的天启皇帝朱由校因病结束了自己短暂的人生，终年二十三岁。随后，明朝最后一个皇帝——明思宗朱由检继承皇位，年号为崇祯。

崇祯皇帝的人生轨迹与他宿命中的景山惊人地相似：景山紧邻皇宫，却从未得到皇帝的宠爱；崇祯贵为皇帝，却一生都未享受到皇帝的尊严。

万历三十九年（1611），崇祯皇帝出生于北京紫禁城内。他的父亲朱常洛是万历皇帝的长子，本是最合适的皇位继承人，但是，不幸的是，万历皇帝并不喜欢他的这个儿子，迟迟不愿立他为太子；而更不幸的是，经历千辛万苦登上皇位的朱常洛在位仅仅一个月便不幸去世。这时，年仅九岁的崇祯皇帝便成了一个孤儿，因为早在六年之前，他的母亲就已经去世。崇祯皇帝的哥哥朱由校在父皇去世后登上了皇位，崇祯皇帝也被册封为信王。但作为一个孤儿，幼年的崇祯皇帝过得并不十分幸福。

　　1627 年，明熹宗朱由校因病去世，崇祯皇帝意外地登上了皇位。事实上，明朝有太多的皇帝都是意外得到了皇位，前有景泰皇帝、嘉靖皇帝，如今又多了一个崇祯皇帝。崇祯皇帝的哥哥天启皇帝朱由校原本生有三个儿子，但都夭折了，因此，皇位继承人只能在他的兄弟中寻找。虽然天启皇帝有六个弟弟，但在他去世的时候已经有五个都夭折了，只剩下崇祯皇帝一个人，所以，崇祯皇帝便顺理成章地继承了皇位。不知道这轻易得来的皇位对于年少的崇祯皇帝来说，是幸运还是不幸，但有一点可以肯定，那就是登上皇位的崇祯皇帝首先感觉到了孤独与落寞。

　　此时，十七岁的崇祯皇帝虽已贵为天子，但他的亲人都去世了，他不得不独自一人撑起整个国家。让他尤为感到痛苦的是，此时的大明帝国已经处于崩溃的边缘。

　　明朝经过嘉靖、万历等皇帝的长期怠工，国家开始呈现衰败景象。到了天启年间，崇祯皇帝的哥哥朱由校每日热衷于木器制作，对国家大事不闻不问。他二十三岁早亡之后，便把一个烂摊子留给了崇祯皇帝。

　　崇祯初年，政治腐败，农民破产，大量百姓流离失所，再加上连年灾荒，政局变得十分不稳。1627 年，崇祯皇帝刚刚即位不久，适逢西北遭遇百年不遇大旱，朝廷依旧横征暴敛，农民处于饥寒交迫之中。陕西白水县农民王二率先聚众起义，杀死澄城知县张斗耀，由此揭开了明末农民起义的序幕。1628 年，府谷农民王嘉胤、汉南农民王大梁、安塞农民高迎祥等纷纷揭竿而起。1630 年，大明王朝最主要的敌人李自成、张献忠也先后起义。明末的农民起义从此一发不可收拾。

　　崇祯元年至崇祯三年（1628—1630），仅仅三年时间，陕西境内已经有起义队伍一百余支。更为糟糕的是，很多明朝官兵因缺饷而发生哗变，也加入了起义部队，并逐渐成为起义军的骨干。

崇祯皇帝与他的父亲和哥哥不同，他不沉溺酒色，也不喜欢木器制作，每天忙碌的都是国家的大事。《明史》中这样评价崇祯皇帝："慨然有为。"作为亡国之君，他能得到这样的评价已实属不易。

事实上，崇祯皇帝在即位之初确实做了很多实事，第一件大事便是果断地铲除了权监魏忠贤。魏忠贤可以称得上是中国历史上最臭名昭著的太监之一。他利用明熹宗贪图玩乐的机会，逐渐把持了朝政。大明王朝一时天昏地暗，国力日衰。直至崇祯皇帝即位，大力打击阉党，逼迫魏忠贤自缢而亡，才使国家逐渐恢复了安定。

崇祯皇帝如此作为，朝野上下一片欢腾，人们都希望崇祯皇帝是一位中兴之主，能给大明王朝再次带来承平盛世。但可惜的是，此时的帝国早已积重难返，朝廷内部党争不断，天灾人祸致使农民起义纷纷爆发，而东北边陲又有后金军队不断袭扰，战事连绵，天下已乱作一团。

面对难以收拾的局面，崇祯皇帝勤俭节约、励精图治，希望用自己的努力挽救帝国的命运。史料记载，崇祯皇帝非常勤勉，他经常召见大臣，与他们共同探讨治国方策，每天早起晚睡，从不懈怠。崇祯十五年（1642）七月九日，他因为身体不适而临时决定不上早朝，竟然遭到内阁辅臣的批评。崇祯皇帝不但没有生气，反而既感激又羞愧，特写了手敕，对辅臣进行褒奖，对自己进行批评。崇祯皇帝自幼俭朴，他初习字时，如果纸张较大而范本的字较小的话，他一定会先将纸的一边与范本对齐，写完后再把剩下的地方都写满，以免浪费。当上皇帝之后，崇祯皇帝依然没有改变节俭的习惯，衣服破了，他就让后妃补一补继续穿，以至于他走路时都不能快走，以免走得快而露出了衣袖内的补丁。然而，崇祯皇帝虽然勤俭，他却不明白真正的治国之道：偌大一个国家，如此破败的局面，光靠皇帝一人不但无法解决问题，反而会越来越糟。当今日回望历史时，很多教训都变得清晰起来：崇祯皇帝亡国的一个重要原因，其实就在于他事无巨细都要亲力亲为，对大臣没有足够的信任与耐心。

崇祯元年（1628）七月，即位不久的崇祯皇帝收到了户科给事中韩一良的《劝廉惩贪疏》。韩一良在这封历史上著名的奏疏中指出，在当下的大明帝国，做任何事都要用钱，不是因为官员们爱钱如命，而是因为官位都是花钱买来的。每个官位都明码标价：一个总督、巡抚的职位，要五六千两银子；一个道台知府，要两三千两银子；而下面州县衙门的大小官位，也都各有定价。韩一良还以自己两个月内推掉五百两官场交际费为例，说明了明朝政府的腐败已经到了触目惊心的地步。最后，韩一良建议，严惩少数罪大恶极的贪污受贿者，杀一儆百，让大臣们以后再也不敢随便贪污受贿。只有这样才有可能出现廉洁爱民的情况，大明王朝也才能恢复生机。

崇祯皇帝看了奏疏，非常认同他的说法，并且专门为这一奏疏开了一次会议。他让韩一良在大臣面前朗读这一奏疏，又让大臣们互相传阅，并决定提拔韩一良为右金都御史。负责官员升迁的吏部尚书一面连连点头应付崇祯皇帝，一面却别有用心地让韩一良找出最严重的贪污受贿者，以便以此为例进行重处。

韩一良本来不过是要在崇祯皇帝面前表明他的忠心与干练，并没有准备真的去反腐一线，他非常清楚反腐的危险性。所以，韩一良只得支吾着说疏中所言都是听说的，并没有一个准确的事实。

听到韩一良的回答，崇祯皇帝非常愤怒，他要求韩一良五日内必须奏明贪污事实。

五天后，韩一良居然只交代了几个已被打倒的阉党来交差。崇祯皇帝知道他在应付自己，再次让他面对众臣朗读那道奏疏。当韩一良读到他两个月收到赠金五百两时，崇祯皇帝立即打断他，追问这五百两银子的来源。韩一良一时语塞，左思右想不肯得罪众人，搪塞说已经记不清是谁送的了。崇祯皇帝几乎愤怒到了极点，不但没有给予韩一良右佥都御史的官职，还差点要了他的性命。

"韩一良事件"对刚刚登上皇位的崇祯皇帝刺激很大，作为一个皇帝，竟然被大臣们如此应付，崇祯皇帝的疑心也因此越来越重。

崇祯皇帝在位十七年，一共任用过五十位内阁大学士，这在古代中国是前无古人、后无来者的最高纪录。六部和都察院的官员更换也同样频繁：一共用了吏部尚书十三人，户部尚书八人，兵部尚书十七人，刑部尚书十六人，工部尚书十三人，都察院左都御史一百三十二人。由此可见，崇祯皇帝几乎每年都换一套新班子治理国家，如此不稳定的朝廷是无法静下心来认真做事的。

崇祯皇帝不仅频繁更换朝中大臣，对前线领兵作战的高级将领也同样没有足够的耐心和信任，这样做便犯了兵家大忌。

农民起义爆发之初，崇祯皇帝接受三边总督杨鹤的意见，采用"剿抚兼施、以抚为主"的战略，大量招抚起义军。这一办法起初非常有效，朝廷很快就成功招抚了很多部队，但由于朝廷无力养活大批饥民，已接受招抚的人再次纷纷起义。杨鹤也因此获罪，被崇祯皇帝革职。

之后，洪承畴继任，官拜陕西三边总督，采取"全力清剿"的方针，"以剿坚抚、先剿后抚"，大举进攻陕西农民军。崇祯五年（1632）春天，一股不堪进攻的农民军溃向庆阳，即将突出重围。获知消息的洪承畴亲赴战场指挥围剿，双方激战多达数十次，最终，农民军首领被斩杀，全军溃败。面对气势逼人的洪承畴，农民军纷纷避其锋芒，先后从陕西转移至山西，变"各自为战"的分散格局为"彼此呼应"的作战方式，集结各路农民起义军达二十余万人，号称"三十六营"。

　　崇祯六年（1633）冬，农民军十余万人突围，进入明军力量薄弱的豫西楚北，在豫楚川陕之间进行游击性质的流动作战，使明军疲于应对。

　　此时的崇祯皇帝再次失去了耐心。鉴于洪承畴的功绩，崇祯皇帝并没有撤换他，而是另派了一个官职更大的人督战剿匪。崇祯七年（1634），崇祯皇帝提升陈奇瑜为兵部右侍郎兼右金都御史，总督陕西、山西、河南、湖广、四川五省军务，集结各省兵力，由四面合围，企图全面围剿起义军，但是起义军识破了明军的计划，相继转进汉中，围剿再次落空。

　　当年十二月，崇祯皇帝撤掉了剿匪不力的陈奇瑜，为陕西三边总督洪承畴加封太子太保、兵部尚书衔，使其成为镇压农民军的军事统帅。就在崇祯皇帝不断换将的时候，起义军已经逐渐壮大，并利用朝廷转变剿匪方式的时机，大肆流动作战。

　　崇祯八年（1635）初，洪承畴准备大规模围剿起义军之际，农民军兵分三路，分别进军陕西、山西及明皇陵所在地凤阳，而后又汇聚陕西。农民军一路征战，明军多次失利。洪承畴率军追剿，难以兼顾。

　　面对农民军流动作战的策略，洪承畴统辖太广，疲于应对，为此，崇祯皇帝决定采用"分区负责、重点进攻"的全新策略。崇祯八年八月，崇祯皇帝委派洪承畴专治关内，卢象升专治中原，各自负责、相互协同。在新的策略下，明军的局面有所改善，农民军接连败退。

　　就在追剿起义军刚刚有些起色的时候，清军开始攻击大明帝国北部边境，破昌平等十六城，心急如焚的崇祯皇帝急忙调卢象升率军驰援。如此一来，明军对中原地区的压力顿时减轻了很多，起义军因此又迅速发展起来。

后来，崇祯皇帝还起用过熊文灿为五省总督，但由于崇祯皇帝没有耐心和信任，不断转变方针，最终也没能把起义军彻底镇压下去。而在经历了多次战争后，起义军反而渐趋成熟。崇祯十三年（1640）底，起义军的势力逐渐集中，形成了以李自成、张献忠、罗汝才为中心的几支农民军力量。李自成原为闯王高迎祥部下，高迎祥死后，继称闯王。李自成有勇有谋，是几支农民军力量中的代表，提出了"均田免赋"的口号，百姓中流传"迎闯王，不纳粮"的歌谣，深得人心，一呼百应，势可燎原。

崇祯十四年（1641）初，李自成攻占洛阳。在随后的三年中，李自成三围开封，屡败明军，攻下承天被举为"奉天倡义文武大元帅"，改襄阳为襄京称"新顺王"。及至攻破潼关，杀死孙传庭，李自成军队占领了陕西全省。此时，农民军与明廷之间的战争形势已转变为战略进攻阶段。

崇祯十七年（1644）正月初一，李自成在西安正式登基称帝，国号大顺，年号永昌，改西安为长安，称西京，以秦王殿为皇宫。

李自成的建国称帝正式宣告了一个新政权的诞生。从此之后，农民起义军便不再是朝廷口中的贼寇，他们已经成长为与明军一样的"为国效力"的正式军队，完成了质变。

称帝之后的李自成并没有满足于现状，在他的内心里同样有着一统天下的理想。崇祯十七年正月初八，刚刚称帝八天的李自成便亲率主力，由西安出发直逼北京，开始了灭亡大明王朝、统一天下的军事行动。

由于李自成制定了很多有利于民众的政策，大顺军一路通行无阻，渡过黄河之后，军队直扑平阳府（今山西省临汾市）。正月二十三日，李自成率军队到达平阳城下，平阳知府张璘然投降，明朝宗室西河王及家属三百余人被杀。

随后，李自成顺利占领山西重镇太原，打开了进军北京的重要通道。就在大顺皇帝李自成万事顺利之时，崇祯皇帝却早已焦头烂额。

崇祯十七年正月初一，也就是李自成在西安登基为帝的同一天，北京城飞沙满天。沙尘暴在北京地区时有发生，几乎每年春季都有扬沙天气，即便如此，新年第一天就发生沙尘暴的情况却非常罕见。中国人向来重视新春期间的天象，大年初一是新一年的开始，象征着万象更新，这一天理应阳光普照、喜庆祥和，然而命运之神似乎早已有了自己的选择：同一天，西安万里无云，北京却是风沙漫天。

正所谓祸不单行，正月初一这一天，大明王朝的肇兴之地、朱元璋的老家凤阳又发生了地震。这接二连三的不祥之兆引起了人们的种种猜测，大家都在议论大明王朝的命运。

面对着种种不利局面，崇祯皇帝仍然苦苦支撑，他任命兵部侍郎余应桂接任陕西总督。没想到，得到任命的余应桂吓得脸如土色，不敢赴任。崇祯皇帝又令宣大总督、山西巡抚和陕西总督协同剿匪，这些官员却都推说饷乏马缺，不肯应承。

面对如此局面，在春寒料峭的北京城内，崇祯皇帝真真切切地感觉到了刺骨的寒冷。作为一个帝国的皇帝，他的命令竟然无人听从，帝王的尊严早已荡然无存。正如紫禁城旁的景山一样，紧挨皇宫，贵为皇帝御园，却未曾被皇家的荣光所照耀。

勤勉的崇祯皇帝还是照例早早上朝，但此时的早朝已没有了昔日热闹的景象，钟鸣之后不见大臣的踪影。过了很久文武大臣才赶来，他们个个畏畏缩缩、毫无生气，似乎早已丧失了抗争的勇气。

崇祯皇帝是无奈的，他虽然勤奋，但一个人再强大也无法完成所有的工作，而形成鲜明对照的，则是大臣们畏首畏尾和退缩不前，这让崇祯皇帝脆弱的心灵越发走向了崩溃的边缘。

曾有人建议崇祯皇帝南迁以避敌锋芒，但是顾虑重重的崇祯皇帝没有采纳这个意见，仍然寄希望于能有对策阻止农民军继续向北京进逼。

时任东阁大学士的李建泰是山西曲沃人，他见崇祯皇帝如此忧心忡忡，便站出来说他愿意返回家乡，散家财集兵抗敌。崇祯皇帝喜出望外，没想到在如此危急的时刻真的有忠贞之人挺身而出。精神振奋的崇祯皇帝于正月二十六日到太庙祭告祖先，并亲自到正阳门城楼设宴为李建泰饯行，命其以大学士督师，赐尚方宝剑。由此可见，崇祯皇帝已经丧失了帝王应有的理智，此时对于病入膏肓的大明帝国，似乎一根稻草都是它生还的希望。

然而，"勇敢"的李建泰最终还是让崇祯皇帝失望了，看到烽火遍野的太原，李建泰故意放慢了行军速度。在涿州时，兵士已开始逃散，李自成率军占领太原之后，李建泰居然领兵退到了保定，再也不敢向前进一步了。

此时的崇祯皇帝真的绝望了，他励精图治、勤政节俭，却依然无法挽回大明帝国将亡的命运，此时的大明王朝已是危急万分。

二月二十一日，李自成部队遭到了宁武总兵周遇吉部队的顽强抵抗，双方打得十分激烈。虽然李自成的部队付出了沉重的代价，但最终还是攻下了宁武城，杀了周遇吉。

虽然，大明王朝仍然有忠勇之士为国家拼死效忠，但这点微薄之力已经难以阻止李自成前进的脚步了。宁武之战后，李自成的部队再也没有遇到什么真正的抵抗，他一路势如破竹，直向北京袭来。

三月初一，大同总兵姜瓖投降，代王朱传全家被杀。随后，阳和（今山西阳高）兵备道于重华投降，郊迎十里。五天后，李自成抵达宣府，早已约定投降的总兵王承胤开门投降，巡抚朱之冯自杀。三月十五日，李自成抵达北京的门户——居庸关，守将唐通和监军太监杜之秩投降，京师的"北门锁钥"轻易便被李自成部队占领了。

京师再也无险可守，门户大开。

随着昌平的失守，北京城彻底暴露在了大顺军的眼前，随时都有被攻破的危险。

昌平失守之时，崇祯皇帝正在与大臣们商讨抗敌的对策。故作镇定的崇祯皇帝其实早已方寸大乱，据说他一会儿认真倾听大臣的意见；一会儿东张西望，又是磨墨又是倒茶，内心已慌乱到了极点。昌平失守的消息传到宫中，崇祯皇帝再也无法故作冷静了。他慌乱地回到后宫，完全忘记了大臣们的存在。他知道大明江山即将易手，他再也无力回天了。

对于这一天的到来，崇祯皇帝应该是有预感的，不过，他一直都在自欺欺人，活在幻想和侥幸之中。他期待着能有英雄突然横空出世，帮他击退强敌，挽救国家危亡。虽然残酷的事实一次次打破他的幻想，但他却一直不愿真正面对。所以当现实来得如此之快时，崇祯皇帝多年紧绷的神经终于支撑不住了。

三月十七日，农民军开始围攻北京城，此时的北京早已没有了京师重地的威严，原来布置的城防兵力已失去抗衡能力，三大营也已溃降。城内从大臣到百姓，都在想尽办法为自己考虑。按照规定，守护北京内外城的应有十五万人的军队，但由于明朝末期军队吃空饷的问题严重，很多军队都是有名无人，结果北京城内只有五六万孱弱的士兵和数千名小太监，几乎没有任何战斗力。

三月十八日，李自成派出密使进宫谈判，劝说崇祯皇帝投降。李自成提出的条件是："闯人马强众，议割西北一带，分国王并犒军银百万，退守河南。""闯既受封，愿为朝廷内遏群寇，尤能以劲兵助制辽藩。但不奉诏与觐耳。"面对李自成的威逼利诱，崇祯皇帝保持了皇帝的尊严，并没有答应他的条件，双方谈判随即破裂。

随后，大顺军开始正式攻城。他们驾飞梯攻西直门、阜成门、德胜门。由少年组成的"孩儿军"攻城十分勇猛，守卫内城的军队有的投降，有的逃跑，皇城已岌岌可危。

十八日晚，心灰意冷的崇祯皇帝带着贴身太监王承恩登上景山，远望着北京城的连天烽火，不断哀声长叹、徘徊无语。

崇祯皇帝曾多次来到这座紧邻皇宫紫禁城的小山，在这里检阅操练的士兵，也曾在节日之时登高望远，遥看京城的美景。那时的崇祯皇帝虽被国事烦扰，但内心还是充满希望的。如今，大顺军破城在即，一切幻想都已破灭。当崇祯皇帝意识到自己真的即将成为亡国之君时，他的内心一定与景山当年怒号的夜风一样：凄凉、绝望。

从景山回宫后，崇祯皇帝先为身后事写下诏书，授命成国公朱纯臣辅佐皇太子朱慈烺，挽救社稷于危亡，而后，安排太监分别护送皇太子朱慈烺、三皇子朱慈炯、四皇子朱慈炤出宫躲藏。等一切安排妥当之后，崇祯皇帝哭着让周皇后和袁贵妃自杀殉国。崇祯皇帝是重感情的，但是国破家亡的他，虽然仍然是名义上的皇帝，却已无力保护他的家人了。

周皇后自杀之后，崇祯皇帝的长公主坤兴公主（即后来的长平公主）正好进入宫殿。坤兴公主是周皇后抚养长大的，她对周皇后有着很深的感情，看到周皇后的尸体，坤兴公主伏在她身上恸哭不已。此时的崇祯皇帝早已失去了理智，流着泪对他最疼爱的女儿说出了那句流传史册的话："汝何故生我家？"说完用左袖遮脸，右手拔出剑砍中了公主的左肩，坤兴公主昏倒在地后被人所救。清朝统治者入主中原之后，出于政治考虑而"善待"她，并将她更名为长平公主。

三月十九日，天刚破晓，守卫九门的太监、大臣相继开门投降，北京内城被攻陷。崇祯皇帝得知这个消息后，已近疯狂的他亲自到前殿鸣钟召集百官，可是任凭钟声在空旷的大殿里回响，已没有一个人应召而来了。

　　彻底绝望的崇祯皇帝与太监王承恩再次登上了景山寿皇亭，山穷水尽的崇祯皇帝脱下皇袍，咬破指尖，在衣襟上愤然留下了他对这个世界所发布的最后的诏令："朕凉德藐躬，上干天咎，然皆诸臣误朕。朕死，无面目见祖宗，自去冠冕，以发覆面。任贼分裂，无伤百姓一人。"

　　随后，他便在景山之上与王承恩在一棵古槐树上相对自缢而亡。持续了二百七十六年的大明王朝也在这一天早上，随着它最后一位皇帝的死去而正式宣告终结。

　　两天后，人们在景山发现了这个僵死的国君。生前贵为一国之君，身后留下一片苍凉。崇祯皇帝的尸体被放置在东华门外，名为"设厂公祭"，实则任由百姓围观。他的尸身以发覆面，一脚赤足，全无帝王尊严。四月初三，因生前未营造陵墓，崇祯皇帝与周皇后被大顺政权草草葬入位于昌平的田贵妃墓。直到清朝顺治皇帝即位之后，才正式为崇祯皇帝修建了陵墓——思陵。

　　崇祯皇帝虽没有最终改变明王朝覆亡的悲惨命运，但他为这个王朝尽到了自己的力量。他没有用投降来换取生命的延续，而是选择用死亡做出了最后的抗争。在那一天，景山默默见证了这一切，它见证了一个时代的结束，也记住了崇祯皇帝为国家社稷做出的努力。

　　如今，就在景山的东麓，一棵槐树仍在提醒着人们对于历史的记忆，只不过，这棵槐树并不是当年崇祯皇帝自缢时的那棵向东倾斜的低矮老槐树。十年动乱期间，当年的歪脖槐树被当作"四旧"砍掉了，1981年才在原址移栽了一棵槐树。1996年，公园管理处又将一株一百五十多年树龄的古槐移植过来，替代了1981年移植的小槐树。槐树前，立有两通碑刻。其一，碑高两米，正面纵题"明思

明思宗殉国处碑刻

宗殉国处"六个大字，右侧的上款为"中华民国十九年三月"，左侧的下款为"故宫博物院敬立"，是故宫博物院于1930年延请沈尹默书写勒石，1931年立于此地的。该碑1944年被拆除，置于景山寿皇殿院内。1955年寿皇殿院筹建北京市少年宫时，该碑被截为两块，当作井盖使用，1990年才在一次施工中被发现，经过修复后立至原处。其二，是1944年由明思宗殉国三百年纪念筹备会延请傅增湘撰文，陈云诰书，潘龄皋篆额，经故宫博物院许可立于此地的"明思宗殉国三百年纪念碑"。该碑立于抗日战争时期，之后虽也曾被拆除，但最终仍被修复立于原处。

清代《燕都杂咏》中有诗云："巍巍万岁山，密密接烟树。中有望帝魂，悲啼不知处。"时过境迁，虽然物非人亦非，但历史却不会忘记那个已经远去的时代。

正阳门下的皇权兴衰

北京在开启都城史的同时，相伴而生的是首都城市的营建。岁月流转，王朝更迭，当金、元、明、清的封建统治离我们远去时，我们难免会对历朝历代的都城充满想象：都城该是怎样的气势？该有怎样的辉煌？都城之门，虽然无法获得皇城宫殿的荣耀，却见证了城内皇权的兴衰，也直接触摸到动乱纷争的战火，因而变得极不平凡。其兴衰，其变迁，都与帝王的命运息息相关。

久负盛名的北京前门，名为正阳门，是明、清两代都城的正南门，因位于紫禁城的正前方，故俗称"前门"。正阳门的营建应追溯到元代，元大都城垣正南门名为丽正门，是正阳门的前身。从元代开始，历经明、清两代，丽正门经历位移、改名而开启了正阳门的历史，在战乱被毁、火灾焚烧与修缮、重建之中，成为中国封建社会后期城市建筑、军事防御、礼仪制度和建筑艺术的形象体现，承载起北京城厚重的历史文化。

1260 年，元世祖忽必烈继位，成为蒙古国大汗。因弟弟阿里不哥领导的反对势力占据原本的首都和林，忽必烈不得不煞费苦心选定新首都。要知道，没有"家"的大汗仿佛没有根基一般，任凭战场上如何英勇，总是会有一份苦涩的孤独感，对"家"的温暖充满渴望。庆幸的是，继位之前的忽必烈已经在征战中建立了自己的根据地，在蒙古草原与中原汉地之间修建起一座新的城市——开平（今内蒙古锡林郭勒盟正蓝旗境内）。中统四年（1263）五月，忽必烈颁布诏书，将开平府命名为上都，正式取代和林的地位，成为其政权的首都。

新都开平的确立，为忽必烈肃清反对势力、实现征战中原的政治抱负奠定了基础。于是，他首先剿灭阿里不哥的军队，完成了蒙古国内部的统一。内部统一的战争消耗了国力，却无法改变蒙古人征战的野心，因此在 1268 年，安定了后方的忽必烈决定大举进攻中原，开始了新一轮的征战之旅。蒙古铁骑踏遍汉地，虽遇抵抗，却势不可挡。1276 年南宋灭亡，中国自唐末以来的分裂局面终于在蒙古人的征战中得以复归统一。

在国家统一的进程中，北京城在历史的版图里变得清晰而重要。这一切，缘自忽必烈为推动国家统一而做出的一项非常重要的决定——迁都北京。

当时的蒙古首都开平刚刚建城不久，仍处于发展之中，人口稀少、物资有限，城市功能尚未成熟完备。虽然地处蒙古草原的南缘，但仍与中原汉地相距甚远，不利于对国家的管理。正因如此，迁都成为形势所迫。在忽必烈看来，北京"虎踞龙盘，形势雄伟，南控江淮，北连朔漠"，是经营天下的理想之地。于是，他在中统五年（1264）改称燕京为中都，授命曾主持兴筑开平的太保刘秉忠掌管提点宫城所，负责勘定中都的城址及新城的营建。新城的建设开始于至元四年（1267）正月，及至至元九年二月忽必烈下令改称中都为大都并定都大都时，营建工作尚未完成，至元十三年（1276）大都的营建工作才得以初成，初步构建出一座规模宏大、壮丽辉煌的伟大都城。

太保刘秉忠是元代著名的政治家、建筑家，博学多才，精通天文、地理、律例、佛学、儒学，一生主持修建过元上都（开平）、元大都（北京）两座都城。作为元大都的总设计师，刘秉忠遵循《周礼·考工记》中"匠人营国"的古代都城规划原则和《周易》中"象天设都、阴阳八卦"的理念，营建出中国古代都城的经典之作。"城方六十里，门十一座"，正是元大都的整体模式。而都城南三门正中的丽正门规模巍峨，形制崇隆，领秀诸门，是帝后辇舆出城的必经之门，也是贵人官吏所乘车骑的通行之门。因"冠盖"意为官吏的冠服和车乘，故此门当时人来车往的情景又被人们称为"衣冠之海"，以彰显富贵之气。

丽正门在地理上经纬四通，从此门向北过千步廊即是元朝的皇城与宫城，著名的建筑依次为灵星门、周桥、崇天门、海子桥、中心阁；向南可直通金中都时期的旧城，交通十分便利。元大都时期，南来的马帮商旅通过水路或陆路来到大都，他们集中在丽正门外搭建棚房进行商贸活动，使这一区域迅速发展成为大都城重要的商贸中心，盛极一时。

最初的丽正门如同大都城其余的十个门一样，并未建设瓮城与箭楼，然而，这一切被战火改变了。至正十九年（1359），朱元璋的军队逐渐逼近大都，元政权已处在风雨飘摇之中。为守卫大都，这一年十月，元顺帝"诏京师十一门皆筑瓮城，造吊桥"，以加强城防。于是，在大兵压境的情势下，元大都十一座城门的瓮城与箭楼修建完毕。然而，建好的城门防御工程并未能阻挡起义军的进攻步伐。明洪武元年（1368）八月，征虏大将军徐达攻陷大都城，结束了元朝的统治。随即，明太祖朱元璋改称元大都为北平府，使这座大一统王朝的都城失去了国家首都的地位。

为防止逃往东北的蒙古军队卷土重来，大将军徐达对北平府进行了大规模改建。在这次改建中，元代的皇宫无法逃脱被拆毁的厄运，精彩不再。此外，因原有的大都城占地宽广，不利于军事防御，北平府放弃了大都城的北部城区，在北城墙向南约五里处修筑了新城墙，设立安定门、德胜门两座城门。而包括丽正门在内的南城墙三门则没有变化。

当北京城两百多年辉煌的都城史即将像流星一样在历史的天空划过时，明成祖永乐皇帝朱棣却为北京城带来了重拾辉煌的机遇。朱棣先是启动修建紫禁城的浩大工程，日后又决定迁都北京，这一切都使他的名字与北京城的建设密不可分。正是因为修建紫禁城，北京城的城垣才得以进行了大规模的修缮，南垣向南迁移近一公里，以容纳设立在皇城前的五府六部。南移后的南垣仍旧设立三座城门，称谓也沿袭旧名，从正中向两侧依次为丽正门、文明门、顺承门。明代永乐年间对北京城垣的修缮和移建工程，开始于永乐四年，完成于永乐十九年（1421），前后长达十余年。此后历经永乐、洪熙、宣德三帝共计十六年，均未再进行大规模的修建活动。

丽正门再次被改变，发生在明英宗时期。

1435 年，明英宗朱祁镇继位。他是一位一生充满传奇色彩而又饱受诟病的皇帝，登基时年仅九岁，由杨荣、杨士奇、杨溥等前朝名臣辅政。作为一个九岁的孩子，贪玩之心尚未褪去，就已手握至高无上的皇权。面对当时的形势，对于皇太后与辅政的大臣而言，政治上求稳应是第一要务。然而，登基后的朱祁镇很快就要面对一个重大问题，就是关于北京的定都之争。

当年永乐皇帝朱棣的迁都之举虽然得以实施，但朝廷上下的反对之声却不绝于耳。毕竟，放弃开国皇帝朱元璋的定都之地而北上北京，是许多大臣眼中的违逆之举。因此，朱棣去世以后，刚刚继位的明仁宗朱高炽就不得不认真面对这个问题。当然，他不可能轻易否定父皇的决定而将首都迁回南京，但他又不能忽视群臣的反对意见，因此他采取了一个变通的办法，诏令各衙门行文时在"北京"前增加"行在"二字。"行在"，意为天子巡行所到之地，显然与北京当时真正的地位不同。不过，无论是朱高炽当真想要离开北京，还是为了避开群臣反对的锋芒，这一切很快就变得不再重要了，因为朱高炽是个短命的皇帝，在位仅仅一年就魂归天国了。其后继位的明宣宗朱瞻基在位十年，但一直不敢触碰这个棘手的问题，他只是继续维持仁宗皇帝在"北京"前加上"行在"二字的决定。

年少登基的朱祁镇哪里懂得北京定都之争的利与害，继位刚刚一年，他就下诏去掉"行在"之名，定北京为京师，并利用之前积累的财富大肆修建北京城垣，以使自己身居的皇城容光焕发。据《明英宗实录》记载："命太监阮安、都督同知沈清、少保工部尚书吴中，率军夫数万人修建京师九门城楼。初，京城因元之旧，永乐中虽略加改葺，然月城楼铺之制多未备，至是始命修之。"工程耗时三年有余，至正统四年（1439）完成。

在这次大规模的修建中，北京的城垣不仅完善了各门的"楼铺之制"，"焕然金汤巩固，足以耸万年之瞻矣"，更出现了一个巨大的变化，就是城门的更名。据《工部志》记载："更名丽正为正阳，文明为崇文，顺承为宣武，齐化为朝阳，平则为阜成，余四门仍旧。"丽正门的"丽正"取义《易经》中的"日月丽乎天，百谷草木丽乎土，重明以丽乎正，乃化成天下"，意为天地充满光明。丽正门更名后为正阳门。该门位于都城之南，南向，又是南三门之正中，取"圣主当阳，日至中天，万国瞻仰"之意，故为正阳。

应该说，明英宗朱祁镇登基之初对北京城垣的修葺是一项对后世有益的明智之举，而对城门的更名亦影响久远，不能不说是他对历史的巨大贡献。然而，朱祁镇在皇太后和前朝辅政大臣相继去世以后，开始独立掌握皇权。这个年轻的皇帝是被娇惯着长大的，心中没有什么顾忌，骄纵放任的秉性日渐明显。他开始宠信身边的宦官王振，以致贻误社稷。

明朝建立之后，元朝残余势力虽然败退漠北，但他们仍然梦想回到中原，因此经常对明朝北部边境进行袭扰。明太祖时期，朱元璋在北方修筑了长城，设置边镇、卫所，有效地控制了北部边防的形势，维护了国家的安定。朱棣称帝之后，对北部边疆的布防进行了重新部署，初步形成了以京军为后盾分地防御的边防格局，但由于塞北军事重镇大宁（今内蒙古自治区宁城县西）、开平等卫所的撤除，使北疆防线南移，蒙古骑兵乘机不断南下骚扰。朱祁镇执政的正统年间，瓦剌部首领也先用武力迫使其他部族归服于瓦剌，蒙古又一次形成了表面的统一。但也先并不满足于蒙古大汗的势力范围，屡屡制造事端，伺机入侵明朝疆域，图谋恢复元朝统治。

正统十四年（1449），也先兵分四路大举进攻明朝。明英宗朱祁镇受宦官王振怂恿，在没有充分准备的情况下，亲自率领明军精锐部队草率出兵，结果在土木堡全军覆没，史称"土木之变"。英宗的弟弟郕王朱祁钰原本只是代替外出征战的哥哥监国，没想到自己的哥哥成为也先的俘虏，变成敌人手中谋取政治和经济利益的工具。朱祁钰这个平时养尊处优的皇族子弟，同一些大臣一样又惊又怕，最终在于谦等主战派重臣的推举下成为大明新的皇帝。面对意外得来的皇位，朱祁钰表现出来的不是兴奋，而是惊恐。庆幸的是，在于谦的指挥下，明朝取得"北京保卫战"的胜利，也先损失惨重，退回漠北。

北京保卫战胜利之后，已经失去利用价值的"太上皇"朱祁镇最终被释放回来，被新皇帝朱祁钰软禁在宫中长达七年之久。然而，历史却给这个曾经误国的皇帝一个重新开始的机会。景泰八年（1457）正月，年仅三十岁的朱祁钰病重，在北京保卫战中因功官至太师的大将石亨与都督张轨、太监曹吉祥等密谋发动政变，拥英宗复辟，史称"夺门之变"。朱祁镇复位之后，朱祁钰随即被废黜，同样被软禁起来。一个月后，他便抑郁而终。

尽管重新登上皇位的明英宗要努力做一个好皇帝，却仍旧没能挣脱宠信宦官之患。原本在复辟中有功的宦官曹吉祥，后来竟伙同其养子钦蓄谋造反，险些令英宗再遭身死国灭之祸。回顾其一生，他宠信宦官而误国误民以及错杀千古忠臣于谦，都是无法抹去的不光彩之处，但其对北京城垣的修葺以及对城门的重新命名，可以成为一项历史功绩。

明万历三十八年（1610）四月，正阳门发生历史上第一次火毁之灾。《明史》上对这次火毁的记载极为简单："三十八年四月丁丑夜，正阳门箭楼火。"寥寥数语，仅说明了火毁情况的发生，以及火毁殃及箭楼，并未详细记录火灾发生过程与火毁程度。不过，这次火毁应该是因不慎引发的火灾，而并非战火。三十余年后，当明王朝的统治步入末路时，这座帝都之门则难逃兵燹炮火，发生第二次火毁。

崇祯十七年正月初八，刚刚称帝八天的李自成便亲率大顺军主力，由西安出发直逼北京，开始了灭亡大明王朝的军事行动。几个月后，大顺军包围北京。三月十九日晨，随着崇祯皇帝登上景山自缢身亡，明王朝宣告灭亡。然而，李自成只停留了四十天便退出了北京。四月二十九日，撤退前的最后一天，大顺军一把大火焚烧了皇城宫殿及内城的九门城楼。

谈迁所著《国榷》记述了当时的火毁情形："丁亥昧爽，李自成出齐化门西走，刘宗敏、李友等次之，以万骑为殿，先运薪木积于内殿，纵火发炮，击毁诸宫，殿通夕火光烛天。须臾，九门雉楼皆火发，城外草场并燃，与宫中火光相映，太庙武英殿仅存。"其中所说的"雉楼"正是城门的箭楼，九门全部起火，自然包括南垣的正阳门。

明王朝灭亡的时候，曾被崇祯皇帝寄予厚望的辽东总兵吴三桂又在哪里？

吴三桂出身于辽东将门望族，父亲吴襄、舅舅祖大寿都是重要武将，成为他的政治靠山，使吴三桂在仕途上一路扶摇直上，从二十岁至二十七岁，历任游击、参将、副将、总兵，升迁速度之快，超乎寻常。崇祯十六年（1643）春天，驻守宁远（今辽宁兴城）的吴三桂奉命入关，抵御第五次迂道入塞的清军。吴三桂到达北京时，清军已经离开，并未发生战斗。不过，当时的明王朝已被不断骚扰、连连取胜的清军吓破了胆，将吴三桂的勤王看作不战而退敌，吴三桂因此受到崇祯皇帝的赏识。五月十五日，崇祯皇帝在武英殿宴请来北京勤王的吴三桂等人，特意赐给他尚方宝剑，足见对他的重视。这时的吴三桂仿佛是一个福将，加上明军在与李自成的长期战斗中主力尽失，只剩下吴三桂在关外的这支力量，因此这支军队被视为明王朝的"救命稻草"，为挣扎在亡国边缘的崇祯皇帝带来希望。

然而，崇祯皇帝并不了解吴三桂。吴三桂虽然参加过抵御清军的几次战斗，如松锦大战、松山之战、杏山之战等，也都取得战绩，但却败多胜少。更重要的是，吴三桂已表现出两面性的人格，既有智慧勇敢的一面，也有投机怕死的秉性。这样的特点决定了吴三桂的政治取向，面对大清、大顺两支日渐强大的力量，他当真会为大明王朝尽一个臣子的忠心吗？

崇祯十七年初，大顺军直指京师，崇祯皇帝急诏各地兵马勤王，特命吴三桂火速领兵入卫北京。吴三桂从宁远入山海关，仅仅两百里路程，却走了十一天。崇祯皇帝直到自杀时，也没能等到吴三桂的援军。而彼时，吴三桂带领军队刚刚抵达丰润一带，他在犹豫观望，停止不前。

当然，无论是大清政权还是大顺政权，都曾向手握重兵的吴三桂伸出过橄榄枝，吴三桂却是既不拒绝也不答应，态度暧昧。我们可以想象出吴三桂当时的犹豫与徘徊，是他胆小投机的本性使然。他想要找一个对自己更加有利的靠山，却无法衡量清楚投降大清或大顺的利弊得失，因此举棋不定，他做出先要投降大顺后又改为降清的举动就不难理解了。

吴三桂得知李自成进京、崇祯皇帝自缢、绝大多数明朝官员投降的消息后，面对敌我力量悬殊的现实，自然要考虑保住自己的特权地位。在进行了一番利弊权衡之后，他有意归降已经占领北京城的大顺政权。恰在此时，李自成派来的招降人员李甲、陈乙到达军中，吴三桂便"决意归李"，于是率领部队继续行进，还沿途大张告示，宣称进京"朝见新主"。然而，随后获知的消息却使吴三桂改变了计划。他遇到从北京逃出的家人，得知自己的父亲吴襄被抓，而爱妾陈圆圆更是被大顺将军刘宗敏霸占，一时心中大怒。关于当时的情形，日后曾有许多文学作品进行描述，民间流传的"冲冠一怒为红颜"显然已有了文学渲染的成分。尽管如此，痛失爱妾对吴三桂情感上的触动却是毋庸置疑的。此时，大顺军已经开始对俘获的明朝在京官员进行拷问、追赃，吴三桂的父亲吴襄也在被拷问的官员当中。在这样的形势下，吴三桂不能不心存忧虑，担心自己投降后反而会落入陷阱，很快会被李自成剿灭。于是，吴三桂改变投降大顺政权的初衷，随即调转方向，退守山海关。

明王朝覆灭了，面对大顺与大清，吴三桂处于腹背受敌的状态。

既然断了投奔大顺政权的念头，吴三桂很快便投降了大清政权，而这一举动加速了李自成大顺军的失败。

清军入关后，迅速将首都由沈阳迁至北京。进入北京城的顺治皇帝自然看到了被烧毁的九座城门，他怎么能让自己的"家"如此破败？顺治皇帝很快开始对大顺军烧毁的宫殿与城门进行修缮，火毁的正阳门箭楼被修缮一新。

清代北京的城墙、城门虽然有过改建与修缮，但方位和形制上承袭的依旧是明朝旧制。正阳门在结构、高度、局部或略有调整，但位置和名称一直未变。正阳门虽然只是一座城门，却集合有主体建筑与附属建筑。主体建筑包括城楼、箭楼、瓮城及东西闸楼，设置有闸楼千斤闸、雉堞、马道、券门、铺舍等防御性质的设施。附属建筑包括位于瓮城内的关帝庙与观音庙、箭楼南的正阳桥与五牌楼、瓮城外东侧的朝阳阁等。这些建筑或与城门同时建成，或稍晚建成，体现着特有的文化内涵与美学意蕴，与主体建筑融为一体，成为正阳门不可分割的重要组成部分。

有清一代，正阳门曾经三次遭遇火毁。

前两次火毁发生在乾隆四十五年（1780）五月及道光二十九年（1849）十一月，原因均为不慎失火。第一次火灾损失较大，正阳门外的一个铺面失火后，恰遇大风，大火迅速吞没正阳门箭楼，同时还烧毁了东西闸楼、官房等设施。乾隆朝国库殷实，即使正阳门在火灾后的大修工程耗资巨大，仍很快得以修复。然而，由于在施工中没有全部更换新砖，新建箭楼和旧门瓮券内随即出现了裂缝和鼓闪现象。新修的都城之门出现这样严重的问题，自然无法掩盖，负责督工的大臣英廉、和珅只好自请出资赔修，具体管理施工的工部郎中德龄等人也受到相应处罚。及至道光年间，鸦片战争导致国库空虚，修复被火毁的正阳门箭楼变得困难重重。修复工作耗时两年，

正阳门瓮城西市场

拆了北京西郊畅春园中九经三事殿三丈六尺长的大梁，来补正阳门箭楼修复之用，才得以完成，不禁令人叹息。

第三次火毁则伴随着国家的磨难。

正阳门虽然只是一座城门，却因为是都城之门而具有别样的荣耀，格外受人关注。鸦片战争之后的中国，命途多舛。中日甲午战争后，战败的清政府与日本签订丧权辱国的《马关条约》，割地赔款；西方列强也越发对中国这块肥肉垂涎三尺，在19世纪末掀起了瓜分中国的狂潮，终于引发民间抵制洋人的义和团运动。光绪二十六年五月二十日晚，以"扶清灭洋"为口号的义和团放火焚烧了洋人在前门大栅栏所开的老德记药房。火势迅速蔓延，不仅波及周边的前门大街、煤市街等，更将正阳门城楼焚毁。

随着义和团抵制洋人运动的发展，英、法、德、美、日、俄、意、奥等国以"保护使馆安全"为名组成联合远征军（即"八国联军"）开赴北京，名为镇压义和团，实际上是侵略中国。内忧外患的清政府束手无策，只能眼看着国土任由列强蹂躏。正阳门在火灾发生不足两个月后，又遭受了西方侵略军的炮火。英、美、俄、日等国侵略军先是在天坛架起大炮，炮轰正阳门，随后进入内城，又将硝烟尚未散尽的正阳门当作侵略者盘踞的军营。不久后，军营失火，正阳门城楼没能躲过火毁之灾。

光绪二十七年（1901），清政府与侵略军签署了丧权辱国的《辛丑条约》。逃亡归来的慈禧太后与光绪皇帝经过损毁殆尽的正阳门时，尽管在城楼与箭楼的基座上已临时搭起了缤纷多彩的牌楼，但帝国之殇却无法遮盖。

如果没有炮火，正阳门一带一定是繁华的，这里的商贸活动一直繁盛不衰。在元代，正阳门外就已经形成了闹市。元明更替时，北京曾一度失去首都的地位，正阳门一带的商贸活动受到短暂影响。

明成祖迁都北京后，朱棣考虑到"商贾未集，市廛尚疏"，于是诏命在各城门内外营造铺房，以"召民居住""召商居货"。正阳门内有千步廊（即棋盘街），正阳门外的廊房更多，逐渐聚集起大量商贩。正阳门一带每日万人云集，摩肩接踵，人们或是进行商贸交易，或是观看戏曲杂耍，久而久之这里成为明代北京城一处繁华热闹的去处。

正阳门南侧在清朝呈现出更为繁盛的商业景象。清军入关以后，定鼎北京的顺治皇帝推行满人、汉人分城居住制度，汉人及市肆、娱乐场所全部迁往外城，南城因而成为汉人聚集之地。作为内外城的交界处，正阳门的位置得天独厚，商业得以繁荣成为自然而然的事情。特别是顺治六年（1649），清廷下诏禁止正阳门内棋盘街的商业活动，商户被迫南移，更加促进了正阳门外商业区的发展。在清代画家徐杨绘制的《乾隆南巡图卷》中，正阳门外的商市景象真实生动，只见店铺密集、人头攒动，一派繁华景象。但在1900年的大火之后，商业区的繁华不再，同正阳门一样，众多商铺先被火毁，而后为帝国主义铁蹄践踏，失去了往日的生机。

民国时期的正阳门曾被改建，拆除了瓮城，修建了马路，增开了城门，使往来车辆与行人畅行无阻。1928年，南京国民政府颁布"保护国货"政策，倡导民众使用国货，以促进民族工业发展。在这种背景下，北平国货陈列馆应运而生，馆址就设立在正阳门箭楼。该馆于1941年初迁出。

新中国成立以后，正阳门的历史翻开了崭新的一页。伴随城市建设飞速发展的步伐，明清时期的北京城垣和大部分城门已经消失了，只有正阳门依旧屹立在那里，成为北京历史文化的象征之一。

正阳门城楼及箭楼，原由瓮城墙连为一体，后因修路分割成两部分

颐和园的政治风景

　　1998 年 11 月，寒意初显的北京从联合国教科文组织那里得到了令人振奋的好消息——北京西郊的皇家园林颐和园被正式确定为世界文化遗产。世界遗产委员会高度赞扬了颐和园的价值，称其亭台、长廊、殿堂、庙宇和小桥等人工景观与自然山峦和开阔的湖面相互和谐、艺术地融为一体，堪称中国风景园林设计中的杰作。这座皇家园林终于得到了世界的认可与尊重。

　　时光回到二百四十年前，那时的中国正处于封建社会的最后一个盛世——"康乾盛世"的中后期。盛世自然要有胜景，这一时期，北京的御苑园林经过几百年的积淀已经有了"三山四园"。

　　香山的静宜园、玉泉山的静明园以及附近的畅春园和圆明园在乾隆即位之前都已经修建了。这四座园林就像四颗明珠散落在海淀到香山之间，它们彼此自成体系，相互间却缺乏有机的联系。在四座园林之间的万寿山前有一个由许多泉水汇聚而成的湖泊，由于这一地区处于北京的西郊，因此该湖被当地的人称为"西湖"。

　　乾隆皇帝是中国历史上著名的皇帝，他的孝心也同样非常有名。

1751 年是乾隆皇帝的母亲崇庆皇太后的六十大寿，为了孝敬自己的母亲，乾隆皇帝在母后六十大寿庆典的前一年（1750）下旨修建清漪园，此园直至 1764 年才正式修建完成。清漪园面积约二百九十公顷，以万寿山为中心，是一座山水结合、以水为主的山水园林。这座清漪园便是颐和园的前身。

清漪园的修建，标志着北京"三山五园"的行宫苑囿体系基本形成。从此，北京西郊的几处皇家园林便不再彼此孤立，而是通过清漪园的串联组成了绵延二十余里的皇家园林带。

在万寿山前山，有一通大型石碑，石碑正面刻有"万寿山昆明湖"六个大字，背面刻有《万寿山昆明湖记》碑文，均为乾隆皇帝手笔。石碑立于乾隆十六年（1751），即清漪园修建的第二年，正值崇庆皇太后的六十大寿。碑文记述了扩展昆明湖以及修建清漪园的目的：一是治理多年不曾管理的水泊，二是为母亲崇庆皇太后祝寿。

其实，从清漪园的整体布局来看，也许这两个理由都不是最重要的。综观清漪园，从它的园林格局、建筑风格到景点的设置、楹联匾额的内容无不体现着乾隆皇帝的统治思想。清漪园把万寿山和昆明湖包容在内，形成了大山大水的格局，充分体现了乾隆皇帝作为帝王宽广的胸怀，同时这也是他好大喜功的最好佐证。而霁清轩、绿畦亭、耕织图这些农桑之景则表现了他"重农抑商"的立国之本。园中的景明楼是仿照北宋时期的岳阳楼而建的，之所以仿建岳阳楼，也许可以从北宋文学家范仲淹写的《岳阳楼记》里寻找到答案。《岳阳楼记》成为传世名作，不是因为文章对巴陵和洞庭湖及岳阳楼风景的精彩描写，而是因为作者借《岳阳楼记》抒发了自己先忧后乐、忧国忧民的大情怀，而这种情怀正是每一个统治者所需要的。乾隆皇帝正是想通过仿岳阳楼的形式提倡"居庙堂之高则忧其民，处江湖之远则忧其君”的臣子之忧和“先天下之忧而忧，后天下之乐而乐”的君子之乐。自认为英明神武的乾隆皇帝是想用亲自规划、设计一座园林的方式，来展现自己的才华，炫耀自己的功德，用这座园林为自己树一座亘古永恒的丰碑。

作为“三山五园”之中最后修建的皇家园林，清漪园寄托了乾隆皇帝的政治理想，带有浓厚的政治色彩。这注定了清漪园的与众不同——它不只是皇家休闲娱乐的场所，同时也与皇族政治紧密地联系在了一起。

然而，让乾隆皇帝想不到的是，清漪园建成不到百年，他的这座“丰碑”便被侵略者的战火焚毁，这位自认为英明神武的皇帝利用清漪园歌功颂德的梦想也随着园林的被毁而彻底落空了。

1799 年，乾隆皇帝去世，终年八十九岁。他的儿子嘉庆皇帝正式执掌政权，而此时的大清帝国已经危机四伏。从嘉庆年间的白莲教起义、道光年间的鸦片战争一直到咸丰年间的太平天国运动和第二次鸦片战争，清王朝在风雨飘摇之中度过了半个多世纪。而奇怪的是，危机的起始时间正是乾隆皇帝退位的 1796 年，那一年川、楚、陕的大地上随处可见高举反抗大旗的白莲教教众，这不知是历史的巧合还是历史的必然。

然而，无论国内矛盾多么严重，清政府都还有能力应付，那时的“三山五园”之内应该仍旧不乏这些皇亲贵胄游园的身影，清漪园内想必更是热闹非凡。

大清帝国日渐衰落。咸丰六年（1856），第二次鸦片战争爆发。1860 年 9 月，英法联军攻陷北京，咸丰皇帝狼狈逃往热河避难，把自己的都城和人民拱手让给了侵略者。皇帝可以逃走，而这些皇家园林以及园林里的珍宝是无法“逃走”的。进入北京城的侵略者很快便进入了清漪园，他们把园内珍宝抢掠一空，然后纵火焚烧清漪

俯视昆明湖与排云殿

园。这座乾隆皇帝费尽心血修建了十几年的园林在不到一天的时间里便消失在烈火浓烟之中。怀着"盛世万年"的美梦安然逝去的乾隆皇帝永远也不会知道，建成不到百年的清漪园在一天之内便走向了消亡。一百年，对于一个人来说或许是漫长的时光，而对于一座皇家园林来说，却显得太过短暂。

第二次鸦片战争最终以清政府的彻底屈服而结束，清帝国因向西方列强割地赔款而财政枯竭，再也无力修建被焚毁的园林了。

第二次鸦片战争之后，曾经风华无限的清漪园陷入荒芜之中。林木茂密的万寿山变成了光秃秃的一片，那些象征着乾隆皇帝美好愿景的田园之景也只剩下了断壁残垣。直到慈禧太后掌权后，清漪园才有了重生的机会，重生之后的园林便是颐和园。

1861 年 8 月，咸丰皇帝在内忧外患之中病逝于承德避暑山庄，他至死都没有再回到自己的都城。

咸丰皇帝去世之后，他唯一的儿子（即日后的同治皇帝）在他的灵前继位，改年号为"祺祥"。由于咸丰皇帝去世之时，同治皇帝还是一个年仅六岁的孩子，因此，咸丰皇帝临终之前下旨由怡亲王载垣、郑亲王端华、御前大臣景寿、协办大学士户部尚书肃顺及军机大臣穆荫、匡源、杜翰、焦祐瀛辅佐年幼的皇帝处理政务。同治皇帝继位之后，便尊咸丰帝皇后钮祜禄氏为慈安太后，尊自己的生母懿贵妃叶赫那拉氏为慈禧太后。慈禧太后，这个中国近代史上最有名的女人从此正式走上了历史的舞台。

慈禧太后于咸丰二年（1852）被选入宫，由于她聪明伶俐，深得咸丰皇帝的喜爱，因此赐号兰贵人，后来又册封她为懿嫔。1856年 3 月，懿嫔为咸丰皇帝生下了他唯一的皇子载淳（即后来的同治皇帝），因此被晋封为懿妃，不久又晋封为懿贵妃。咸丰皇帝自幼体弱多病，清政府的内忧外患又让他心力交瘁，而慈禧太后不但工于书法，而且聪明伶俐，有一些政治头脑，于是，日渐懒惰的咸丰皇帝经常只是坐在自己的龙椅上口授，而让慈禧太后代笔批阅奏章。因此，慈禧太后便有了接触政治的机会，她的权力欲望也在批阅奏章的过程中不断累积，并在咸丰皇帝死后达到了顶点。

1861 年，刚刚坐上皇太后宝座的慈禧太后，就迫不及待地开始揽权。她借口皇帝年幼，无法处理朝政，提出要由两宫皇太后"垂帘听政"，实际上就是要掌握国家大权。慈禧太后这一明目张胆的要权行为遭到了"辅政八大臣"的坚决反对，而工于心计的慈禧太后最终还是抓准时机发动了"辛酉政变"，夺得了她梦寐以求的最高权力。从此，慈禧太后在中国开始了长达四十七年之久的统治。

同治皇帝虽然是名义上的皇帝，但真正的实权一直掌握在慈禧太后手中。1875 年，做了十多年傀儡皇帝的同治皇帝在北京因天花病逝，死时年仅十九岁。

虽然同治皇帝是慈禧太后的亲生儿子，但是，利欲熏心的慈禧太后很快就从失去儿子的悲痛中"清醒"过来。经过仔细挑选，独掌大权的她最终选定了年仅四岁的载湉为皇位继承人，这便是后来的光绪皇帝。

光绪皇帝是慈禧太后的侄子，也是她的外甥，因为他的父亲奕譞是咸丰皇帝的兄弟，而他的母亲又是慈禧太后的亲妹妹。这种特殊的家庭背景，再加上光绪皇帝幼小的年纪，这一切都成为慈禧太后想继续独掌大权的有利条件。

四岁的光绪皇帝继位，慈禧太后顺理成章地继续"垂帘听政"。

光绪十二年（1886），慈禧太后已五十二岁。自 1861 年发动政变夺权以来，她已经控制了这个帝国二十多年，此时的光绪皇帝十五岁，朝廷上下的正直之臣对慈禧太后"后宫专政"早已不满，纷纷请求慈禧太后归政于光绪皇帝。迫于祖宗家法和社会舆论的压力，慈禧太后决定重修清漪园作为自己颐养天年之所，并将清漪园改名为颐和园，寓意"颐养冲和"，想以此告诉世人自己已做好了皇权归政、安享晚年的准备。而光绪皇帝更是希望早日摆脱慈禧太后的控制，因而极力配合在清漪园遗址上修建颐和园。然而，事实上，这只是慈禧太后"以退为进"的政治手段，她借口修建颐和园"颐养冲和"而躲避社会压力，实际上仍然将大权牢牢掌握在自己手中。

　　无论大清皇室出于何种目的修复园林，颐和园都是幸运的。对于一个饱经风霜的皇家园林来说，如果没有慈禧太后，如果没有这种特定的背景，要想在那个内忧外患不断、朝不保夕的乱世之中重生几乎是不可能的事情。正因为颐和园的修建有着深刻的政治背景，因而注定了它与政治的关联。

　　光绪十一年（1885），清政府设立海军衙门，次年以建立海军的名义修葺清漪园。光绪十四年（1888），修葺工程对外公开，并将清漪园改名为颐和园。光绪二十年（1894），中日甲午战争爆发，北洋水师在战争中全军覆灭。光绪二十一年（1895），清政府裁撤海军衙门。由于没有了经费来源，颐和园修建工程被迫停工。此时，颐和园只恢复了清漪园时期前山、前湖的建筑，而清漪园时期修建的后山和昆明湖以西的大量建筑则没有恢复。过去的清漪园的功能是"敕几清暇散志澄怀之所"而非政治中心，而颐和园因为取代了圆明园的地位，成为清统治者经常居住和向全国发号施令的政治中心，所以，前山的一些建筑物的形状和名称发生了变化。但不管怎样，在清漪园被焚毁三十五年之后，它又以"颐和园"之名获得了新生。从此之后，慈禧太后便从皇宫紫禁城搬入了颐和园之中，它成为晚清最高统治者在紫禁城之外最重要的政治和外交活动中心，见证了清代末年历史的变迁。

　　仁寿殿，是慈禧太后与光绪皇帝在颐和园临朝理政、接受恭贺和接见外国使节的地方，名称取自《论语》中"知者乐，仁者寿"，是颐和园听政区的主要建筑物。

仁寿殿位于颐和园东宫门内，整个殿宇坐西向东，面阔七间，两侧有南北配殿，前有仁寿门，门外有南北九卿房。乾隆皇帝时期清漪园建有勤政殿，意为不忘勤理政务，由此也可以看出乾隆皇帝赋予清漪园的政治功能。1860年英法联军侵占北京时，勤政殿也被焚毁。修建颐和园时，便在原址上建起了仁寿殿，寓意施仁政者长寿，这个名字的寓意同样与政治相关联。

作为园内最主要的政治活动场所，仁寿殿有幸见证了中国近代史上最著名的政治改革运动——"戊戌变法"的发生。

1898年，光绪皇帝在颐和园仁寿殿召见了改良派领袖康有为，从而拉开了"维新变法"的序幕。

清王朝从道光二十年（1840）第一次鸦片战争开始就受尽外敌的侵略和欺侮。作为大清帝国的君主，无论是道光皇帝、咸丰皇帝还是后来的同治皇帝、光绪皇帝，无不对此忧心如焚，苦思对策。

1895年4月，中日《马关条约》在日本马关签订，消息传到北京之后，举国悲愤。正在北京参加会试的一千三百多名各省举人义愤填膺，在康有为的带动下联名上书光绪皇帝，反对签订丧权辱国的《马关条约》，提出拒和、迁都、练兵、变法的主张，这就是历史上有名的"公车上书"。"公车上书"虽然对慈禧太后触动不大，但是却让光绪皇帝很受感动。

光绪皇帝虽然年轻，却有振兴大清帝国的理想，作为这个帝国名义上的主人，他非常想有一番作为。半个多世纪的外辱让光绪皇帝痛定思痛，下定决心"变法维新"以实现国家富强，改变清帝国日渐衰落的不利局面。

咸丰年间出生于广东南海官宦世家的康有为，年轻时曾经游历

仁寿殿

香港，接触了很多新鲜事物，后来又阅读了诸如《海国图志》《瀛环志略》等有关西方国家科学技术和历史地理情况的书籍，进一步接触了西方文明。经过一番认真的学习，康有为逐渐意识到资本主义制度相比于中国封建制度的优越之处。那一时期，清朝政府腐败不堪，帝国主义加紧侵略，曾经强盛的中华民族居然面临着前所未有的亡国灭种危机。这一切激发了血气方刚的青年康有为救国救民的热情，他立志要向强盛的西方学习，以挽救日益衰落的祖国。

1888 年，已到而立之年的康有为参加北京顺天乡试落榜。当年九月，满腔热血的康有为终于按捺不住心中的苦闷，毅然上书光绪皇帝，痛陈祖国的危机，批判因循守旧，要求变法维新，提出了"变成法，通下情，慎左右"三条纲领性的主张。他的这些主张得到了同样年轻的光绪皇帝的认同。

1891 年，康有为回到广东，开办万木草堂学馆，聚徒讲学。先后写了《新学伪经考》和《孔子改制考》两部著作，提倡民主思想，批判封建社会，为变法运动创造理论基础。在为变法奠定理论基础之后，康有为又在 1895 年到 1898 年之间，积极地进行着变法实践。在此期间，他曾多次上书光绪皇帝痛砭时弊，提倡变法。

面对日益破败的大清帝国，怀有中兴梦想的光绪皇帝终于下定决心变法改革。1898 年 6 月 11 日，光绪皇帝发布《定国是诏》，正式宣布"变法维新"。五天之后，光绪皇帝在仁寿殿接见康有为，询问变法事宜。君臣二人在仁寿殿促膝长谈两个多小时，康有为维新变法的思想使光绪皇帝深受鼓舞。这次会见，更加坚定了光绪皇帝变革的决心。他当即决定赏赐康有为六品官衔，任命他为"总理衙门章京上行走"，同时给他以"专折奏事"的权力。随后不久，梁启超、谭嗣同等维新志士也都在朝廷中担任了职务。

在随后的三个多月时间里，光绪皇帝根据康有为等人的建议，颁布了一系列变法诏书和谕令，对经济、政治、文化等方面进行了大刀阔斧的改革。为了减少变法的阻力，光绪皇帝经常到颐和园向慈禧太后陈述变法事宜，希望得到她的支持。

然而，由于光绪皇帝变法之心过于急切，很多改革措施触及了封建守旧势力的利益，导致顽固势力的激烈反抗。早已对光绪皇帝变法不满的慈禧太后也做好了发动政变的准备。

慈禧太后的政治嗅觉非常灵敏，她虽然长期居住在颐和园之内，但还是牢牢掌控着帝国的政权。锐意变革的光绪皇帝只是一个傀儡皇帝，手中没有一点实权。1898 年 6 月 16 日，在变法诏书下达后，作为守旧派代表的慈禧太后便威逼光绪皇帝在一天之内连下了三道谕旨，以阻止刚刚开始的变法。首先，撤销光绪皇帝的亲信翁同龢协办大学士、户部尚书、军机大臣等一切职务，将他罢官归乡，以此削弱维新派的实力；其次，规定凡授任新职的二品以上文武大臣，都必须到颐和园向慈禧太后谢恩，以此拉拢新任官员；最后，任命荣禄为直隶总督，统率北洋三军，以控制京、津和华北地区的兵权。

与此同时，慈禧太后还任命另一批亲信、顽固派大臣崇礼、刚毅等人分别担任步军统领、健锐营提督等要职，将京城与颐和园的警卫权牢牢抓在自己手中。在此基础上，她还加强了对紫禁城和光绪皇帝本人的监督，凡出入皇宫的人员，都须经检查后才能放行。政治经验丰富的慈禧太后虽身在颐和园，却轻易地控制了整个京城。

在颐和园仁寿殿外至今仍有一对铜制的龙凤，它们既可以用来在朝礼活动中燃香，又寓意龙凤呈祥。按照封建礼制，龙为天子，应该居于正中；而凤指后妃，必须在外侧。可是仁寿殿前的铜龙凤却是凤居中，而龙被分列两侧，这就是慈禧太后的得意之作。慈禧太后垂帘听政四十余年，实际权力地位都在皇帝之上，她如此设置龙凤的位置，就是为了显示自己至高无上的地位。由此可见，在那一时期，慈禧太后的权势是光绪皇帝无法比拟的。与老谋深算的慈禧太后相比，光绪皇帝显得太过稚嫩。

面对险恶的形势，光绪皇帝和维新派人士焦急万分，经过反复商量，他们决心通过两个途径摆脱维新运动的危机：一是设法争取英、日等帝国主义国家的支持；二是做新建陆军统帅袁世凯的工作，把他拉过来作为对付荣禄的武装力量。

1898年9月16日，光绪皇帝在颐和园玉澜堂召见了袁世凯，破格提拔袁世凯为候补侍郎，命令他专门办理练兵事宜。第二天，光绪皇帝再次召见袁世凯，告诉袁世凯"此后可与荣禄各办各事"，暗示其不必受荣禄节制。光绪皇帝自认为，这样一来就可以达到夺除荣禄兵权的目的，将北洋陆军的指挥权转移到袁世凯之手。光绪皇帝把袁世凯当成了心腹，一心委重任于他，而袁世凯却是一个狡猾的两面派，谙熟政治的他知道光绪皇帝只是一个傀儡皇帝，真正的实权掌握在慈禧太后的手中，他无意将自己的政治前途作为赌注押在毫无实权的傀儡皇帝身上。

随着变法的深入，维新派明显感觉到了来自顽固派的压力，宫廷内外一直盛传慈禧太后将废黜光绪皇帝，准备另立新帝。为摆脱困境，维新派人物谭嗣同以光绪皇帝钦命游说袁世凯，以高官厚禄利诱袁世凯带重兵先发制人，诛杀荣禄，清除"后党"，围慈禧太后于颐和园中，为皇上救驾，以建立维新改革的不朽之功。袁世凯表面答应了维新派的要求，而后却迅速向荣禄告密，出卖了光绪皇帝和维新派人士。得到消息的荣禄非常震惊，急忙赶至颐和园，向慈禧太后告发了维新派。

1898年9月19日，慈禧太后突然从颐和园赶回紫禁城，在两天后的凌晨发动政变，囚禁了光绪皇帝，并发布诏书宣布再次临朝训政。政变后，慈禧太后命人逮捕了谭嗣同、杨深秀、林旭、杨锐、刘光第、康广仁等人，史称"戊戌六君子"，9 月 28 日，六人在北京菜市口被杀害。康有为、梁启超逃往海外。变法举措也因为政变而夭折，只有响应开办新式学堂而于 7 月创办的京师大学堂（北京大学前身）得以保留，其余新政都被废止。从 6 月 11 日至 9 月 21 日，在历史上被称为"戊戌变法"的维新运动，历时一百零三天就以失败而告终。

戊戌变法失败之后，光绪皇帝被软禁在中南海的瀛台。重新回到前台的慈禧太后虽然搬回了紫禁城，但她依然离不开颐和园。每次慈禧太后回颐和园，都要带着光绪皇帝一同前往，并把他囚禁在颐和园的玉澜堂。

玉澜堂坐北朝南，东侧有东配殿霞芬室，西侧有西配殿藕香榭。原本三个殿堂都设有后门，东殿可通往仁寿殿，西殿可到湖畔码头，正殿后门直通宜芸馆。光绪皇帝被囚禁于此之后，慈禧太后便命人在玉澜堂东、西、北三面的通道周围修筑了不少砖墙，正南方向由慈禧太后的亲信太监日夜监视。此时的玉澜堂完全就是关押"犯人"光绪皇帝的监狱，因此，玉澜堂也被后人戏称为"最豪华的监狱"。

慈禧太后不仅限制光绪皇帝的自由，还在精神上对他施加压力。玉澜堂的院门前至今仍保留有两块石头，人称"母子石"。戊戌变法失败之后，慈禧太后为了发泄对光绪皇帝的痛恨，特地命人将原本在香山的这两块石头搬到了囚禁光绪皇帝的颐和园玉澜堂前，示意顽石尚有母子之情，责骂光绪皇帝连石头都不如。

作为一个帝国的君主，生前被人囚禁，连行动的自由都没有，我们不得不感叹封建社会政治的残酷。在玉澜堂的殿堂里，悬挂着一块"复殿留景"的匾额。"复殿"是深宫的意思，"景"是指景星。据我国古代星象学的说法，景星的出现象征着帝王的英明。所以，这块匾额的意思就是深宫中住着一位圣明之君。历史上的光绪皇帝确实有着远大的理想，然而，他却生不逢时，内有慈禧太后的压制，外有西方列强的欺辱，空有一腔热血却只能作为傀儡皇帝在史上留名。

然而，光绪皇帝依然值得钦佩。如果他配合慈禧太后甘做傀儡，也许，他就不会受尽磨难。但他最终还是向命运发起了挑战，虽然这次挑战让他付出了自由和生命的代价。

如今，玉澜堂大体恢复了以前的面貌，砖墙已经基本拆除，只有东、西配殿内的砖墙仍然保持原来的样子，作为当年那段历史的见证。

1900年，以英国为首的八国联军占领了大清帝国的首都北京，腐败的清朝政府再次抛弃了首都，狼狈逃往西安。侵略者进入北京后大肆抢掠，8月19日，沙俄侵略军率先进入颐和园，不仅抢劫了大量珍宝，更肆意进行了破坏。不久，英国、意大利侵略军相继进入颐和园，并盘踞近一年之久。由于这里成了侵略军的驻地，颐和园因此未遭到焚毁，但一些建筑物却遭到了严重的破坏。这座与近代中国一样饱经战火的皇家园林，在重生之后又一次惨遭西方侵略者的野蛮破坏。

1901年，在迫使清政府签订了丧权辱国的《辛丑条约》之后，八国联军带着难以计数的战利品退出了北京。一年后，被西方人的枪炮吓破了胆的慈禧太后返回了北京。回到北京的慈禧太后立即动用巨款修缮被八国联军毁坏的颐和园，也许在慈禧太后的心里，任何事情都无法与她一手复建的颐和园相提并论。

1904年，慈禧太后七十岁，十年前未能如愿在颐和园举办六十庆典的她，终于在这一年得偿所愿。四年之后，光绪皇帝与慈禧太后这两个一生都与颐和园息息相关的大清帝国最高统治者几乎同时离世，为后世留下了又一个历史疑案。

1911 年，孙中山领导的辛亥革命推翻了清王朝的封建统治，建立了中华民国。1924 年，清朝末代皇帝溥仪被驱逐出皇宫，颐和园被收归国有并开辟成公园对外开放。至此，颐和园正式结束了它作为皇家园林的政治使命。

今天的颐和园是中国现存规模最大、保存最完整的一座皇家园林，是中外游客来北京观光的必游之地，有着重要的历史文化价值。

与皇家共命运的圆明园

自 1644 年顺治皇帝定都北京到 1911 年辛亥革命推翻清王朝的封建统治，北京作为清帝国的都城前后历时二百六十八年。始建于清王朝康熙年间的圆明园，也见证了这个帝国的荣辱兴衰。圆明园建于大清王朝的繁华盛世，毁于衰败时期的咸丰末年，这座中国历史上最著名的皇家园林与大清帝国的兴亡有着千丝万缕的联系。圆明园因清王朝的兴盛而繁荣，也因清王朝的衰败而荒芜。

鼎盛时期的圆明园其实是圆明园、长春园、绮春园的合称。圆明园的修建和完善几乎贯穿了整个大清王朝的兴盛时期，经过了六位皇帝一百五十多年的经营，才形成了最终的规模。

1644 年，清军进入北京并随后一统中原。那时，一方面，整个国家刚刚经过战乱的破坏，百废待兴；另一方面，清王朝的统治还存在着很多不稳定因素。因此，作为大清统治者的皇帝几乎没有闲暇时间游山玩水。第一位入主中原的顺治皇帝六岁登基，到其二十四岁感染天花去世，短短的十几年里，他只是将元、明时期的南海子加以修整，作为闲暇时狩猎和避暑的地方。政权不稳又没钱的顺治皇帝也只能有这么一点"奢侈"的享受了。

1661 年，顺治皇帝因病突然离世，八岁的玄烨登基为帝，年号康熙。康熙皇帝一生总体来说勤政爱民，是清朝历史上难得的好皇帝。面对百废待兴的局面，康熙皇帝推行轻徭薄赋、与民休息的政策，使国家逐渐恢复了富强。为了维护多民族国家的统一，康熙皇帝亲自率军征讨噶尔丹。随着三藩叛乱的平定，经历了几十年动乱的国家终于恢复了稳定，这极大地促进了国家经济的发展，清政府的国库开始变得富足起来。

国家稳定，国库充盈，康熙皇帝自然而然地开始改善生活环境。清皇室兴起于东北的白山黑水之间，那里人烟稀少，气候寒冷，因此，他们非常羡慕江南的山水园林。整个清代，很多皇帝都热衷于按照南方的山水修建离宫别苑，以便在自己的家门口就可以欣赏到江南的美景。

康熙皇帝不仅会治理国家，也注重自己修身养性，可以算是一个有情趣的皇帝。康熙十九年，康熙皇帝便在玉泉山麓修建了行宫，初名澄心园，后更名为静明园。康熙二十三年，康熙皇帝又命人在北京西郊仿照江南山水修建了清代第一座大型皇家园林——畅春园。畅春园追求自然朴素的造园风格，园林建成之后，康熙皇帝每年大约有一半的时间在畅春园度过，可见他对畅春园的喜爱。

康熙四十六年（1707），康熙皇帝诏准已成年的七位皇子建造赐园。时年三十岁、后来成为雍正皇帝的胤禛受赐的建园基地位于畅春园北一里多地的挂甲屯一带，占地约百亩。同年十一月，康熙皇帝第一次游览了初具规模的花园，并对花园表达了赞赏之情。两年后，胤禛赐园即将建成之际，康熙皇帝特意为其御题"圆明园"三字。从此，这座人工叠山构池建造的人间胜境有了自己的名字——圆明园。

　　圆明，实为胤禛自皇子时期起一直使用的法号。他崇信佛教，对佛法有很深的研究，号"圆明居士"。圆，意指品德圆满。明，寓意明光普照。至于康熙皇帝所题"圆明园"是否因胤禛法号而来，尚不得而知，但雍正皇帝在《圆明园记》中解释了"圆明园"的含义："圆而入神，君子之时中也；明而普照，达人之睿智也。"无论是法号的"圆明"，或是赐园的"圆明"，其中蕴藏的无不是帝王的政治理想，渴望做一个能够洞察是非、谨守中庸的明智之主。

　　康熙六十一年，康熙皇帝在畅春园中去世，时年六十九岁。康熙皇帝是中国历史上在位时间最长的封建帝王，他奠定了清王朝兴盛的根基，也开启了清朝皇室大兴园林建设的开端。

　　康熙皇帝去世之后，雍正皇帝即位。这时的大清王朝正处于国力上升时期，经济发展迅速，国家安定团结，这为雍正皇帝扩建圆明园提供了坚实的物质基础。

　　在封建社会礼制中，任何人的园林都不能超过皇帝本人的离宫。雍正皇帝即位之前，圆明园只是一个占地一千亩的皇子"花园"，而康熙皇帝的畅春园才是那一时期最大的皇家园林。康熙皇帝去世之后，登上帝位的雍正皇帝立即着手大力扩建圆明园。

　　雍正时期的圆明园扩建体现了从赐园到离宫御苑的转变。原有的赐园只是全园规划的园林部分，在原赐园的基础上向北、东、西三面拓展，借助高低不平的地势和水洼与土岗相间的自然条件，平地起山水，依山临水布置建筑，形成了山水园林景区。而扩建工程的重点，则是向南延伸建造宫廷区，以满足作为"以恒莅政"宫苑的功能要求。宫廷区仿照紫禁城中轴对称的形式，修建大宫门五楹，门前左右两侧分列朝房及内阁、各府、各衙门的值房。此外，还设有南书房、档案房、造办处等。这样的规划设计比紫禁城更为集中，更为方便，足以满足皇帝处理政务之需。宫廷区日后成为皇帝在圆明园主政的主要建筑群。扩建工程的第三部分，是在宫廷与园林构成的中轴线的东侧修建了福海。福海宽广均为六百米左右，成为全园中最大的水域。

扩建后的圆明园拥有近两百座宫殿，面积达到了三千亩。圆明园内，既有宫廷之磅礴，也有园林之灵动，山水勾连环抱，亭台楼阁交相辉映，形成了集理政、休闲为一体的综合皇家园林建筑群。至此，圆明园的格局基本形成。

扩建圆明园的时候，雍正皇帝正遵照皇家的礼仪在紫禁城内为康熙皇帝守孝。按照规定，守孝期限为二十七个月。1725 年，圆明园基本扩建完成。同年八月二十七日，结束守孝的雍正皇帝第一次以皇帝的身份进驻圆明园。

大臣们以为，紫禁城才是皇帝理政的地方，皇帝进驻圆明园就是为了游乐。因此，在最初的日子里，大臣们并不敢在圆明园里向皇帝奏事。他们认为，雍正皇帝之所以大力扩建圆明园，就是想在理政之余有一个休闲的好去处，因为从如此优美的皇家园林中无论如何也看不到皇宫的威严。情急之下，雍正皇帝不得不一再重申自己勤于理政的态度。他告知吏部、兵部"在圆明园与在宫中无异，凡应办之事照常办理"。事实上，盛年登极的雍正皇帝绝不是一个贪图享乐的帝王。他心目中的圆明园不仅是他的园居之所，也是紫禁城之外的第二个政治中心，在这里他丝毫不敢懈怠。为此，雍正皇帝在正大光明殿的御案背后书写了"无逸"二字，还题写了"心天之心而宵衣旰食；乐民之乐以和性怡情"的对联挂在殿中。

正大光明殿位于圆明园正宫门内，为圆明园四十景之首，建成于雍正三年。正大光明殿是圆明园中最显赫的建筑，它坐落于圆明园的中央位置，参照紫禁城里太和殿的样式修建而成，是雍正皇帝处理政务、举行大典的地方。

大水法石龛遗址

正大光明殿是圆明园的正殿，殿堂高约三十九米，宽约十九米，有七根直径约八十四厘米的柱子竖立在一点二米高的台阶上。殿堂上悬挂着雍正皇帝手书的"正大光明"匾额。整个大殿拥有殿堂七间，东、西配殿各五间，前面还有宽大的月台。

自1725年雍正皇帝搬到圆明园中生活之后，这里也成了他施政的地方。随着圆明园政治地位的上升，主殿堂又增加了两翼，东翼为军机大臣处理政务的地方，西翼为候旨厢房。在那一时期，圆明园大有取代紫禁城成为帝国政治中心之势。

正大光明殿是举行国家重大典礼以及处理重大事务——举行三大节日的典礼、接见外藩使节、进行殿试等的场所，平时并不开放。圆明园中处理日常政务的地方名叫"勤政亲贤"，也叫"勤政殿"。每天早晨，雍正皇帝都会准时来到这里处理国家事务。为了确保皇帝有一个良好的办公环境，在勤政殿的东面还修建了芳碧丛。这是一个南向五开间的敞厅。每到盛夏，芳碧丛前院就会搭盖起遮阳棚，雍正皇帝就坐在芳碧丛敞厅中办公进膳。

雍正皇帝非常勤政，白天同大臣议事，晚上批阅奏折，甚至吃饭和休息时也不忘军国大事。

史料记载，圆明园扩建完工这一年，从九月到十二月的四个月时间里，雍正皇帝先后四次来到圆明园居住和处理军政事务。居住时间总共为八十二天，已经超过了一半。

雍正皇帝在位期间，大多数时间都在忙于政务，因此并没有多少机会像他的父亲康熙皇帝那样巡游南北。如果说康熙皇帝是一个性格奔放的豪爽之人，那雍正皇帝就是一个严肃认真的严谨之人，似乎一座圆明园就是他生活的全部。

虽然雍正皇帝在工作之余也在圆明园休闲游乐，但勤勉的他每日牵挂最多的还是清王朝的政务，始终没有忘记自己作为君王的责任。也许在雍正皇帝的心中，圆明园才是他真正的家。相较于紫禁城的庄严压抑，雍正皇帝更喜欢圆明园的清新自然。那时的圆明园因为雍正皇帝的偏爱，在短短的几年内便迅速成为清王朝在北京的第二个政治活动中心，其重要作用几乎与皇宫紫禁城相当。

1735 年，五十八岁的雍正皇帝猝死在圆明园中。关于他的死因，史书中并没有详细记载。死因成谜，也就引来众说纷纭。在众多猜测当中，因服丹药中毒而死的说法较为可信。雍正皇帝一直对道家药石感兴趣，曾特意为紫阳道人重建了道院，还蓄养了张太虚、王定乾等道士在圆明园炼制丹药。为求长生不老，雍正长期服用丹药。丹药含铅，因药中毒的猜测不无道理。但是另一方面，雍正皇帝每天勤于政务，十分劳累，身体长期得不到合理的休息，这也加大了他猝死的概率。

不管雍正皇帝的死因如何，他在位时的功绩却是无法抹杀的。现存的雍正皇帝朱批奏折有三万五千余件之多，奏折上御笔亲书近四千万字，无不印证着这位帝国最高统治者的勤勉。可以说，雍正皇帝是我国历史上一位非常罕见的勤政皇帝。他虽然在位只有短短的十三年，但对于清王朝的"康雍乾盛世"起到了承前启后的作用，是这一"盛世"的枢纽。

雍正皇帝去世之后，二十五岁的弘历继位登基，年号乾隆。大清帝国经过康熙皇帝的开拓及雍正皇帝的巩固，终于在乾隆皇帝时期走向了强盛的顶点，而同一时期的圆明园也随着清王朝的强盛而逐渐走向了辉煌。

如果说雍正皇帝时期的圆明园是其政治地位的高峰，那么乾隆皇帝时期就是它娱乐的顶点。

乾隆皇帝一生都与圆明园有着难解的缘分。康熙六十一年的春天，六十九岁的康熙皇帝第五次游幸圆明园。此时恰逢牡丹盛开，他是在雍亲王胤禛的恭请下，前来圆明园游园赏花。

正是在这里，时年十二岁的弘历（乾隆皇帝）第一次见到了自己的祖父康熙皇帝。康熙皇帝见到聪明可爱的孙子非常喜欢，对他赞赏有加。康熙皇帝有五十多个孙子，有些孙子他连面都没有见过，弘历能有如此机会，实在是幸运之至。也有后世的历史学家认为，弘历当年之所以能见到他的爷爷，其实是他的父亲雍正皇帝一手安排的，目的就是用弘历的聪慧博得康熙皇帝的喜爱，以便让自己在皇位争夺中占据主动。要知道，康熙皇帝有三十多个儿子，皇位争夺极其激烈。

这次会面之后，康熙皇帝破例将弘历接到自己的身边养育。康熙皇帝去世之后，在遗诏中便宣布由弘历的父亲胤禛继承皇位。

对于雍正皇帝的继位，从他登上皇位之日起，就一直传闻不断。在众多的传闻当中，除了"弑父""改诏篡位"等说法外，还有一个有趣的传言，说康熙皇帝出于对皇孙弘历的喜爱，才将皇位传给了胤禛。传闻毕竟只是传闻，不同于历史的真实，但康熙皇帝对皇孙弘历的喜爱却是个不争的事实。

正是有了这样一段美好的经历，乾隆皇帝刚刚即位就下令扩建他第一次面见祖父康熙皇帝的"牡丹台"——这就是后来圆明园四十景中的"镂月开云"。

由于乾隆皇帝从小便在圆明园中长大，他对圆明园的感情比他的父亲还要深厚，童年的美好记忆总是让人难忘的，因此，乾隆皇帝对圆明园进行了更大规模的扩建。乾隆皇帝是幸运的，他的运气不仅仅因为他是在圆明园有幸得到了祖父康熙皇帝的宠爱，也因为，乾隆皇帝登基之时，大清帝国已经由他的祖父和父亲积累了充裕的财富。从乾隆皇帝登基之初到乾隆九年（1744），经过七年左右的大力扩建之后，圆明园终于达到了它的顶峰。

　　此时的圆明园已经是一个占地五千多亩的超大型皇家园林，"圆明园四十景"也全部修建完毕。景点有的仿建江南园林，有的再现古诗和绘画的意境，有的模仿西洋风景，每一处建筑都集天下之大美于一身。

　　同时，博学多才、底蕴深厚的乾隆皇帝亲自题定了圆明园诸多景观的名称，有的是起名，有的则是改名，增添的是浓郁的文化气息：原来的"牡丹台"改成了"镂月开云"，原来的"金鱼池"改成了"坦坦荡荡"，原来的"菜圃"改成了"杏花春馆"，原来的"竹子院"改成了"天然图画"……

　　乾隆年间，清王朝正处于"康雍乾盛世"的最高峰，国力强盛，天下太平。在很多影视剧和小说中，乾隆皇帝都被描述成一位浪漫的君主，极尽巡幸游玩之能事。现实之中的乾隆皇帝虽然没有文学作品中描绘的那样夸张，但他确实是一个非常具有娱乐精神的帝王。

　　圆明园的岁时游乐活动十分丰富，包括重阳节插云亭登高、中元节福海放河灯、端午节龙舟竞渡等。每年农历正月，乾隆皇帝还会在圆明园例设"上元三宴"，并举办新正庆祝活动，欢度元宵节和燕九节。新正庆祝活动包括同乐园大型灯戏活动、正大光明殿前燃放焰火牌楼等，而最重要、最壮观的活动则是山高水长火戏。

　　"山高水长"修建于雍正时期，位于圆明园内一处空旷之地，俗称"西园"或"西苑"。这里原本是雍正皇帝召见大臣和外使的地方，原名"引见楼"，后被乾隆皇帝赐名为"山高水长"。

　　每年的山高水长火戏，开始于正月十五元宵节前两天，结束于正月十九燕九节。这是一次时间久、规模大的游乐活动，早在上一年的十二月，内务府营造司就开始进行活动的准备，在圆明园内搭造灯盏罩棚，摆设人物灯座等。火戏活动盛大而重要，容不得出现半点闪失。从正月初二开始，提督衙门就派遣官兵守卫圆明园的花

圆明园四十景之一"曲院风荷"

炮库，直到燕九节之后才撤离。

元宵节当天，乾隆皇帝与百官同乐，游览所到之处，鞭炮齐鸣，尽显皇家气派。从白天到晚上，各种娱乐活动相继登场，异彩纷呈，最精彩的当属夜幕降临后在"山高水长"楼举办的烟火晚会。

18世纪的史学家赵翼详细记述了圆明园里的各种娱乐活动："上元夕，西厂舞灯、放烟火最盛。清晨先于圆明园宫门列烟火数十架，药线徐引燃，成界画栏杆五色。每架将完，中复烧出宝塔楼阁之类，并有笼鸽及喜鹊数十在盒中乘火飞出者。未、申之交，驾至西厂……日既夕，则楼前舞灯者三千人列队焉，口唱太平歌，各执彩灯，循环进止，各依其缀兆，一转旋则三千人排成一'太'字，再转成'平'字，以次作'万''岁'字，又以次合成'太平万岁'字，所谓'太平万岁字当中'也。舞罢，则烟火大发，其声如雷霆，火光烛半空，但见千万红鱼奋迅跳跃于云海内，极天下之奇观矣。"

那一时期，已经有英国使节来到中国，山高水长火戏也给他们留下了深刻的印象。无论是燃放烟火的数量还是烟花设计的新奇及构思的巧妙，都让他们难以忘怀，并且形容中国的烟火"编排成火山爆发，绽射出光芒和闪烁；在园内使用的甩炮、弹射器、鞭炮、火箭和照明弹等，大约一个小时之后，还积有大量不散的烟云"。

除了绚烂的烟花表演，法国传教士王致诚则被"灯火满园"的盛景所打动，不禁将满眼的流光溢彩变成笔下的文字："在这一天，全中国都被照亮了，而最明亮的地方就在皇帝的宫殿里；没有一处楼阁、殿堂或门廊的天花板上没有挂上几盏灯笼。在所有溪流、河道和湖泽上，也都会放上几盏制作成小船形状的灯笼，浮在水上来回漂荡。在所有山丘、桥梁和几乎全部树上，都挂上一些灯笼，这些灯笼制作得极其漂亮，有鱼、鸟、兽、花瓶、水果、花卉和船等大小不一的各种造型。有些灯笼是用丝绸制成，有些则是利用兽角、玻璃、贝壳，以及其他上千种材料，与之相比，我们的灯笼就显得穷酸与贫乏了。"

　　除了邀请朝鲜、安南、暹罗等外国使臣参加山高水长火戏活动以外，乾隆皇帝还会邀请一些外藩王公来圆明园观礼，以通过宴会和娱乐的方式增进民族友谊。这些在正月朝见天子的臣子们，在中国古代被称为"朝正者"。曾经有一次，外藩的朝正者未能在元宵节前抵达京城，宽厚的乾隆皇帝闻听后并未怪罪，还特意下令留存烟火，待朝正者抵京后，又在圆明园为他们补办了一场烟火晚会。

　　一次山高水长火戏，不仅有舞灯、烟火，还有杂技、马术、摔跤等表演内容。丰富多彩的活动，使节日的喜庆分外浓郁。在马术比赛中，乾隆皇帝的御前侍卫纷纷登场。他们骑在马背上，同时用手牵住身旁另一匹马的缰绳，一声令下，立即策马狂奔。只见马背上的御前侍卫，在策骑中看准了时机，从马背上一跃而起，跳到了另一匹奔跑的马上，完成了表演。既然是比赛，就有伯仲之分，但即使跳跃时失误坠地，骑士仍会得到奖赏。不过，在所有人看来，这个时候，赏赐已经不重要了，重要的是能够让乾隆皇帝看得开心，让他过一个快乐的元宵节。

　　相信那时的圆明园一定到处洋溢着节日的喜庆气氛，乾隆皇帝尽情欣赏着每一个表演，看着外国使节羡慕的眼神和表情，他的内心一定充满了骄傲与自豪。那时的中国领先于世界，乾隆皇帝仍然有尽情娱乐的资本。

　　鼎盛时期的圆明园，囊括了长春园、绮春园两座附园，统称圆明园。它是一处集我国园林之萃的"万园之园"，可以让乾隆皇帝尽情感受变化万千的园林之美。位于长春园的万花阵，是一处中西合璧的花园，仿法国巴黎的凡尔赛迷宫修建而成，中心为汉白玉底座木结构廊柱覆琉璃顶西洋亭，四周为四尺高的雕花砖墙分隔而成的迷阵。迷阵入口距离西洋亭只有三十米，但路径复杂，能走到西洋亭并非易事。但这正是乐趣所在，每当八月十五中秋之夜，乾隆皇帝端坐在西洋亭内的西式座椅上，俯视阵中提着莲花灯的宫女往来寻路而不得，灯光中交织步履声声，那种心情是分外轻松和愉悦的。

乾隆皇帝显然与他的父亲不一样，在那天下太平、国富民强的盛世里，享受生活似乎是他生活中最重要的一部分，而圆明园恰好为他提供了最好的舞台。

嘉庆四年（1799），八十九岁的乾隆皇帝在养心殿病逝。他在实际统治中国的六十余年时间里取得了巨大的功绩，圆明园也随之到达了"万园之园"的至高地位。俗语说乐极生悲，就在乾隆皇帝尽情享乐的同时，他也为后世子孙留下了深深的隐患。

乾隆时期人口迅速增加，很多人因为土地不够而流离失所。在他统治后期，乾隆皇帝好大喜功，生活奢侈，吏治极其腐败，大贪官和珅横行二十余年却无人敢管。与此同时，世界却发生了巨大变化，西方的工业革命进行得如火如荼，欧洲各国纷纷强大起来，而中国却闭关锁国、故步自封，发展已经处于停滞状态。乾隆皇帝晚年的清王朝已是危机四伏，帝国日渐衰落。

不过，乾隆皇帝是幸运的，他执政之时正是大清帝国强盛的开始，他的爷爷和父亲已经为他打下了良好的基础，也正因为这样，他才有足够的时间和精力享受在圆明园中的悠闲时光。然而，乾隆皇帝也是不幸的，也正是在他统治的时期内，中国渐渐被西方赶上进而超越，而这一切，乾隆皇帝竟浑然不知，一生都沉浸在天下唯我独尊的美好梦幻中，至死都没有察觉到西方列强的危害。不仅为清王朝的覆灭埋下了隐患，也为圆明园的悲惨结局埋下了伏笔。

嘉庆皇帝即位之时，清王朝的危机随即开始爆发，白莲教起义、鸦片流入等，难题一个接一个地摆在柔弱的嘉庆皇帝面前。嘉庆皇帝每天忙于政务，再也无暇他顾，更没有时间和精力像他的祖父和父亲那样扩建圆明园了。嘉庆时期的圆明园没有了持续近百年的喧嚣与欢笑。

嘉庆二十五年（1820）七月，嘉庆皇帝在热河暴毙。三十九岁的二皇子旻宁即位，年号道光。此时的清王朝已国势日衰，国力大不如前。作为中国帝制史上第一个与西方殖民者签订丧权辱国条约的皇帝，道光皇帝在位三十年，面对的更多是国家内忧外患的局面。在财力捉襟见肘的情况下，道光皇帝以勤俭为本，不仅取消了前往热河避暑山庄的避暑之行，还停止了木兰围场的狩猎活动，后来甚至关闭了万寿山、香山、玉泉山三山诸园。但他依然经常居住在圆明园，足见对这所"万园之园"的钟爱。在生命的最后一年，道光皇帝在圆明园里度过了三百五十四天。虽然园林仍美，但帝国的辉煌已渐行渐远，他的内心无比凄凉，始终沉浸在对鸦片战争的无法释怀之中。

随着大清帝国的衰落，圆明园的命运也发生了改变。虽然道光皇帝仍然偏爱着圆明园，但是他再也无力修饰心爱的园林了，更没有闲暇与金钱在圆明园中组织曾是帝国荣耀象征的娱乐活动了。1850 年，道光皇帝在内忧外患的焦虑中病逝于圆明园慎德堂。

继位的咸丰皇帝面对着破败的局面也曾想过重振国威，他锐意改革，整肃官场政风，同时"任贤擢才，洞观肆应"。咸丰十年（1860）四月的新科殿试，被咸丰皇帝寄予了厚望，他期待能够涌现出救国救民的人才。他在呈上来的十本考卷中钦定了进士及第，但力挽狂澜谈何容易，事实上，这次殿试成为清朝皇帝在圆明园中举行的最后一次殿试。

在攘外失利的困扰下，咸丰皇帝迎来了三十岁的寿辰。咸丰十年六月初九日，咸丰皇帝在圆明园正大光明殿受百官朝贺，并在同乐园内连续四天演出祝寿大戏。排场虽然还在，但寿辰却过得前所未有的冷清，不仅前来祝贺的外国使臣只有朝鲜派来的三人，就连本朝的大臣也比往年少了许多。

咸丰十年八月初八，咸丰皇帝早早来到了圆明园安佑宫，在列祖列宗的遗像前跪拜不起。就在前一天，亲王僧格林沁率领的三万五千名马步军精锐，已在京师门户八里桥被英法联军击溃。在咸丰皇帝看来，这是大厦将倾的信号，京师危在旦夕。而早在一个月前，他就已经开始预谋逃离。虽然"木兰秋狝"的名义受到了很多人的反对，但咸丰皇帝仍决定在这一天离开北京前往热河。临行前，他在勤政殿召见了恭亲王奕䜣等五位王公大臣，命二十七岁的皇弟、恭亲王奕䜣留守北京，"督办和局"。

当咸丰皇帝准备离开圆明园而沿福海匆匆行走的时候，他四岁的儿子载淳（后来的同治皇帝）发出了"安乐渡、安乐渡"的欢叫声。原来，在平常时候，咸丰皇帝曾带着年幼的载淳在圆明园福海泛舟徐行，岸上的宫人这时必须递相呼唤"安乐渡"，直到船只到达彼岸才能停止。年幼无知的载淳一看到福海和船就想起了划船游玩的情景，因此便情不自禁地喊了起来。咸丰皇帝听到了皇子的童真之言，内心却无比酸楚，眼望昔日泛舟的福海，不禁轻轻抚摸着载淳的头顶说："今日无复有是矣！"

满心悲戚的咸丰皇帝走出了圆明园，成为清朝历史上第一个出逃北京的皇帝。咸丰皇帝抛弃了北京城，同时也抛弃了圆明园。

咸丰十年十月，咸丰皇帝逃离北京城后不久，英法联军便攻入北京城。他们争相来到闻名已久的圆明园，大肆抢掠皇家珍宝。抢完之后，丧心病狂的侵略者居然将六代清朝皇帝苦心经营一百五十多年的圆明园付之一炬，这座清朝乃至整个中国历史上最富丽堂皇的皇家宫苑很快便化为了灰烬。

1860 年，被英法联军闯入的圆明园（英军随军画师　绘）

　　圆明园是六代清朝皇帝钟爱的皇家园林，它的命运也与他们紧紧连接在了一起。皇室兴盛之时，圆明园内歌舞升平，热闹非凡，绚烂的烟花照耀了整个夜空。然而，世事变幻无常，皇室逐渐衰败，圆明园也就随之归于沉寂。当皇帝连自己都无力保护之时，圆明园也同他们一样走上了万劫不复的不归路。

皇族家庙里的社稷哀思

　　北京太庙是明清两代皇帝祭祀先祖的家庙，始建于明永乐十八年，作为紫禁城的重要组成部分，是我国现存最完整、规模最宏大的皇家祭祖建筑群。1988年，太庙被国务院列为全国重点文物保护单位，成为故宫保护缓冲区内最重要的皇城建筑。数百年前，这里传承着中国古代"敬天法祖"的传统礼制，成为最高祭祀礼仪的上演地。虽然平日里空旷寂寥，只能偶见几个守庙太监的身影，但太庙却比皇宫还要圣洁、神秘。这里不仅寄托了皇室尊祖敬宗以护佑子孙昌盛的愿望，也承载着历代帝王的社稷哀思。

　　太庙之制，古已有之，不同朝代有所差异。夏朝的"世室"、殷商的"重屋"和周朝的"明堂"，都是古代皇帝的宗庙，及至秦汉时期始称"太庙"。太庙在初期只供奉皇帝及先祖神位，后来增加了配享太庙的殊荣，皇后、宗室与有大功于社稷的臣子有幸在身后被供奉于太庙，分享皇帝家庙里的至上荣耀。

　　明朝开国皇帝朱元璋定鼎南京后，在内皇城与外皇城间东南角始建明太庙，仿汉代之制，每祖一庙，共建四庙。明洪武八年

（1375），又对太庙进行了大规模改建，采用前殿后寝、同堂异室之制，共建寝殿九间。

朱棣营建紫禁城时参照了南京宫城的格局，按照帝王都城"左祖右社"的传统规制，在紫禁城承天门的东侧修建了气势宏伟的皇家太庙，寄托了永乐大帝对先祖的崇敬之情。

建成之后的太庙呈长方形，主体建筑为享殿，又称祭殿，耸立于整个太庙建筑群的中心，是举行祭祀大典的场所。现在的享殿为黄琉璃瓦重檐庑殿顶，檐下悬挂用满汉两种文字书写的"太庙"九龙贴金额匾。面阔九间，进深四间，三重汉白玉须弥座式台基，四周绕以雕花石护栏。殿内梁栋饰金，地设金砖，六十八根大柱及主要梁桥皆为金丝楠木。天花板及廊柱皆贴赤金花，制作精细，装饰奢华。前有东西两庑，皆为黄琉璃瓦歇山顶。东庑殿用于供奉历代有功皇族成员神位，西庑殿用于供奉异姓功臣神位。享殿南向有三条上下通道，正中巨大的石雕自下而上为龙纹、狮纹、海兽纹图案，造型精美。殿前庭院宽广，中央是碎石御路，两侧条砖墁地，平整空旷。

按照"前殿后寝"的格局，享殿后为寝殿，与享殿共处于"工"字高台上。寝殿内分室供奉皇帝祖先牌位，陈设神椅、香案、床榻、褥枕等物。牌位立于褥上，象征祖宗起居安寝。寝殿为黄琉璃瓦单檐庑殿顶，面阔九间，进深四间。东西两侧庑殿各五间，作为贮存神器之用。殿外的石阶下，左右各设两盏石灯。

除主体建筑之外，太庙还建有神厨、神库、宰牲亭、治牲房、井亭、燎炉等建筑。

太庙享殿与故宫太和殿相距不远，一个是逝者的荣耀，一个是生者的权力场，遥相呼应，同样至高无上。然而，在建筑高度彰显等级的封建社会，古人该如何处理这样两座建筑的高与低呢？民间曾流传"太庙比太和殿高三尺"的说法，正是对太庙享殿与故宫太和殿高度的关注与猜测。前者是皇帝举行重大祭祀先祖仪式的场所，重要程度仅次于祭天；后者是皇帝办理国家公务的场所，是国家的最高权力中心。前者当真会比后者高吗？

时至今日，科学的研究给出了确切的答案。

享殿与太和殿均立于三重汉白玉须弥座式台基之上。如果包含台基，享殿的总高度为三十二点四六米，而太和殿的总高度为三十五点零五米——太和殿高于享殿。如果不包含台基，享殿的高度为二十九点零四米，而太和殿的高度为二十六点九二米——享殿高于太和殿。

这样的安排充分彰显了古人的智慧。总高相比，太和殿高于享殿，符合当朝皇帝至高无上的原则；须弥座以上部分相比，则享殿高于太和殿，又体现了当朝皇帝对先祖的尊崇。事实上，对于这样两座建筑，哪一座绝对高于另一座都欠妥当，而古人采取了双重标准和相对比较的原则，圆满而巧妙地解决了这个难题。

太庙在建成后，开始广植柏树。因为在古人看来，翠柏常青象征江山永固，皇族的家庙里自然不可缺少这道风景。时至今日，太庙内的柏树业已成林。在苍劲古拙的树林中，便有一株永乐皇帝亲手种植的柏树，如今高达十五点五米，树干周长五点一五米，枝叶繁茂，独领群柏之首。这棵柏树被后代尊为"神树"，每临太庙祭祖大典，经过此树的皇帝要下辇，文官要下轿，武官要下马，以示尊重。

关于"神树"之"神"，还有一个有趣的民间传说。

相传，太庙建成之初，负责种树事宜的官员姓郎。他损公肥私、欺上瞒下，还赶走了疾恶如仇、植树技术精湛的鲁工长。没想到，植树并没有想象中那么容易，虽然连种三年，太庙内的树竟然无一

太庙

成活。这样的事非同小可，皇帝怪罪下来，郎姓官员因此掉了脑袋。接管此事的苟总管寝食难安，他召集心腹商量对策。众人七嘴八舌，终于想到了两个权宜之计：一是请回技术精湛的鲁工长，大力种植柏树；二是将"责任"推给皇上，称卜卦显示天意，由皇帝焚香沐浴，亲自种植下第一棵树，并以此树之灵泽及群树，群树才能成活。永乐皇帝当即准奏，筹备工作随即展开。

　　鲁工长回到太庙以后，很快摸清了种树不活的原因。太庙的所在地原为河滩，遍布沙石，柏树自然无法生长。这天晚上，一直寻找解决办法的鲁工长夜不能寐，便起床出门，信步向紫禁城走去，突然感觉到脚下非常松软，低头一看，猛地大叫一声："天助我也！"原来，鲁工长看到地上的泥土都是松软肥沃的黄土，十分利于植物生长，便决定以换土、包裹树根、带土移栽等办法种植柏树。一切准备就绪，永乐皇帝在吉日良辰亲临太庙，植下了第一棵柏树。说来也怪，此后种植的柏树苗棵棵成活，日渐苗壮，特别是皇帝亲自植下的那棵柏树，更是枝繁叶茂。"神树"之名也便不胫而走，流传至今。

　　永乐皇帝之后，明朝皇位几经继承，太庙均未有过增建、改建，直至紫禁城迎来它的第七位主人——明孝宗朱祐樘。

　　《明史》中称明孝宗"恭俭有制，勤政爱民"，评价极高。然而，这样一位具有大爱的英主，度过的却是极为坎坷的童年。明孝宗的生母纪氏是广西土司的女儿，她被俘入宫后，代为管理当朝皇帝明宪宗朱见深的内廷藏书。一天，宪宗偶遇纪氏，因为被其美貌所吸引，当晚便有了肌肤之亲，没想到被皇帝临幸的纪氏竟然怀上了龙种。深受宪宗宠爱的皇贵妃万贞儿，曾生下皇长子却又不幸夭折，闻听纪氏怀孕后大惊，急忙派宫女为纪氏堕胎。纪氏的人缘很好，被派来给她堕胎的宫女不忍下手，便谎报万贵妃，称纪氏并未怀孕而是肚内长了瘤子。万贵妃将信将疑，仍下令将纪氏贬居冷宫。就在冷宫中，纪氏忍辱负重偷偷生下了皇子朱祐樘。尽管纪氏处处小心翼翼，但终究没有不透风的墙，万贵妃最终还是听到了皇子出生的消息，于是派门监张敏去杀死出生不久的皇子。张敏自然不敢违命，但她也深知一旦皇帝得知自己杀死了皇子，一定是死路一条，而且杀死皇子将是不可饶恕的罪过。思前想后，她索性冒险帮助纪氏藏起了皇子。尽管万贵妃对张敏已经溺死皇子的汇报有所怀疑，但多次派人搜查后，并未发现皇子的下落。大难不死的朱祐樘渐渐长大，六岁的时候终于等到了命运的转机。一天，张敏在服侍皇上的时候，听到了宪宗对尚无皇子的叹息，于是趁机说出了实情。宪宗大喜，随即立朱祐樘为皇太子，并封纪氏为淑妃。深受宪宗宠爱的万贵妃自然不肯罢手，不久，纪氏在宫中暴亡，门监张敏也吞金自杀。出于对皇孙安危的担心，宪宗的母亲周太后很快将年少的朱祐樘接到了自己居住的仁寿宫，避免了万贵妃对皇太子的迫害。成化二十三年（1487）春，万贵妃病逝，宪宗也因悲伤过度于八月驾崩。是年九月壬寅日，十七岁的皇太子朱祐樘继位，第二年改年号为"弘治"，他就是明孝宗。

即位后的明孝宗，面对的是一个朝政紊乱、国力凋敝的江山。一个童年坎坷的皇帝，并未将自己遭遇的不幸转化为暴戾，而是以宽厚、勤政治理天下。及至弘治十八年五月七日病逝于乾清宫时，年仅三十六岁。他为明朝历史留下一段经济繁荣、人民安居乐业的和平时期，史称"弘治中兴"。

明代太庙采用昭穆制度，同堂异室。周朝规定天子九庙，后来演化为一个庙堂中供奉九位祖先的牌位。明孝宗即位时，太庙寝殿内已供奉德祖、懿祖、熙祖、仁祖、太祖、太宗、仁宗、宣宗、英宗共五祖四宗，正满九数。明孝宗朱祐樘面临的难题是，面阔九间的寝殿已无空闲之室，宪宗朱见深的神主牌将摆往何处？方法无非有二。其一，寝殿增添庙室，以后每有一位皇帝驾崩，便要增添一室。其二，依照传统祧迁之制，在太庙寝殿后建祧庙，若超过九代，就把隔代的祖宗牌位转到祧庙的石函中保存，迁祧主于祧庙。

　　明王朝代代相传，何时才为终点？如皇帝众多，究竟该增添多少庙室？显然，增添庙室的方法并不可行。于是，弘治四年（1491），明孝宗听从礼官建议，在太庙寝殿后建祧庙，规制一如寝殿。祧庙四周围以红墙，与享殿、寝殿之间以一墙相隔，自成院落。红墙上辟有五楹琉璃花门，中间三楹，两端各一楹。

　　明孝宗驾崩后，年仅十五岁的朱厚照在紫禁城即皇帝位，是为明武宗。明武宗在位十六年，于正德十六年三月病逝，年仅三十一岁。由于武宗没有留下子嗣，加之明孝宗朱祐樘只有朱厚照一个儿子，一脉单传，因此，皇太后和内阁首辅杨廷和商议后决定，依《皇明祖训》"兄终弟及"为据，由最近支的皇室、兴献王朱祐杬长子、武宗的堂弟朱厚熜继承皇位。第二年改年号为嘉靖，朱厚熜就是明世宗。

　　年仅十五岁的朱厚熜"意外"继承了皇位，但刚刚即位便遭遇了尴尬。他的父亲朱祐杬此时已经故去，由于朱祐杬不是先皇的直系亲属，即使他是嘉靖皇帝的亲生父亲，也只能被称为"皇叔"，牌位更不允许被供奉在皇室为祭拜祖先而营造的太庙之内。此时的朱厚熜虽然还是个孩子，但幼时聪敏，加之兴献王朱祐杬在世时亲自教育他，使他通《孝经》《大学》及修身齐家治国之道，因此，他遇事很有主见，不希望自己以过继给孝宗皇帝当养子的身份来入继大统。自打做了皇帝，他就对此事耿耿于怀，这便引发了嘉靖三年（1524）明世宗追封其生父尊号的"大礼议之争"。

　　在这场就"大礼"而产生的争论当中，朝中大臣以内阁首辅杨廷和为首，提出了尊奉正统的方案，认为明世宗朱厚熜应以明孝宗为皇考，称其生父兴献王为"皇叔考兴国大王"，称其母妃蒋氏为"皇叔母兴国太妃"，祭祀时则对父母自称"侄皇帝"，并援引了汉朝定陶王（汉哀帝）和宋朝濮王（宋英宗）由小宗入继大宗的先例，以示源流。显然，这样的结果朱厚熜是不想接受的，这时他才刚刚继承皇位不久，还未过多享受皇家的荣华富贵，却已展开了与群臣的争斗。争斗虽然艰苦，却也让年轻的朱厚熜早早体会到了权力带来的"乐趣"。虽然阻力重重，但因为皇权在握，朱厚熜还是经过三年半的斗争借高压手段取得了"大礼议之争"的胜利，为父亲的封号加上了"皇考"。

然而，朱厚熜想要让自己那从未当过皇帝的父亲入享太庙，却远比追封其生父尊号来得困难。于是，有官员提议，在太庙之中，为明世宗的生父另建一庙，同享祭祀之礼。这个提议虽然遭到了众多官员的反对，但明世宗还是选中太庙东面的空地，仿照太庙之制，于嘉靖五年（1526）建成一座前殿后寝的祭祀庙，定名为世庙。

他很清楚，虽然在"大礼议之争"中取得了胜利，但世庙毕竟不同于太庙，当真要把生父的牌位列入供奉皇帝祖先的太庙，触动的将是多年传承的宗法祖制，势必会遇到不可预想的阻力。恰在嘉靖九年（1530）正月，祀礼臣给事中夏言上书嘉靖皇帝，奏请改革祭祀制度。夏言的奏折给朱厚熜提供了前所未有的好机会，他决定以此为契机，尝试改革传承已久的祖制。

嘉靖九年二月，朱厚熜经过深思熟虑之后，召集群臣商议夏言奏折中提及的天地分祀的祭祀改革。一番激烈争论后，否定的声音占据了上风，但明世宗还是坚持以天地合祀不合古制为由，认为"分祀良是"，并决定将南郊的天地坛改为圜丘坛专以祭天，在北郊择地另建方泽坛专以祭地，在东郊建朝日坛，在西郊建夕月坛。这就是明代重要的历史事件——"更定祀典"。

"更定祀典"的胜利，为明世宗进一步实施其生父入享太庙的举措奠定了基础。嘉靖十四年（1535），明世宗朱厚熜颁发诏书，令改建太庙，按照"天子七庙，三昭三穆"的排列法，分为九庙。太庙仍然坐北朝南，其他群庙，则在太庙之后东西相向而列。

嘉靖十五年（1536）十二月，明世宗终于实现了夙愿。据《明史》记载："帝乃奉安德、懿、熙、仁四祖神主于祧庙，太祖神主于太庙，百官陪祭如仪。翌日，奉安太宗以下神主，列于群庙"。在一场盛大的"升祔太庙"仪式之后，世宗生父"睿宗献皇帝"的牌位终于被隆重安置于太庙中的神位上，跻身武宗朱厚照之上。纵使明世宗朱厚熜为当朝皇帝，还是经过了种种曲折才得偿所愿。兴献王虽然从未做过一天皇帝，却因为儿子的努力，而在身后有了入享太庙的殊荣。

新改建的太庙仅使用了五年，于嘉靖二十年（1541）四月因遭雷击而毁于火灾之中。嘉靖二十四年（1545），太庙重新修建，重新恢复了同堂异室的规制。新建太庙享殿九间，前有两庑，享殿后为寝殿，寝殿后又建有祧庙。享殿南面为戟门，门左为神库，门右为神厨，戟门外又有宰牲亭和神宫监。这样的格局，有明一代未再出现大的改变。

明代的太庙中，供奉的帝后皆为一帝一后。虽然前代的太庙曾有一帝二后、一帝三后甚至一帝四后的供奉之法，明代礼官也提出一帝多后的供奉办法，但是直到明末，太庙始终实行一帝一后的制度，所供奉的皇后皆为元配。

宫廷祭祀共有八十多种，分为大祀、中祀和群祀三个等级，都是以朝廷名义举行的祭典。因被祭祀者在人们观念中的地位不同，祭典规模相应不同。大祀多由皇帝亲自祭拜；中祀则部分由皇帝亲祭，大部分派遣官员祭祀；群祀，则完全由官员代为祭祀。

每年的春、夏、秋、冬四季首月的农历初一，会举行常规性的祭祀仪式。帝后牌位被请入享殿，皇帝亲往祭祖，被称为"四孟时享"。每当国家遭遇重大事件，如新皇帝登基或亲政、大婚、上尊号（徽号）、万寿、册立、凯旋、献俘等，皇帝会亲往太庙寝殿向祖宗上香祷告，被称作"告祭"。此外，每年除夕的前一天，太庙中供奉的历代帝后神主全部被恭请入享殿合祭，这是太庙在一年当中规模最大的一次祭祀，称为"祫祭"。

崇祯末年，农民军刚刚推翻明王朝二百七十六年的统治，清军就迫不及待地大举入关。五月二日，清军占领北京。此时的北京，尚处于战火兵燹之中，但崛起于白山黑水之间的满族人并未忽视太庙的存在。六月，率军入关的清摄政王多尔衮，将太庙里明朝皇帝的神位移至历代帝王庙。他的举动不言而喻，即将入享太庙的将是清朝历代皇帝的神位。

满族统治者入关之前，已在盛京（今沈阳）设置了太庙，为前殿五室、后殿三室的格局。顺治元年（1644）九月十九日，顺治皇帝从盛京到达北京。十月十日，在皇极门（顺治二年改称"太和门"）向全国颁布诏书，清王朝由此正式定都北京，开始了以北京为都城的长达二百六十多年的统治。此后，清廷在北京重建太庙，仍然修建在明代太庙的位置上，只是格局有所不同。

新建的太庙共分为三个层次。

第一层为前殿，即享殿，进深十一间，平时没有供奉的神主，只有牌位。前殿东、西各建有庑殿十五间，规制参考明代。

东庑殿用于供奉配享的满族亲王，有清一代共十四位，分别是：武功郡王礼敦（景祖第一子），慧哲郡王额尔衮（景祖第二子），宣献郡王界堪（景祖第三子），通达郡王雅尔哈齐（显祖第四子），礼烈亲王代善（太祖第二子），睿忠亲王多尔衮（太祖第十四子），郑献亲王济尔哈朗（显祖第三子舒尔哈齐的第六子），豫通亲王多铎（太祖第十五子），肃武亲王豪格（太宗第一子），克勤郡王岳託（太祖第二子代善的第一子），怡贤亲王胤祥（圣祖第十三子），超勇襄亲王策凌（元太祖成吉思汗二十世孙、固伦额驸），科尔沁博多勒噶台忠亲王僧格林沁（成吉思汗胞弟哈撒尔二十六代孙、科尔沁郡王索特纳木多布济嗣子、嘉庆帝嗣外孙），恭忠亲王奕诉（宣宗第六子）。

西庑殿用于供奉配享的功臣，有清一代共十二位，分别是：超等英诚公赠王爵扬武勋古利，一等大臣赠一等信勇公费直义英东，一等大臣赠公爵额宏毅亦都，内大臣、二等果毅公图忠义尔格，正黄旗满洲都统、一等雄勇公图昭勋赖，太子太傅、中和殿大学士、追封一等忠达公追赠太师图文襄海，太傅、保和殿大学士、三等襄勤伯鄂尔泰，太保、保和殿大学士、三等勤宣伯张文和廷玉，太子太保、协办大学士、刑部尚书、一等武毅谋勇公、赠太保兆文襄惠，太保、保和殿大学士、一等忠勇公、追赠郡王傅文忠恒，太子太保、武英殿大学士、一等诚谋英勇公、赠太保阿文成桂，太子太保、武英殿大学士、闽浙总督、忠锐嘉勇贝子、赠郡王福文襄康安。

从努尔哈赤建立后金时算起，清王朝前后二百九十六年，得以配享太庙的大臣仅十二位，而获此至高荣耀的汉臣则只有一位，是张廷玉。

张廷玉（1672—1755），字衡臣，号研斋，安徽桐城人，康熙朝大学士张英之子。张廷玉是康雍乾三朝元老，保和殿大学士、军机大臣、太保，封三等伯，居官达五十年，先后编纂、编修《康熙字典》《世宗实录》《明史》《大清会典》等。张廷玉死后入享太庙，是清朝历代皇帝对汉臣给予的唯一一次最高礼遇和殊荣；他亦是清政府中唯一不以军功获得伯爵封号的汉臣，由此创造了清军入关后汉族官员两项绝无仅有的纪录。

　　然而，在汉臣中无人能与之比肩的张廷玉，从政生涯也并非一帆风顺，相反，他的晚年遭遇了很多坎坷。

　　张廷玉是康熙三十九年（1700）进士，但他真正得到重用则是在雍正朝。他曾任顺天乡试主考官、入值南书房、《明史》总裁官、礼部及户部尚书，后相继升任文渊阁、文华殿和保和殿大学士，并改兼吏部尚书。雍正皇帝对张廷玉褒奖有加，认为他"遵旨缮写上谕，悉能详达朕意，训示臣民，其功甚巨"。正因如此，雍正皇帝对张廷玉委以重任。雍正八年（1730），"军机房"（又称"军机处"）设立后，张廷玉成为军机处仅次于怡亲王允祥的重臣，又因其办事妥当、谨慎认真而受到雍正皇帝的宠信和厚爱。张廷玉并未因权傲物，而是一如既往地尽忠职守，最终获得了雍正皇帝对他"大臣中第一宣力者"的极高评价。雍正皇帝在弥留之际仍未忘记这个老臣，特别在遗诏中言明其"可配享太庙"，对张廷玉所给予的肯定之大、饱含的真情之深，确实是前无古人的。

　　尽管张廷玉为人谨小慎微，信奉"万言万当，不如一默"，"多磕头、多办事、少说话、少议论"，却未能在乾隆朝功德圆满，最终只得到了"不过因其历任有年，如鼎彝古器，陈设座右而已"的评语。

　　乾隆朝之初，张廷玉以两朝元老身份仍为朝廷所重。乾隆元年（1736），《明史》修成表进，乾隆皇帝命其仍兼管翰林院事。乾隆二年十一月，加拜喇布勒哈番，特命进三等伯爵，赐号勤宣，开创了文臣无爵至侯伯的先例。乾隆四年（1739），加太保。乾隆皇帝甚至格外关心他，谕称："廷玉年已过七十，不必向早入朝，炎暑风雪无强入。"

　　乾隆十三年（1748），张廷玉因年老多病告老还乡，由此引发了

与乾隆皇帝在此后几年间的争执与怨尤。《清史稿·卷二百八十八》
对这段历史有如下记载：

> 十三年，以老病乞休。上谕曰："卿受两朝厚恩，且奉皇考遗
> 命配享太庙，岂有从祀元臣归田终老？"廷玉言："宋、明配享诸
> 臣亦有乞休得请者。且七十悬车，古今通义。"上曰："不然。《易》
> 称见几而作，非所论于国家关休戚、视君臣为一体者。使七十必令
> 悬车，何以尚有八十杖朝之典？武侯鞠躬尽瘁，又何为耶？"廷玉
> 又言："亮受任军旅，臣幸得优游太平，未可同日而语。"上曰：
> "是又不然。皋、夔、龙、比易地皆然。既以身任天下之重，则不
> 以艰巨自诿，亦岂得以承平自逸？朕为卿思之，不独受皇祖、皇考
> 优渥之恩，不可言去；即以朕十余年眷待，亦不当言去。朕且不忍
> 令卿去，卿顾能辞朕去耶？朕谓致仕之义，必古人遭逢不偶，不
> 得已之苦衷。为人臣者，设预存此心，必将漠视一切，泛泛如秦、
> 越，年至则奉身以退，谁复出力为国家治事？是不可以不辨。"因
> 命举所谕宣告朝列，并允廷玉解兼管吏部，廷玉自是不敢言去。

然而，张廷玉确实年老多病，尽管乾隆皇帝多次下谕挽留，他
仍频繁请辞。乾隆皇帝自觉待张廷玉不薄，虽内心不快，还是在乾
隆十四年冬，准许其第二年返乡，并"亲制诗三章以赐"。张廷玉入
朝谢恩时，奏请乾隆皇帝为"世宗遗命配享太庙"一事写下手书。
乾隆皇帝很不高兴，认为张廷玉此举是让自己"立字为凭"。但乾隆
皇帝还是写下一首诗赐给了张廷玉，在诗中言明不会改变先皇遗诏。
第二天，张廷玉派儿子张若澄入朝代自己谢皇恩。乾隆皇帝自然不
满意张廷玉不亲自来拜谢的做法，在张若澄离开后出言责备张廷玉。
没想到，皇帝的不满很快传到了张廷玉的耳中。第二天，张廷玉赶紧

亲自入朝谢恩。乾隆皇帝猜想一定是有人向张廷玉报信了，于是更加生气，命令彻查此事。调查后知晓是张廷玉的门生、协办大学士汪由敦暗中通风，于是以"负恩植党"之罪，削去了张廷玉的爵位。

乾隆十五年二月，皇长子定安亲王永璜薨逝。初祭刚过，张廷玉不顾自己是永璜老师的身份，只想着乾隆皇帝准他春天还乡的许诺，便急匆匆地奏请南归故里。乾隆皇帝大怒，诏命把太庙配享的历代功臣名单拿给他看，命他自我审视是否有资格配享太庙。张廷玉惶恐万分，请求除去自己配享太庙的资格，照律治罪。乾隆皇帝随后命令九卿商议，得到了罢免张廷玉配享太庙的请奏。乾隆皇帝以此修改了雍正皇帝的遗诏，取消了张廷玉死后配享太庙的资格。同年九月，因张廷玉的姻亲朱荃曾涉及吕留良案，乾隆皇帝降旨处罚张廷玉，罚银一万五千两，追缴历年赏赐物品。

晚年的张廷玉，可谓身处四面楚歌之中，被去除了配享太庙的荣耀，一个鞠躬尽瘁的三朝老臣情何以堪？乾隆二十年（1755）三月，张廷玉病逝，享年八十四岁。张廷玉身后，乾隆皇帝还是遵照父皇世宗的遗诏，令张廷玉配享太庙，赐祭葬，谥文和。张廷玉虽是清朝唯一一个配享太庙的汉族大臣，但谥号并不是最高的，可见是与乾隆皇帝的恩怨使然。不过，张廷玉并不知晓这身后的荣耀。在他有生之年，他以为这至高的荣耀早已离他而去，即使是在抱憾而亡时，这位忠心耿耿的老臣或许依旧无法消除对自己晚年人生的悔恨。

清代新建太庙的第二层为中殿，即寝殿，规制略小于前殿，分为九间，供奉的是清朝的列祖列宗。中殿两旁，修建有庑殿各十间，用于存放祭祀时使用的器具。中殿之后，筑有围墙，开三门通往后殿。后殿是太庙的第三层，称为祧庙，也是九间进深，供奉的是祧庙神龛。后殿修有东西庑殿，用于存放祭祀用的器具。

终清一代，太庙未出现过大的变更。直至 1911 年辛亥革命爆发，清政府被推翻，末代皇帝溥仪被迫离开了象征皇权的宝座。但对于太庙，民国政府根据《清室优待条件》中的第四款"宗庙陵寝永远奉祀，由中华民国酌设卫兵妥慎保护"要求，认定其仍属于皇室私产，但并不关乎国家政权。

1924 年，直系军阀将领冯玉祥在发动"北京政变"之际，将清末帝溥仪驱逐出紫禁城，太庙由此终结了作为皇家祖庙的历史。

1926 年，太庙改为和平公园对外开放，成为普通市民可以参观的公共空间，但多数时间仍处于封闭状态。

1950 年，太庙改为北京市劳动人民文化宫，昔日的皇家坛庙，在新时代焕发出勃勃生机。

进入 20 世纪 90 年代，太庙作为一些影视作品的拍摄场地，也上演过歌剧作品，产生了广泛的社会影响，其所蕴藏的巨大文化价值，正在被重新认识。

与皇城建都史同行的北海

被誉为"人间仙境"的北海，是我国乃至世界上现存最古老、最完整、最具综合性和代表性的一座古典皇家园林。这里不仅布局讲究、构思奇巧，具有独特的造园艺术风格，而且，它的历史更与北京城的发展有着密不可分的关系，历经辽、金、元、明、清五个朝代八百余年的风雨沧桑。北京城在书写一部建都史的同时，北海也完成了其自身的发展史。这座皇城御苑与皇家息息相关，也充满了神秘色彩。这个集古代园林艺术精华于一身的园林，又有怎样的传奇呢？

五代时期，战火纷飞。936年，河东节度使石敬瑭起兵自立，为抵抗后唐军队向契丹人求援。辽太宗耶律德光随即出兵，扶植其建立晋国，但作为交换条件，石敬瑭将"幽云十六州"割让给了契丹人。当时的北京名为幽州，正在十六州之内，从此被纳入辽国版图。辽会同元年（938），幽州成为辽"五京"之一，名"南京"，又称"燕京"。

此时的燕京逐渐成为中国重要的政治中心，为这座城市展开恢宏的都城史奠定了基础。也正是在辽占据燕京的这段时间里，日后的北海开始了最初的营建。

北海的所在地当时叫白莲潭，位于永定河故道。河道自然南迁后留下一片原野和湖泊，湖泊名叫"金海"，又称"海子"，一派水天交映的自然风光。后来，辽太宗准备在燕京建设一处行宫时，就选中了白莲潭，建起瑶屿行宫。由于时代久远，这座行宫的具体营建时间如今已无从考证，但在《洪武北平图经》一书中留有这样的记载："琼华岛辽时为瑶屿。"由此可以断定，辽时期的瑶屿行宫在历史上确实存在。

金灭辽以后，于1125年攻占了之前已被北宋占领的燕京。

金天德三年四月，海陵王完颜亮正式下诏迁都燕京，并派遣官员在燕京营建都城。在这次营建过程中，辽代的瑶屿行宫得以修缮、扩建，增建了瑶光殿。金贞元元年，燕京都城营建工程尚未完工，海陵王完颜亮便迫不及待迁都燕京，并改燕京为中都。从此，北京开始了它无比辉煌的都城史，也为北海的出现提供了历史的契机。

金大定三年（1163）至十九年（1179），金世宗决定在中都东北郊以瑶屿行宫为中心，修建大宁离宫。此时，金人除了重修广寒殿等建筑之外，还将宋徽宗在东京所经营的御苑艮岳园当作效仿的对象，挖原白莲潭内的金海之土，建成一座水中岛屿，岛称"琼华岛"，水称"西华潭"。从此，琼华岛成为大宁离宫的中心岛屿，最高处建起了宏丽的广寒殿。然而，岛上最具价值的工程却并非亭台宫殿，而是堆叠于建筑物脚下的那些"艮岳"之石。

金人建设琼华岛时，为何会以北宋的艮岳园为依照？原因很简单，就因为艮岳园是一处宛如人间仙境的御苑。在金人眼中，艮岳园的每个细节都值得玩味，特别是园中使用的太湖石，奇形怪状，蕴藏绝妙的"皱、露、透、瘦"之美。

太湖石，石如其名，的确是从太湖中挖掘出来的石头，产量稀少，是天然形成的观赏石。北宋崇宁四年（1105），为营建艮岳园，宋徽宗在苏州设置应奉局，之后又在杭州设置造作局，专事搜罗奇花异石，称为"花石"。这些花石经水路运往东京（今河南开封），按照编纲分运的方式，十艘船组成一纲，运输团队被称为"花石纲"。

花石纲的运输劳民伤财，曾引发无数人间悲剧，太湖石恰恰就在花石纲之列，每一块都渗透着民众的血汗。然而，太湖石也成就了一个极为宏伟的园林巨制——艮岳园，如《宋史》记载："政和七年，始于上清宝箓宫之东作万岁山。……宣和四年，徽宗自为《艮岳记》，以为山在国之艮，故名艮岳。……自政和讫靖康，积累十余年，四方花竹奇石，悉聚于斯，楼台亭馆，虽略如前所记，而月增日益，殆不可以数计。宣和五年，朱勔于太湖取石，高广数丈，载以大舟，挽以千夫，凿河断桥，毁堰拆闸，数月乃至，赐号'昭功敷庆神运石'。"

自然，金人对太湖石的天工造化叹为观止，于是，艮岳园中的太湖石悉数被劫至中都，置放在琼华岛之上，砌成了假山岩洞，从此成为岛上最绮丽的一道风景。

可以说，从金代起，北海就基本形成了日后皇家宫苑的格局，宛如中国古代神话传说中描绘的人间仙境。

古代帝王对于人间仙境的向往起源久远。战国时期，流传着这样一个传说：渤海之上有三座仙山——蓬莱、瀛洲、方丈，仙人便藏于仙境。当神仙成为帝王们所慕求的生命理想典型，模仿"神仙之地"，在云蒸霞蔚、奇山异木之中寻找当神仙的感觉，便是帝王营建皇家园林的重要动机，也左右着他们的审美取向。正因如此，公元前221年，刚刚完成统一大业的秦始皇在希望江山永固之余，愈发渴望自身的长生不老，于是，按照神话传说的指引，派方士徐福

太湖石假山

等带领童男童女数千人，出海寻找渤海之上的三座仙山，以求面见仙山上的仙人，得长生不老之药。虽然并未找到传说中的仙山，但秦始皇依旧向往仙境，便在兰池宫中建百里长池，筑土为蓬莱山。到了汉代，自汉高祖至汉武帝，长安城的宫室建设达到极盛，相继建成长乐宫、未央宫、建章宫、甘泉宫等宫殿。就在建章宫之北，汉武帝特意修建了用于舟游宴乐的太液池。依旧出于对"神仙之地"的向往，在池中筑起三座假山，象征仙山。此后的历代皇家御苑中，多建有"一池三山"，意在为帝王营造人间仙境。

太液池的建设便是继承了帝王们向往仙境的传统，根据我国古代神话故事《西王母传》中描写的仙境建造的。太液池为"一池"，琼华岛象征蓬莱，圆坻寓意瀛洲，犀山台类似方丈，后来更有神人庵、吕公洞、铜仙承露盘等传说中的仙岛景物。

元至元元年（1264），元世祖忽必烈即蒙古国帝位，筹划在中都营建新都城。至元四年迁都北京后，开始营建新都城，并于1271年改国号为元，次年改称中都为大都。

早在营建大都之前，元世祖就已对太液池情有独钟，从至元元年到至元八年（1271）的七年之间，对太液池的中央岛屿琼华岛进行了三次扩建。岛上原有广寒殿，重建后成为皇帝举办朝会的场所，共七间，东西宽一百二十尺，深六十二尺，高五十尺，坐落于岛上的最高点，俯视大都城，一览无余。殿顶悬挂玉制响铁，殿内放置"渎山大玉海""五山珍玉榻"以及一座玉制假山，此外，殿内还设有两处构思巧妙的石制龙头，下有湖水经水车引入，由龙头喷泻而出，为广寒殿增添了灵动之气。

至元八年，琼华岛改名"万岁山"，又称"万寿山"。万寿山及环绕万寿山的太液池，是大都唯一的禁苑。当意大利著名旅行家马可·波罗应邀游览时，为太液池之美、万寿山之秀所折服，叹为观止。后来，他在《马可·波罗游记》中极为生动地描绘了他所见到的太液池、万寿山："小山顶上有一座大殿，大殿内外皆是绿色，小山、树木、大殿这一切景致浑然一体，构成了一幅赏心悦目的奇景。在皇宫北方，城区的旁边有一个人造的池塘，形状极为精巧。"

当历史的车轮进入明朝统治初期时，北京却失去了大都时期作为首都的荣耀。

1368年，明太祖朱元璋在南京称帝建立明朝后，将南京确立为首都。就在这一年，明军大将徐达攻破大都城，元顺帝弃城逃跑，元朝灭亡。纳入明朝版图的大都被改称为"北平"，从1380年开始，这里成为燕王朱棣的就藩之地。

明朝统治者在治理北平时对其进行了大规模的改建，其中影响最大的一项工程，就是明朝政府出于风水的考虑，对北平"削王气"，将元大都的皇宫和元代以前的历代皇宫尽数拆毁，北平的古建筑基本被毁灭。

不过，值得庆幸的是，作为元代皇家御苑的太液池并未受到破坏。至于原因，有史学家认为，当时的燕王府已将太液池囊括在内，所以才幸免被毁。

当北平两百余年的都城史仿佛已经终结的时候，燕王朱棣却改变了历史的走向。朱元璋驾崩后，朱棣发动了"靖难之役"，从侄儿建文帝手里夺取了皇位，在1421年将都城从南京迁到北平，北平改名"北京"。

迁都北京之前，一贯南征北战的明成祖朱棣并未安稳地待在当时的首都南京，而是多次前往北方，或是远出塞外与蒙古人作战，或是在北京经营他正在建设中的新都城。因当时北京紫禁城并未建好，于是便出现了一个问题，永乐皇帝没有一个接受群臣朝拜或议事的正式场所，十分不便。这个问题随着朱棣不断亲临北京而变得日渐突出，直至永乐十四年（1416）八月，才决定在营建中的紫禁城之西建设西宫，作为新皇宫建设期间的视朝之所。如此一来，太液池及其附近地区在此时便拥有了皇家御苑的身份。

　　然而，由于北京大规模地修建宫阙、城垣，导致金水河上游断流，太液池很快就没有了水源。为此，积水潭的南端被开出了一个渠道，用于沟通太液池。同时，从太液池东北端先蚕坛引水南下，从太液池南端又开凿了南海引水东下，解决紫禁城内的水源问题，自此形成了北、中、南三海纵列的格局。

　　有明一代，在元朝的基础上多次对太液池进行扩充、修葺，但基本上保持着元代的格局。这样的结果并不是偶然的，很大程度上是明成祖朱棣意见的体现。明宣宗朱瞻基在《广寒殿记》一文中记载，他在永乐年间随明成祖登万寿山时，成祖告诫他说，要以宋、金、元先人为鉴，"去其汰侈而不改作，时资宴游以存监省"，即使兴工，也是因为"顾视殿宇，岁久而陋，遂命工修葺"。

　　正是因为有了明成祖的训诫，明宣宗朱瞻基在位期间，并未对太液池进行大规模的修整，只是将北海圆坻东部的石桥拆去，填土后使其与陆地相连。圆坻原为土筑高台，改建后变为包砖城台，更名"团城"。团城上原有仪天殿，共十一楹，重檐圆顶，修复后重放光彩。团城南面有小岛犀山台，其上建起了圆殿。

　　明代自营建都城北京以后的第二个营造高潮，始自明英宗天顺年间。明英宗朱祁镇在"土木之变"中成了蒙古军队的俘虏，皇位也因弟弟朱祁钰的临危受任而从自己手中"溜"走。尽管他最终被蒙古人放归北京，但在英宗看来，他一生都要伴随着被俘的耻辱，而皇位更是变得遥不可及了。然而，历史有时就是令人难以捉摸，1457年，年仅三十岁的景泰皇帝朱祁钰病重时，英宗竟然被人拥护复辟，重登皇位，改年号为天顺，史称"夺门之变"。

明朝天顺二年（1458），明英宗朱祁镇开始对太液池进行大规模的建设。据《明英宗实录》载，天顺四年（1460）九月，"新作西苑殿亭轩馆成"。在这项历时两年的工程中，太液池东岸建起了凝和殿，殿左为拥翠亭，右为飞香亭（后改为元润亭）；西岸建起了迎翠殿与澄波亭；团城之西的八孔石桥改为九孔石桥，称"金鳌玉蝀桥"；南海上的南台岛（清代改为瀛台）建起昭和殿等建筑；北岸则建起太素殿，以茅草覆盖殿顶，白土粉刷墙壁，风格十分别致，由于大量使用锡做材料，又称为"锡殿"，也叫"避暑凉殿"。太素殿在正德十年（1515）七月按照明武宗的旨意重修，一改旧殿朴实无华的原貌，处处追求华丽奢侈，役使工匠三千余人，耗费白银二十万两。

此时的太液池水面较元代大为扩展，"一池"分为北、中、南三海，但依旧保持着"一池三山"的格局，只不过"三山"有所变化：团城与陆地相连，使昔日的"两山"——琼华岛与圆坻成为"一山"，加上南海中筑起的南台岛，便形成了北海琼华岛、中海水云榭、南海南台岛的三海中各立一岛的总体格局，直至后世。而我们今天看到的风光旖旎的北海公园，所指的正是太液池中的北部之海：南端为团城，中部为琼华岛，环湖布列着星星点点的寺观亭台与园中之园。

明万历七年（1579）五月初四，琼华岛广寒殿轰然坍塌。历经四朝四百余年光阴，一朝成为瓦砾废墟，只留存下梁上作为镇物的一百二十枚元代至元金钱，作为一段辉煌历史的记忆。

广寒殿的坍塌或许昭示着社会动荡的开始，明朝的江山在此后渐渐步入风雨飘摇之中。

崇祯十七年，李自成率领农民起义军攻克内城，崇祯皇帝登上景山自缢身亡，宣告了明王朝的覆灭。然而农民起义军在京城只停留了四十天便退出北京。撤退之前，农民军一把大火焚烧了皇城内的宫室。当清军进入北京皇城时，看到的已是一片余烬、瓦砾和断壁残垣了。北海也未能逃过这场浩劫，许多宫殿毁于此时。

不过，此后的北海又获得了新生，在清代进入鼎盛时期。

清世祖顺治皇帝福临是清军入关后的第一位皇帝，在明朝灭亡的同一年便迁都北京。顺治八年（1651），十四岁的顺治皇帝亲政。也是在这一年，西藏喇嘛恼木汗向顺治皇帝提出"以佛教阴赞皇猷，请立塔建寺，寿国佑民"。出于民族和睦的考虑，顺治皇帝决定在北海琼华岛的广寒殿废址上建立藏传佛教寺庙——白塔寺，并于山顶建起一座藏式喇嘛塔——白塔。

白塔寺坐落于琼华岛南麓，于乾隆八年（1743）改名为永安寺喇嘛庙。寺内建筑由低到高依山就势而建，依次为牌坊、山门、前殿、中殿、上殿、善因殿、白塔。其中，前殿名为法轮殿，殿内供释迦牟尼佛像；中殿为正觉殿；上殿为普安殿，为喇嘛诵经之所，也是帝后烧香拜佛之地；善因殿内供奉铜质鎏金大威德金刚像。白塔寺的庙门口有一对石狮子，与其他寺庙不同，它们的头都不是朝前的，而是朝后。这里有一个有趣的传说——相传康熙年间的一天夜里，一位神仙来到白塔寺，对寺里的四只狮子说："我可以点化你们出去逛一逛，只是天亮之前必须回来。"四只狮子自然高兴不已，纷纷跑到北海里面玩了个够。天快亮的时候，两只狮子已经回到庙里，但另外两只却刚刚走到寺庙门口就已经天光大亮。于是，变成石头的四只狮子有两只立在了庙门口，面向庙门，成为一道独特的风景。

白塔呈须弥山座样式，塔高三十五点九米，塔肚最大直径十四米。塔顶铸有日、月塔刹，并绘有火焰图案，象征佛法如日与月一般光芒照耀大地。塔身正南面设有盾形龛，绘有红底金字组成的藏文吉祥图案，俗称"眼光门"，又叫"时轮金刚门"。塔身内立有一根长约三十米的柏木刹杆，称为"通天柱"。柱顶放有纯金舍利盒，藏有朱砂奉佛牙一颗、舍利子十八粒。白塔巍峨壮美，以藏式喇嘛塔的风姿矗于琼华岛之顶，分外引人注目。

新建成的白塔顶部距城市地平面六十七米，成为清代全北京城的最高点。对于重视藏传佛教的清皇帝而言，无论是永安寺喇嘛庙，还是藏式喇嘛塔白塔，无不是神权的象征，体现的依旧是"君权神授"思想下至高无上的皇权。一寺一塔，已为这处皇家御苑赋予了一种非凡的政治意义。

北海在清乾隆年间达到了发展的黄金时期。当时的中国社会正值太平盛世，国库丰盈，财力雄厚。既然有财力支撑，作为历代帝王中文化修养较高的皇帝，乾隆皇帝绝不会缺乏构想，他亲自充当了北海改建工程的设计师。正因如此，北海注定成为中国规格最高、用料最好、内容最多、密度最大、质量最佳的一项园林工程。曾六下江南的乾隆皇帝自谓"山水之乐，不能忘于怀"，于是对北海的每一寸土地都精心构思，历经三十余载的时光，使北海在高山流水与琼楼玉宇之中，汇集了皇家园林、寺庙园林、江南文人园林、北方庭院园林等诸多园林建筑艺术之精华，使"太液仙山"的意境日趋完美。北海规模宏大，艺术成就高超，是中国皇家园林中的精品，体现了清代园林文化的辉煌。

乾隆八年，白塔山至团城之间的三孔石桥南北两端各建一座牌楼，分别为"积翠"和"堆云"，石桥也因此得名"积翠堆云桥"。这座桥可谓园林轴线设计中的杰作，整桥呈折线形，南段正对团城，中间折而东行，北段正对白塔，使原本不在一条直线上的团城中轴线与白塔山中轴线得以交汇，构思奇巧，别具匠心。

乾隆十六年，白塔山东北、倚晴楼之南立了一块石碑，描绘的是燕京八景之一的"琼岛春阴"，是琼华岛旖旎风景的最好注脚。石碑的正面刻有乾隆御书的"琼岛春阴"四字，碑阴为乾隆皇帝御制诗："艮岳移来石崚峨，千秋遗迹感怀多。倚岩松翠龙鳞蔚，入牖篁新凤尾娑。乐志讵因逢胜赏，悦心端为得嘉禾。当春最是耕犁急，每较阴晴发浩歌。"这座石碑精美细腻，碑顶雕刻盘龙，碑身四框为缠枝纹饰，碑座围有雕刻精致的石护栏，整体造型庄重古朴、比例匀称，是古代石碑设计中的杰作。

乾隆二十一年（1756），北海北岸建起西天梵境，又被称为"大西天"。其主殿大慈真如宝殿是北海北岸建筑中的上乘之作，整体为金丝楠木结构，不施彩绘，朴素中尤显结构之美。西天梵境主体建筑西侧，便是著名的九龙壁。九龙壁始建于乾隆二十一年，为大圆镜智宝殿山门前的琉璃照壁，长二十五点五二米，高五点九六米，厚一点六米。壁的正反两面各有九条红、黄、蓝、白、青、绿、紫七色蟠龙浮雕，戏珠于波涛云雾之中，加上正脊、戗脊、筒瓦、陇陲、斗拱等处的蟠龙，龙浮雕多达六百三十五条。九龙壁彰显了"九五至尊"的皇权思想，寓意蒸蒸日上的盛世景象，是清代琉璃结构建筑中的代表。

乾隆二十二年（1757），北海内建造了著名的园中之园镜清斋（光绪年间改名为静心斋）。这里最初是皇太子的书斋，以叠石为主景，周围配以各种建筑。虽然占地面积不大，但静心斋的设计却别具匠心，以山、池、桥、廊、亭、殿、阁的优美建筑布局取胜，凸显布置的精巧清秀，令庭院的空间层次极为丰富，从而形成一座风光如画、妙趣无穷的小巧园林，为我国园林艺术中的杰作。

从乾隆六年至三十六年（1741—1771），经过三十年的精心营建，耗费二百三十二万两白银，北海当真变成了人间仙境。优秀的建筑景观不胜枚举，不仅有西天梵境、阐福寺、万佛楼等大气磅礴

九龙壁

的佛家寺庙，还有静心斋、画舫斋、濠濮间等步移景换的"园中之园"，更有乾隆时期建起的三十五座亭子，正所谓"三步一小亭，五步一大亭"，此后的北海成为亭子密度最大的一座皇家园林。

北海在景观建设方面的成就已不需要过多提及，需要特别介绍的，却是乾隆皇帝在北海改建过程中表现出的对文化艺术的钟爱。

很少有人会想到，北海里居然有两处展示中国古代书法艺术的展馆。这两处展馆一为"阅古楼"，一为"快雪堂"。

阅古楼坐落在琼华岛西北岸，为依山而建的两层建筑，半椭圆造型，实为两个半圆建筑围合而成，中间为天井。乾隆十二年（1747），乾隆皇帝为收藏《三希堂石渠宝笈法帖》，下令建造阅古楼。"阅古楼"三字为乾隆手书，楼内墙壁镶嵌《三希堂法帖》钩摹石刻多达四百九十五方，内容涵盖从魏晋至明末一百三十五位著名书法家的三百四十件作品，可谓历代名家书法的博物馆。

快雪堂位于北海北岸，紧挨着九龙壁，其前身为明代先蚕坛的值房，乾隆年间改为游幸时的休息处，取名澄观堂。乾隆四十四年（1779），直隶总督杨景素购得明末清初大学士冯铨编的《快雪时晴帖》等八十一篇名家石刻，运往北京献给乾隆皇帝。乾隆皇帝看后大喜，将澄观堂改名为快雪堂，将全部石刻嵌于东西两廊的内壁上，以供观赏。为此，乾隆皇帝还特意写了一篇《快雪堂记》，记录下他对这些书法石刻的评价。

乾隆皇帝对书法艺术的喜爱，在某种程度上反映出他作为古代帝王所具有的非凡才学。如果一定要将乾隆皇帝的文化修养与北海的发展联系在一起，就会发现这样一个惊人的数字：乾隆皇帝留存后世的诗作中，描述北海的作品多达七百零一首！这或许是除北海之外没有任何皇家园林可以享受的殊荣。

如今，漫步于北海公园之中，可以找到一些乾隆皇帝诗文的碑刻，如《白塔山总记》《白塔山四面记》《永安寺古井记》《七佛塔碑记》《快雪堂记》等，还有一个特别的石亭——"烟云尽态亭"。此亭由八根石柱支撑，每根石柱截面均呈八棱形，上、中、下分为三段，就有了一百九十二个平面，加上顶部八根石额枋还有十六面，总共提供了二百零八个平面，竟然刻了乾隆皇帝的二十六首二百零八句诗，可谓天下仅有。

繁华总是如同过眼云烟，不能永远停留。晚清时期，虽然慈禧太后不惜挪用海军经费对北海的古建筑进行修葺，但相对于乾隆时期的鸿篇巨制，就显得简单与局促了。

清光绪二十六年，八国联军侵入北京后，北海饱受侵略者的践踏和破坏，见证了帝国主义列强的罪行。

1925 年 8 月 1 日，北海作为公园正式对公众开放。1949 年新中国成立后，政府拨款对北海进行了修葺，疏浚了湖泊，维修了古建筑，铺设了甬道，增设了公共服务设施，使古老的北海焕然一新。

微城堡北海团城

　　漫步京城，在红墙绿瓦的皇城之中，有一处别具韵味的宜人之地，即承载八百余年悠远历史的微城堡——北海团城。它是北京皇家御苑中的奇葩，是唯一的一座城中之堡。有人将它称为"世界上最小的城堡"，的确，高四点六米、周长二百七十六米的圆形城台，面积仅为四千五百五十三平方米，确实不大。然而，虽是微城堡，内涵却并不微小，它既浓缩了古代园林建筑的精华，又在功能上闪现出劳动人民智慧的光辉。时至今日，北海团城在建筑布局、排水设施等方面表现出的对生态环境的关怀与妙想，仍然为世人所瞩目。

　　北海团城的营建，富有中华传统的诗意。在中国古代神话传说中，渤海之东有蓬莱、方丈、瀛洲三座仙山，为神仙所居住。中国古代帝王对仙境充满向往，为了追求长生不老，便在修建皇宫御苑时，开始采用"一池三山"的布局形式。北海作为古代皇家御园之一，也属"一池三山"的格局。北海太液池即为"一池"，琼华岛寓意"蓬莱"，中海东岸的犀山台寓意"方丈"，而团城则寓意"瀛洲"。

团城与琼华岛相伴营建，被称为"圆坻"。圆坻上修建的用作祭祀天神的圆丘，被称为"瑶光台"。金人在琼华岛上建造广寒殿的同时，也在瑶光台上建起了一座殿宇，与广寒殿遥遥相对。此时的圆坻不再是一座孤单的岛屿，因为有了建筑，便显得有了生机。

据说在营建大都城的时候，忽必烈曾亲临圆坻，环望四周后搭弓射箭，箭落之地便被选为了城址。显然，这只是流传于民间的传说。这传说虽然无据可考，却也体现了圆坻位置的重要性。元代的圆坻四面临水、三面架桥，与大内直接相连，其所在的岛被称为"瀛洲"。岛的四周筑起石墙，围成了一个圆形的小城，故圆坻改称为"圆城"或"团城"。与此同时，团城祭天圆台上建起了重檐圆顶、高十一点七米、周长二十七米的仪天殿。因团城寓意"一池三山"之"瀛洲"，所以仪天殿也叫"瀛洲圆殿"。

团城在明朝时几经重修。永乐十五年（1417），"仪天殿"改名为"承光殿"，嘉靖三十一年（1552）再改名为"乾光殿"，同时重修城墙，将团城东侧木桥拆除，湖池填为平地，使之与大内衔接，团城由此变成了半岛，西侧建起了金鳌玉蝀大石桥。崇祯五年，"乾光殿"仍改名为"承光殿"。

及至清康熙年间，承光殿因地震坍塌，于康熙二十九年（1690）重建，将原半圆殿改成十字形平面，中间方形，面阔、进深各三间，四面各推出抱厦一间。乾隆十一年（1746），团城开始大规模扩建，整修城墙，在东、西两侧城墙下分设昭景和衍祥两座门楼，入门后有蹬道，设罩门。沿蹬道可登至城顶台面，城顶台面则增添玉瓮亭、古籁堂、余清斋、镜澜亭、朵云亭、沁香亭等建筑。光绪二十四年（1898），僧人名宽将从缅甸度化来的白玉佛进献给慈禧太后，佛像被供奉在了团城承光殿，团城由此成为皇家佛堂。光绪二十六年，团城城墙及衍祥门遭八国联军破坏，各殿内陈设文物被抢劫一空。

琼华岛南望团城，桥梁为积翠堆云桥

清帝退位之后，团城先后被袁世凯的政治会议、财政整理委员会、文物保管委员会、中国地理学会等单位占用。一直到 1938 年整理修缮后，团城才开始对游客开放。

北海团城因神话传说而建，虽在王朝更迭的变迁中历经毁坏、改建、重建与扩建，但不变的却是这座城与"一池"之水的相依相伴。或许正因如此，北海团城的修建充分考虑到了与水的关联——没有泄水口和排水明沟，城内地面却能永不存积水；北海水面远远低于城内地面，古树却能茂盛生长几百年。这样的现象唯有北海团城可见，不能不说是古代建筑的奇妙之处，更是这里的特色与传奇。

即使没有排水明沟，北海团城遇到再大的雨，城内地面上都不会留下积水，雨水很快渗透得一干二净。可见，团城的排水并不是依靠其他建筑普遍使用的排水明沟，而是借助了城内地面的直接渗透作用，一砖一瓦都有学问。团城之上，除建筑物占地外，其余地面都铺有地砖。地砖因用途不同，砖形、质地和铺设样式也不尽相同。甬道用方砖铺就，砖质细密，不渗水，占全部砖面的一小部分，而其余部分铺砌的则是吸水性强、形状上大下小的倒梯形青砖。团城的地势北高南低，下大雨时，雨水从北往南流淌，因此，铺砌在城台北部的青砖较厚，砖面特意制作了低渗透率的致密层；城台南部的青砖则较薄，砖面无致密层，砖体有气孔。倒梯形的青砖铺砌在地面上，砖与砖之间的缝隙并未使用灰浆填平，而是形成了自然的缝隙。这些缝隙即使积满泥土，透水性仍然很好。不过，缝隙终究是细小的，表面平整的地面，表层下却大有学问。由于青砖的形状是倒梯形，因此地面表层下便形成了纵向与横向相互交错的暗缝，加上砖下面衬砌的材料渗水性、透气性良好，便整体构成了团城的排水系统，雨水不易停留在砖表面形成径流，而是被有效地引入地下。

承光殿

今天的科学家用现代的方法对团城的青砖进行了年代测定，结果发现，烧制年代最早可追溯至明代永乐年间。遥想当年，明朝的开国皇帝朱元璋在南京称帝，名为北平的北京一下子没有了帝都的光辉。但值得庆幸的是，永乐皇帝在1421年将都城从南京迁到北平，改名"北京"。迁都北京，为北京带来了前所未有的营造高潮。纳入皇家御苑的"一池三山"得以重拾辉煌，在此时形成了太液池自北向南纵向分为北、中、南三海的格局。多次修葺的北海团城，则充分体现出了能工巧匠们的奇思妙想。每逢中元节，太液池内便放起河灯，帝后们稳坐团城之上观赏河灯，而他们的脚下，便是遇雨不乱的排水奇迹。

独立的团城是个微型的城堡，没有排水明沟，却用青砖暗缝解决了排水困扰；然而，数百米的城墙之上，竟也没有一个泄水口。显然，水都被留在了城中。这样的安排大胆神奇，也让我们清楚地意识到，团城的地下世界远非只有排水暗缝那么简单。事实上，地面之下还有一个个涵洞，存储了雨水，进而形成了一条神秘的地下暗河。团城的集水系统堪称中国古代集雨节水系统工程的杰作。

时光荏苒，如今，虽然距离北海团城最初的营建已经过去八百年，城堡及城上建筑已在多次修葺中为后世的建材所代替，但我们还是会惊喜地发现，城上依旧茂盛如盖的古树很可能便是古代栽下的幼苗，承载着岁月的记忆。的确，当我们步入团城，迎面可见两株巨松，都已有八百多岁高龄：三十多米高的白皮松，曾被乾隆皇帝册封为"白袍将军"；枝叶荫庇数百人的大油松，则被乾隆皇帝册封为"遮阴侯"。除此之外，这里还有年龄超过三百岁的古树十七株，年龄在一百岁至二百岁之间的古树二十一株。

这些世代常青的古树能够存活至今，最重要的原因就是获得了树木生长所必需的水分。这看似简单，却蕴藏玄机。团城虽濒临北海，但城内地面高出水面四五米，地下水很难为树木提供成长所需水分，只能依靠天然降水获得，而这些降水又必须留存在团城城内地面下树木根系所及的地方。的确，团城的地下已为此做了特殊的设计。地下建有一个个拱形的涵洞，高约一米，宽有六七十厘米，洞壁由青砖砌成。团城共有九口渗水井，呈椭圆环走向排列，与地下涵洞相通相连，而且作为涵洞走向的转折点，使涵洞整体走向呈现字母"C"的形状。这样一来，每当遇到降雨天气，雨水在使土壤水分饱和后，便渗入或流入涵洞形成暗河，遇到大雨时，多余的雨水会在涵洞沿着"C"形走向流出团城。因此，这里充分留住和利用了有限的雨水资源，使树木在雨水多时不会因积水浸泡烂根，也不会在干旱时因缺水而干枯。

新中国成立后，北海团城的保护受到了各方重视。1954年，团城南侧的金鳌玉蝀桥拓宽之际，为改变通往桥梁的道路绕团城而过的状况，计划将团城南部拆除，将道路取直。这个方案受到了梁思成、郑振铎等专家的坚决反对。周恩来总理亲自视察了北海团城后，出于保护古建筑的考虑，采纳了将中南海围墙南移的方案，从而使团城得以保留原貌。1955年，北海团城对外开放，于1961年被纳入第一批全国重点文物保护单位。如今，团城虽然经历了几百年的风雨，但因为有了有效的修缮与保护，仍屹立在北海之畔熠熠生辉。

什刹海的前世今生

　　今天的什刹海已成为北京城内不可多得的水畔盛景，每逢夏季，水上游船摇曳，两岸游人如织，进入夜晚，酒吧中透出的点点灯光更为美景增添了时尚的气息。然而，岁月难掩什刹海曾经的辉煌和厚重的悠长历史。七百多年以前，当蒙古人统一中国，将金中都改为大都，使北京第一次成为大一统王朝的首都时，什刹海对北京城的营建产生了举足轻重的作用，乃至奠定了今天北京城的基址。只不过，当时的什刹海还没有现在的称谓，它与北海、中南海连为一体，金时统称为"白莲潭"，元代改为"积水潭"，后一分为二，南部水体圈入皇城改称"太液池"，北部区域才成为集纳西海、后海、前海的什刹海。

　　什刹海历史悠久，原为永定河故道。永定河一向被视为北京的母亲河，由于河道变迁，最终形成著名的"三海大河"，即近承明清内苑的南三海，远接北部什刹三海的古永定河河段。正是因为有了三海大河的滋养，北京才有了西周至辽金的古蓟城。岁月变迁，无论朝代如何更迭，永定河对城市的作用却从未衰减。特别是金王朝

什刹海俯瞰图

的迁都之举，使当时的白莲潭得到了难得的历史机遇。它不再是简单的水系，而是与皇家王朝联系紧密并息息相关。

可以说，金代是白莲潭发生巨变的时期。此时的白莲潭不仅成为漕运航道上的重要码头，更重要的是，原为一体的白莲潭水域开始被人为地分割为南、北两部分。金大定三年至十九年（1163—1179），金世宗在中都东北郊以辽代行宫为基础修建离宫别苑，初时名为太宁宫，后改为大宁宫。大宁宫修建过程中的一项重要举措，就是将白莲潭的南半部划定为皇家御苑，北半部即日后的什刹海则仍留在民间，使白莲潭水域的南、北被分割，在此后的岁月里逐渐演化着各自不同的水域文化。

元代的白莲潭南半部被称为"太液池"，北半部被称为"积水潭"。之所以产生名称上的改变，不仅是由于元代承袭了金代对白莲潭的南北划分，还同水域与城市关系的变化有关。应该说，对于一座城市而言，白莲潭对元代都城的建立产生了至关重要的影响。如果要探究这种影响的源头，我们不能不提到一个伟大的人物——元世祖忽必烈。

这位马背上的皇帝，是成吉思汗建立大蒙古国以来，另一位缔造蒙古民族光辉历史的领袖。忽必烈灭亡南宋后统一中国，建立了幅员辽阔的统一多民族国家——元，从而完成了中国历史上第四次全国统一的局面。我们不能只把忽必烈的成就归结在显赫的战功层面，事实上，他虽然征战一生，却并不是一个只知道"打"天下不懂得"管"天下的莽撞武夫，而是具备"大有为于天下"的智慧，所以才萌生出在汉地建国、建都的大韬略。

宪宗九年（1259）七月二十一日，大蒙古国第四代大汗蒙哥在征战四川途中，死于合川（今重庆合川）东钓鱼山。次年六月，蒙哥的弟弟忽必烈在开平举行库里台选汗大会，被拥立为大汗。然而，蒙哥最小的弟弟阿里不哥一直留守在首都和林，他已经成为蒙古本土上名副其实的统治者。面对诱人的大汗之位，他怎么会不垂涎？就在忽必烈称汗之后的第二个月，阿里不哥在一批守旧的宗王贵族支持下于和林再次举行库里台选汗大会，被推举为大汗。此后，为了唯一的大汗宝座，两个兄弟之间不可避免地爆发了征伐之战。

我们无须了解战争的细节，却可以清晰地感受到忽必烈在选择国都地点时的纠结。显然，阿里不哥控制的和林已不可能成为忽必烈政权的首都。这不仅仅因为和林不在忽必烈的掌握之中，更主要的原因是这座城市并不是忽必烈理想的发展之所。

早在青年时期，戎马征战的忽必烈就结识了许多中原汉人，早早地接触并开始重视中原文化。宪宗元年（1251），忽必烈受命治理漠南汉地，历史为他创造了机缘，身处汉地的他对中原有了更深入的了解，他身边渐渐聚集起一批流落的儒生和地方军阀的门客，形成幕僚集团。正是因为受到了汉文化的熏陶，忽必烈统一全国的想法变得更加强烈，视野也变得开阔。在他看来，一旦实现全国统一，处于大蒙古国中心地带的和林便失去了全国中心的地位。如果仍将它作为首都，不仅会使他失去支持他的中原汉人的民心，还会影响到国家对中原和南方的管理。有了这样的考量，忽必烈舍弃和林，于中统四年五月颁发诏书，将地处蒙古草原南缘的开平升为首都，称"上都"。

如果忽必烈是一个安于现状的君王，那么，北京成为大一统王朝首都的时间一定会向后推移。不过，北京城与忽必烈之间的渊源似乎早已注定。1215 年，就在忽必烈出生的这一年，开疆拓土的蒙古军队在成吉思汗的带领下攻陷金中都。在那时谁会想到，中都城的历史地位会因为忽必烈而改变呢？

为了使多民族统一的国家得到进一步发展和巩固，忽必烈决定参考唐朝的两都制和辽、金的陪都制，于至元九年二月将上都开平变为陪都，改中都为大都（突厥语称为"汗八里"，意为"大汗之居处"），并将其定为全国首都。此前，金中都随着金的灭亡已被改称为燕京，而忽必烈于中统五年八月下诏，将燕京仍改名为中都，实际上是在为迁都做准备。也是在这一年，忽必烈下令成立提点宫城所，委任曾成功修建了开平府的刘秉忠全面负责新城址的选定及城池、宫阙的规划，而水利工程则由刘秉忠的学生与同乡郭守敬负责。

忽必烈的迁都举措为积水潭带来了凸显价值的机会。作为元大都的总设计师，刘秉忠没有选择在金中都残破的旧址上重建宫殿，而是在东北方另建一座新城。整个白莲潭水域都被纳入新城址内，南部被命名为"太液池"，处于皇城；北部被命名为"积水潭"，处于皇城之外，却是主要的地理依据，发挥着标尺的作用，由此开创了以水为中心的城市格局。在这座新城的规划与建设中，积水潭东北岸被选定为大都城的中心，设立中心之台。中心之台东侧十五步为中心阁，中心阁向南垂直确定为全城的中轴线。按积水潭东西宽度确立大都西城墙的位置，东西城墙基本对称，南北城墙同样对称。据元代熊梦祥著述的北京早期地方志书《析津志辑佚》记载："中心台，在中心阁西十五步，其台方幅一亩，以墙缭绕，正南有石碑，刻曰'中心之台'，实都中东、西、南、北四方之中也。"

岁月流转，时过境迁，当年的中心之台早已不存，但积水潭在大都城规划建设中所起的作用却无法磨灭。中心台之南是皇城，按照"面朝后市"的规则，北侧的积水潭不仅是元代京杭大运河漕运的北端终点码头，而且，在其北岸和东岸还形成了元大都的商业闹市、货物集散地乃至经济中心，酿酒市、米面市、缎子市、皮帽市、鹅鸭市、珠子市、柴炭市、铁器市等云集于此。经济的繁荣带来积水潭一带的迅速发展，漕运文化、商业文化、宗教文化、居住文化、旅游文化相继产生并繁荣发展，构成了积水潭特有的风景与内涵。

可以说，成为元大都营建的地理坐标正是积水潭最辉煌的历史功绩。而元代积水潭区域各种文化的繁荣发展，则奠定了这一区域在此后的发展。当时的积水潭一带一派繁荣，漕船如织，运输发达，街市上集聚着皇家采买人员或民众百姓。经济与文化的繁荣导致了此地区宗教建筑的出现与居民住宅的营建。积水潭附近的"后市"上，画舫、酒楼、歌台鳞次栉比，成为元曲创作与演出的理想之地，以艺术的灿烂展现着积水潭一带文化的繁荣。

不过，积水潭的繁荣无法改变王朝更迭的命运。明洪武元年八月二日，明军攻占元大都，元顺帝和后妃、太子带着一些臣子仓皇北逃，元朝随即灭亡。随之出现变化的，便是北京的都城地位。明朝的开国皇帝朱元璋在南京称帝，从元末至明初近四十年时间里，北京不再是王国的首都。随之而来的，是元大都曾经的辉煌渐渐远去，积水潭也因为运河的荒废而没有了往日的鼎沸人声，只留有依旧美丽的旖旎风光，蕴藏些许对都城历史的怀念与落寞。

不过，北京并没有失去成为明朝都城的机会。

明成祖朱棣十岁被封为燕王，二十岁到北京就藩，对北京有深厚的感情。朱棣成功夺取帝位后，对北京念念不忘。永乐元年，朱棣的皇位还没有坐热便下诏改北平为北京，改北平府为顺天府，为迁都积极做准备。迁都前最重要的一项举措，就是修建皇宫与都城。这座皇宫就是日后闻名于世的紫禁城；这座都城就是明朝的北京城。

明代北京城的修建完全依托于元大都的旧址，在元代皇宫旧地上建起紫禁城，仍以元内苑太液池为明皇城之太液池，只不过将一池分为北、中二海，并在中海前挖掘南海，形成南北贯通的明内苑北海、中海及南海。至于积水潭，依旧是京城百姓的主要水源地，经过填湖造地，并建以德胜、银锭二桥，水域被分割出三个水面，即日后闻名遐迩的集纳西海、后海、前海这三海的什刹海。明朝中期以后，"积水潭"的名称不再，出现了"什刹海"的称谓。据明万历年间《重修广化寺碑记》记载："都城西北隅有巨浸曰十刹海，以环海有丛林十故名。"其中对于什刹海名称的来源，此碑文是目前发现的最早记录。

然而，积水潭在明代出现的变化并不只是名字，最重要的是漕运文化的消失与商业文化的衰落。明朝迁都北京之初，积水潭依旧是漕运码头，漕河上每日船来人往，热闹非常。明宣德七年（1432）六月，宣宗难以忍受皇城之外传来的吵闹声，于是下旨将皇城东墙移至漕河之外，漕河也便成为皇城之内的御河。据《明宣宗实录》记载："上以东安门外缘河居人逼近黄墙，喧嚣之声彻于大内。命行在工部改筑黄墙于河东。"

就这样，因为皇城东城墙向东推移，积水潭失去了京杭大运河北端终点码头的作用，漕运文化由此消失。相应地，原本聚集在积水潭一带的商业店铺开始转移，此地曾经繁荣一时的商业文化逐渐衰落。

当积水潭因为失去码头的作用而逐渐冷清时，水面的宁静却成为最美丽的风景。这里具有的江南水乡风光，吸引着达官贵人、文人雅士与寻常百姓往来游玩，成为明北京城最负盛名的观光胜地，形成了银锭观山、谯楼更鼓、西涯晚晴、景山松雪、白塔晴云、响闸烟云、柳堤春晓、湖心赏月等"西涯八景"。明代上林苑监专门在这里种植莲藕，供游人泛舟赏荷，使什刹海又有"莲花湖""莲花泡子"之称。

无论是明中期以前的积水潭，还是改名后的什刹海，旖旎的风光都为这一汪碧水带来无限荣光，文人雅士对这里也有记载和描述。

明代蒋一葵在北京地方志书《长安客话》中将积水潭称为"都下第一胜区"，而诗人李东阳亦在《慈恩寺偶成》一诗中赞誉什刹海为"城中第一佳山水"，这难免使我们对明朝什刹海的风光充满遐想。如果能同明代文人一般，看水观景，眼前是景中画与画中景，身处诗意的水天之间，那该是何等浪漫与惬意！

积水潭虽然热闹，但毕竟在皇城之外，在等级森严的封建社会，即使是观光之所，但就生活空间而言，最初也只是社会下层百姓的居住之地。随着元代漕运的发展，什刹海的地位得到提升，水岸与道路得到修缮与整治，环境得到了极大改善，景色别致，情调益然。于是，达官贵人纷至沓来，聚会游玩，不亦乐乎。久而久之，他们便不满足于仅仅观光和游览，开始在此地营建宅邸与花园。

事实上，从元代开始，积水潭一带就开始兴建贵胄府邸与官绅大宅。明代因为有不许宗室诸王留守京师的祖制，故而什刹海两岸并没有皇室宗亲的府邸，但达官显贵的宅邸与花园却不在少数。这些宅邸与花园借什刹海之风景，秀美天成，因此什刹海成为名园荟萃之地。据《钦定日下旧闻考》等书记载，什刹海一带比较重要的名园别墅包括定国公徐增寿的定园（又称太师圃）、英国公张维贤的新园、明孝廉刘百世的镜园等。一般官绅文士的园林则有刘茂才的刘园、方从哲的方园、苗君颖的湜园、杨侍郎的杨园、米万钟的漫园等。明成祖时期的宦官、著名航海家郑和，也将府邸建在积水潭南。李东阳是明朝中后期的著名诗人、书法家、政治家，曾任弘治朝礼部尚书兼文渊阁大学士，幼时亦曾居住在什刹海一带。可以说，什刹海在李东阳的记忆里留下了美好的印象，当他成为诗人以后，自然要将这份深情寄托在诗作之中，于是人们读到了《西涯杂咏十二首》，在"水绕湖边树，花垂石上藤"的美妙中感受什刹海的景致。

　　有明一代，什刹海区域内的宗教文化也步入了鼎盛时期。

　　作为北方重镇乃至王朝首都的北京，一直都是多种宗教集聚的城市，运河水运更为宗教的传入带来了便利条件。元代以前，积水潭周围已出现少量寺观，如始建于北朝前燕时期的白马祠（白马关帝庙前身）、始建于唐贞观年间的火神庙等。元大都时期，北京更成为僧道争相进入之地。据史书记载，元代积水潭附近的佛道寺观已在十座以上，如万宁寺、崇国寺（今护国寺）、宝禅寺、广化寺等，已然形成初具规模的宗教建筑群，产生了什刹海地区最初的宗教文化。然而，元代积水潭一带以漕运文化与商业文化最为突出，运河码头的繁华使这里拥挤而纷杂，宗教文化虽得以萌生，却难以获得较大的发展。

　　及至明代，随着积水潭漕运文化的消失，宗教文化获得了较大的发展，两百余年间，宗教文化步入鼎盛，成为北京城中的"海天佛国"。明、清两代，什刹海一带以"九庵十刹"最负盛名。九庵，即通明庵、丰泰庵、槐宝庵、海潮庵、北极庵、天寿庵、永泉庵、朝阳庵、太平庵；十刹，即观音寺、普济寺、三圣庵、汇通祠、法通寺、净业寺、广化寺、火神庙、大慈恩寺、小慈恩寺。如今，随着岁月变迁，当时的僧侣道士早已不在，即使是寺观建筑，能够存留至今的也是少数。尽管如此，宗教文化的辉煌已经与什刹海的历史变得密不可分了，如今这里即使没有寺观遗迹，也无法掩盖宗教文化曾经的光芒。

　　1644 年，明朝灭亡后，清朝政权定都北京。这座饱经战火、几度成为王朝都城的北方重镇，从这一刻开始，有幸成为中国封建社会最后一个王朝的首都。

　　北京，依旧是帝王之家，但却有了新的主人。入主中原的清朝皇帝沿用了明朝的北京城，即使是作为皇宫内苑的紫禁城，也仅仅是对建筑物进行一些修缮、改建或小规模增建而已。不过，对于首都的管理，清朝的皇帝却有自己的一番考虑。他们因为皇权来到中原，却对汉民充满防备之心。清太祖努尔哈赤之所以建立后金政权，完全出自对汉人的仇恨。他的父亲原为明朝官员，因遭陷害而被明将李成梁所杀。为报杀父之仇，时年二十四岁的努尔哈赤以家传十三副遗甲起兵，攻杀仇人，势力逐渐强大。他五十七岁时，叛明建国，见汉人儒生必杀之。皇太极继位后，却一改努尔哈赤仇视汉人的政策，招纳汉人儒生，优待明朝降将。皇太极之所以如此，是因为他看到汉人的可学之处，其政治志向也不再局限于关外。及至顺治皇帝继位，自然担心政权被汉人颠覆，因此，清政府对皇权之下的汉民充满防备之心，开始推行一系列维护清朝统治的政策。

顺治元年十月，顺治皇帝在定都北京的即位诏书中明确提出"京城兵民分城居住"，随即推行满、汉分城居住制度。于是，北京内城由清八旗军及其家属占有，除少数经科举或由于军功在朝廷任文武高官的汉族大员外，汉人不得在内城居住，一律搬往外城。由此，整个内城变为一座大兵营，由十几万八旗官兵携眷属驻防，号称"京旗"。位于内城的什刹海自然也成为"京旗之地"，作为正黄旗的驻地，感受着皇恩，也支撑着清王朝在北京的统治。

可以说，一个王朝的政策变革，足以影响整个社会的政治、经济、文化等诸多方面。因为有了"满汉分城"的制度，什刹海及其周边地区发生了巨大的变化，元代京杭大运河终点码头的风光早已不再自不必说，充满平民气息的商业与游乐氛围也大大逊色于明代。原本居住在什刹海周边的平民百姓，其中不乏以经商为业的工商户。他们搬移到外城以后，在带动外城工商业繁荣的同时，也使内城传统商业区的商业日趋萧条。常态商贸活动渐渐减少，庙会和集市则出现在什刹海地区，成为当时商业活动的主流。著名的荷花市场，其起源就可追溯到清同治年间，这个市场在清末变得红火热闹，极为兴盛。

什刹海的秀美景色却是一直不曾改变的。

作为京城内一处不可多得的水域，什刹海仍旧是世人青睐的游览胜地。只不过，游览者不再以平民百姓为主体，游览什刹海逐渐成为皇室宗亲、满汉官员、文人雅士的特权。康熙年间，朝廷加强对园林的管理，什刹海被划归署理皇家宫苑的奉宸苑管辖，设置专有的御用采莲船。偌大的什刹海，虽没有成为内苑三海（北海、中海、南海）一般的皇家禁忌之地，但依旧具有特权色彩，成为权贵阶级或国家文化精英的观光地。他们或泛舟游湖，或宴饮赏荷，再或冰床围酌，甚是惬意。

在众多青睐什刹海的清代文化精英中，最为著名的当数纳兰性德。他是康熙朝宰辅明珠的长子，以"清词魁首"著称。纳兰性德经常在什刹海举办文人雅士聚集活动，严绳孙、顾贞观、秦松龄、朱彝尊、陈维崧、姜宸英、张纯修、吴兆骞等清代名士都曾参与其中。他们泛舟水面，饮酒吟诗，不亦乐乎。这些活动记录在文人笔端，从中仍能看出当时的美好情景。如今，在纳兰性德的《通志堂集》与《饮水词》、严绳孙的《秋水集》、陈维崧的《迦陵词》、姜宸英的《湛园集》、朱彝尊的《曝书亭集》等作品中，我们都可以找到对当时在什刹海欢聚场景的描绘。

其实，什刹海的秀美完全来自灵动的水。北京城历来缺水，城中之水更是稀缺。什刹海不仅水量丰沛，又是游览胜地，在这里既可远眺西山，又能近览宫城，特别是前海与后海交界处的银锭桥，更是京城内观赏西山美景与领略宫城、皇城庄严的最佳地点。永定河故道穿越京城的高梁河水系素来被称为"御河"，其中被称为"内苑三海"的北海、中海、南海早已纳为禁苑，为皇家所独享，而西直门外的河段则"严禁民船下水",唯有什刹海面向民众,成为赏景、荡舟、游玩之所,显得尤为珍贵。如此看来,元明两代的达官显贵选择在什刹海一带营建宅邸与花园,原因可见一斑。

清朝的皇帝对水景格外喜爱,或许是对东北白山黑水的怀念,或许是想通过水的灵动感受奔放与自由,因此,清廷在入关后不久即颁布了一道"禁水令",规定非皇帝恩准亲赐,任何人不得私引什刹海之水入自家庭园。此令一出,明代以来什刹海边盛极一时的宅邸与花园在清代便走入了末路。这些庭园之所以秀美,多是依靠什刹海得天独厚的水源优势,将水引入庭园之中,造一方美景。然而,面对"禁水令",这些庭园的居住者只得将引水口堵死。园中之水因无水源引入而成为死水,久而久之,恶臭腐败,往日的风华丧失殆尽。

什刹海一带明代庭园的没落,并没有阻挡清代府邸与花园的修建,只不过这些庭园背后有着更多的特权。此地已不再是以往朝代的权贵之所,而成为王府的集中地。时至今日,清代的王府建筑仍旧是什刹海地区最美丽的一道风景线。王府数量多、规格高、保存好,蕴含着传奇、精彩且充满神秘的清代王府文化。

阿拉善王府是什刹海地区修建的第一座清代王府。康熙四十一年(1702),阿拉善扎萨克多罗贝勒和罗理第三子阿宝有幸被选为额驸,即将迎娶康熙皇帝的侄女、庄亲王博果铎的第三女。这位格格从小被养在宫中,深受康熙皇帝的喜爱。既然她要出嫁,当然不会等闲视之,康熙皇帝不仅将她封为郡主,还恩赐进京完婚的阿宝于什刹海西煤场修建王府。此后,阿宝后裔与皇室世代联姻,阿拉善王府成为这个蒙古家族在京城的繁衍之所。

什刹海地区有多座清代王府,分别是醇亲王府、恭亲王府、庆亲王府、庄亲王府、阿拉善王府、成亲王府、敦郡王府、愉郡王府、锺郡王府、承泽郡王府等。有清一代，皇室册封世袭罔替亲王仅十二人，除八位开国元勋铁帽子王之外，怡亲王允祥（康熙皇帝第十三子）、恭亲王奕䜣（道光皇帝第六子）、醇亲王奕譞（道光皇帝第七子）、庆亲王奕劻（乾隆皇帝第十七子永璘之孙）四人中，有三人的王府坐落在什刹海一带。时至今日，这三座王府依然完好，守望着什刹海，以独特的风采诠释着清代什刹海王府文化的精髓。除此之外，这一区域还有和恪公主府、涛贝勒府、棍贝子府、魁国公府，与亲王府、郡王府一道构成了皇族王府宅邸的风景线。

然而，清代的什刹海并非只有光鲜的一面。至清代中叶，什刹海水量日渐减少，临水的园亭、寺庙开始逐年荒废。同治朝以后，不仅湖中水体被污染，周边的社会秩序也变得混乱，这里一度成为土匪、地痞、流氓的活动场所。及至清末，"满汉分城"的制度已有所松动，一些穷困潦倒的旗人由什刹海附近的居所迁往南城谋生，相应地，一些汉民中的精英则移居什刹海地区，给这里增添了更多的文化气息。

清王朝寿终正寝以后，穷旗人迁出什刹海地区仍是趋势，迁入此地的则是北洋政府的公职人员和北京大学、辅仁大学等高等学府的教职人员，胡适、梁思成、林行规、徐容光、陈半丁等人都曾居住在这里。

荷花市场在清末民初焕发了勃勃生机，商业氛围大有改观。这里商铺林立，茶棚饭庄、书场戏台、杂耍玩意儿应有尽有，吸引来的游人摩肩接踵，好不热闹。特别是市场上的传统食品与时令小吃，如老北京的炒肝、炸糕、豌豆黄等，再如夏季消暑的冰碗、雪花酪、果子干等，都令游人垂涎欲滴，深受欢迎。除去小吃，此地饭庄的生意也日渐兴盛。烤肉季、会贤堂、集贤居、庆云楼、福兴居、和顺居等饭庄逐渐发展成为京师餐饮名店。虽然这些饭庄出现的时间先后不一，但大多是因为荷花市场的繁荣而逐渐发展起来的，足以见证当时什刹海一带浓郁的商业气息。

　　然而，民国时期的什刹海因为年久失修已尽显破败，污水横流，脏乱不堪。在新中国成立以后，这一状况才得以改观。从 1950 年开始，人民政府对什刹海多次清淤整治并加以开发，使其逐渐焕发出新的生机。如今的什刹海是北京城的游览胜地，不仅风景优美，而且历史古迹众多。恭亲王府经过大规模整修后对外开放，成为目前唯一一座全部开放的清代亲王府。宋庆龄故居、郭沫若故居、梅兰芳故居、德胜门箭楼、广化寺、贤良祠、汇通祠、郭守敬纪念馆、银锭桥、火神庙等文物古迹也在整修之后相继开放。在新时期开发的什刹海水上游与胡同游项目，又为游人架起感受老北京风情的桥梁，同样是什刹海地区的一大特色。此外，独特的商业气息总是令南来北往的游人流连忘返，他们或是在烟袋斜街的特色商店中淘宝，或是在复建的荷花市场中感受旧日风情，或是在什刹海两岸的酒吧中赏景闲谈，都会是一次在历史与时尚之间的穿越之旅。

荷花市场码头

钟鼓楼司时岁月

相伴紫禁城的营造，在北京南北中轴线之北端，修建了南北两座用以司时的公共性楼阁建筑——钟楼与鼓楼，合称钟鼓楼。钟鼓楼相距百米，相对而立，相视而鸣，作为明清两代北京城的报时中心，击鼓鸣钟，开启了一座城市的作与息。如今，钟鼓楼依旧屹立在紫禁城之北，与北京的胡同、四合院相映成趣，承载着丰厚的人文历史，成为古都风貌不可或缺的重要组成部分，叙述着老北京的皇城记忆。

中国古代都城的钟鼓楼，可分为建于宫廷内的"宫城钟鼓楼"和建于城市中心的"都城钟鼓楼"。自秦汉以来，先后出现过谯门、谯楼、丽谯、鼓角楼、鼓楼等建筑及钟鼓漏等报时之器。随着都城制度的不断完善，"宫城钟鼓楼"制度首先在曹魏邺城中产生。此后，"宫城钟鼓楼"制度不断完善，除报时外，还在重大活动中作为节制礼仪之用，一直沿袭至明清时期。而"都城钟鼓楼"则主要用于城市报时，制度正式形成于元代，明朝都城的钟楼和鼓楼高大雄伟，将钟鼓楼建筑推至顶峰。

无论是"宫城钟鼓楼",还是"都城钟鼓楼",都与报时密切相关。钟鼓楼作为司时建筑的出现,与中国古代的政治制度息息相关。汉代的城市,被棋盘式的街道分为大小不同的方格,将若干封闭的居住区作为"里",将商业与手工业限制在一些定时开闭的区域作为"市",形成了中国古代最早的"里坊制"格局。"里"和"市"都环以高墙,设里门与市门,由吏卒和市令管理,全城实行宵禁。为满足宵禁管理所需,原本作为乐器的钟和鼓开始作为报时之用,也便有了"天明击鼓催人起,入夜鸣钟催人息"的晨鼓暮钟。唐代实施晨钟暮鼓报时制,鼓响,城门关闭;钟鸣,城门开启。唐代李咸用《山中》诗云:"朝钟暮鼓不到耳,明月孤云长挂情。"宋代陆游的《短歌行》也有诗句:"百年鼎鼎世共悲,晨钟暮鼓无休时。"

元营建大都时,从城南正门丽正门到中心阁,是一条南北走向的直线,宫城的主体建筑均以此中轴线向两侧均衡展开。元大都内,中心台、中心阁以西建有鼓楼,以北为钟楼,相对屹立,钟鼓报时。

有元一代,鼓楼曾先后两次毁于大火。关于钟楼的情况,则史料记述不详。明朝初年,即使元代的钟鼓楼依旧完好,在轰轰烈烈的"削王气"运动中,作为元代遗迹的钟鼓楼也难逃被拆毁的命运。

明成祖朱棣营建紫禁城时,在元代中心阁的位置建造了鼓楼,向北约百米处建造了钟楼,使钟鼓楼屹立于城市的北端,作为北京城的制高点,守候着这座重拾首都身份的城市。朱棣建造的明代北京城,布局以象征皇权至上的紫禁城为中心,由一条中轴线穿越紫禁城贯穿南北,将城市分为左右对称的东西两部分。这条世界上绝无仅有的都城中轴线是城市空间分配的依据,长近八公里,从南向北依次坐落着永定门、正阳门、中华门、天安门、午门、故宫三大殿、神武门、景山等,最北端就是钟鼓楼。

古人将一日分为十二时,又将黑夜划分为五个相等的时间段,每更即为一个时辰：定更又叫起更，对应黄昏戌时（19时至21时）；二更为人定亥时（21时至23时）；三更为夜半子时（23时至晨1时）；四更对应鸡鸣丑时（1时至3时）；五更又叫亮更，对应平旦寅时（3时至5时）。报时建筑钟鼓楼内，击鼓定更，撞钟报时，为文武百官的上朝和百姓的劳作起居提供了重要的时间参考。

钟鼓楼司时是由一套系统的器具组成的，其中鼓楼上设铜刻漏及二十五面更鼓，钟楼悬挂报时铜钟。它们相互作用，缺一不可。据《钦定日下旧闻考》记载："鼓楼在金台坊，旧名齐政，上置铜刻漏，制极精妙，故老相传，以为先宋故物。其制为铜漏壶四，上曰天池，次曰平水，又次曰万分，下曰收水，中安铙神，设机械。时至，则每刻击铙者八，以壶水满为度，涸则随时增添，冬则用温水。"

根据史料推测，为使滴水速度均匀，计时准确，鼓楼的铜刻漏采用多级刻漏的方式，共设有四级漏壶，上下串联，逐级向下滴注。漏壶旁立一铙神，利用水动力与机械原理相结合，每刻钟铙神自动击铙八下。鼓楼上的二十五面更鼓中，一面为主鼓，直径一点四米，由整张牛皮蒙制，其余二十四面群鼓依据中国农事二十四节令而设置。鼓手们听到铙响后击鼓定更，钟楼内的人听到鼓声后则撞钟报时。

钟楼内的报时铜钟重达六十三吨，悬挂于楼顶木架上。钟体总高七点零二米，钟身高五点五米，钟口直径三点四米，钟壁薄处为十二厘米，最厚处为二十四点五厘米。据史料记载，铜钟铸造于明永乐年间，采用泥范铸造工艺，挖掘地坑，用草木灰和三合土造出巨大的芯并烧成陶范，再一圈圈做好外范，中间沿槽道注入几十座熔炉同时开炉融化的铜水，铸成大钟。大钟钟声悠扬，圆润浑厚，"都城内外，十有余里，莫不耸听"。这口巨大的铜钟至今仍留存于钟楼内，是中国现存铸造时间最早、重量最大的古钟，堪称中国的

"古钟之王"。

　　一口声震京城的铜钟，虽高高在上，却并未由皇家独享。在等级森严的封建社会，时间却给了平民百姓空前的平等。司时的钟声响起，关乎帝王与百姓的起居作息，日日相伴。正是这种日日相伴且切实的作用，使百姓对铜钟有着深厚的感情，也便在民间流传起一些有趣的传说。

　　相传，钟楼上最初悬挂的是一口铁钟，但皇帝希望换成象征皇权的铜钟，而且是一口举世无双的大钟，于是下令重新铸钟。铸造一口异常巨大的铜钟并非易事，一批铸钟高手随即被召至京城，但耗时三年仍未铸好。皇帝听闻后勃然大怒，将皇家监工处斩，并限令工匠们在八十天内铸好新钟。工长华严带领工匠们一直不曾松懈，但因为钟体巨大，始终未能成功。华严收工后回到家中也是寝食难安。十几岁的女儿华仙与父亲相依为命，看到父亲为铸钟的事茶饭不思、夜不能寐，心里充满了担心，劝慰说："爹，您别着急，等火候到了，钟自然就能铸好了。"说者无心，听者有意，华严恍然大悟："我怎么忽略了这个基本的问题？这么巨大的铜钟，是要更高的炉温才能铸成啊。可是，提高炉温谈何容易啊！"八十天很快就到了，在限期的最后一天，皇帝派来的大臣也来到了现场。华严带领工匠们开炉融化铜水，炉温依旧上不去。就在众人愁眉不展之际，小华仙从人群中走出来，远远望了一眼父亲，随后疾步奔向炉边，纵身跳了进去。华严急忙伸手去救，却只抓住一只女儿脚上的绣花鞋。只见炉内瞬间火苗迸发，铜水翻滚，华严泪流满面，大喊一声："铸钟！"铜水流入槽道，铸成了一口前所未有的大钟。"古钟之王"被悬挂于钟楼之上，每日定更报时，守护京城。为铸钟而献身的华仙姑娘，被世人尊称为"铸钟娘娘"，并在钟楼不远处的小黑虎胡同修建了"金炉圣母铸钟娘娘庙"。

　　有明一代，北京钟鼓楼几经焚毁与重修，又在清代重建，遗留至今。据清乾隆《御制重建钟楼碑记》记载："皇城地安门之北，有飞檐杰阁翼如焕如者，为鼓楼。楼稍北，崇基并对峙者，为钟楼……二楼相望，为紫禁后护。"

　　鼓楼是一座建在高砖台上的殿堂式建筑，台基高达四米，楼高四十六点七米。台上建有两层砖木结构殿楼，面阔五间，三滴水歇山式屋顶，灰瓦绿琉璃剪边，檐下施以彩绘。殿楼一层采用无梁拱券式砖石结构，南北墙身各设券洞一大二小三座，东西墙身各设券洞一座，并在东北角设立登楼小券门，进入券门有梯道。蹬楼石阶梯倾斜四十五度角，共六十级，然后转弯向西，有石阶梯九级，到达殿楼二层。台阶的级数并非随意而设。六十代表古代纪年的周期，六十年为一轮回；九则寓意九五至尊、至高无上。殿楼二层大厅，便是明清两代存放二十五面更鼓的所在。整个建筑红墙朱栏、雕梁画栋，雄伟而壮丽。

　　钟楼原为木结构，因历经雷火焚毁，清代重建时改为砖木结构。不仅可以防雷火，也与木结构的鼓楼形成鲜明对照。钟楼通高四十七点九米，下部为四方而高耸的砖台，四面各辟一座巨大拱门，台顶围以城垛。台上钟楼为全砖石结构的大型单体建筑，四周环绕石质栏杆，墙身设有拱门及拱窗，屋顶覆以重檐歇山灰瓦绿琉璃剪边。钟楼砖台东北角设立登楼小券门，进入券门经石阶梯七十五级，便可登临钟楼。钟楼建筑结构独特，不仅素雅俊秀，而且兼顾了声音的传播功能，成为北京古迹中独具特色的代表性建筑之一。

　　钟楼四周有围墙，围墙正南向中央辟有大门，为三联门结构，中门内矗立着乾隆十二年"御制重建钟楼碑"，详细记载了当年重建钟楼的情况。

鼓楼

　　鼓楼与钟楼相映成趣、和谐而立，建筑学家梁思成如是描绘："鼓楼是一个横放的形体，上部是木构楼屋，下部是雄厚的砖筑……钟楼的上部是发券砖筑，比较呈现沉重，所以下面用更高厚的台，高高耸起……它们一横一直，互相衬托出对方的优点，配合得恰到好处。"

　　清代钟鼓楼的计时仪器由铜刻漏改为时辰香。时辰香又称为更香，专为计时特制。香盘成圆盘，上面刻有与时辰相对应的刻度。刻度处挂有小金属球，由金属圆盘承接。当更香燃烧至刻度处，金属球掉落至圆盘中，发出清脆的响声，是为报时，鼓手即可击鼓。

　　有清一代，钟鼓楼的报时方法也有所变革。按照清朝的报时规则，定更和亮更时，先击鼓后撞钟；二更至四更时，只撞钟不击鼓。及至乾隆朝，报时规则去除了二更至四更的报时。击鼓撞钟的方法十分讲究，鼓和钟都是先快击十八下，再慢击十八下，快慢相间计六次，共一百〇八声，俗称："紧十八，慢十八，不紧不慢又十八。"古人以一百〇八声代表一年，据明代《七修类稿》记载："扣一百八声者，一岁之意也。盖年有十二月，二十四气，七十二候，正得此数。"正因如此，钟鼓楼的钟声与鼓声恰好为一百〇八声。

　　欧洲的钟表技术飞速发展，在明代末期传入中国，逐渐进入社会不同阶层的生活，削弱了钟鼓楼报时功能的重要性。1924年，冯玉祥发动北京政变，废除帝号，将末代皇帝溥仪赶出了皇宫。伴随着封建帝制的彻底铲除，钟鼓楼从这一年开始不再承担报时功能。一座封建王朝的司时建筑，在新的时代里，不仅没有了曾经的功用，也失去了对于皇权的象征意义。

　　1924年，鼓楼改名为"明耻楼"，陈列物证，展示八国联军入侵北京的罪行，警醒国民勿忘国耻。1925年，鼓楼设立京兆通俗教育馆，并开设电影院。1949年后，鼓楼曾成为东城区文化馆的馆

钟楼

址。1957 年，钟鼓楼被列为第一批市级文物保护单位。1984 年，钟鼓楼进行新中国成立后的首次大规模修葺。1987 年，鼓楼对外开放。1989 年，钟楼开始接待游客参观。1996 年，钟鼓楼被列为全国重点文物保护单位。

天坛兴衰五百年

北京城南，有明清两朝皇帝的祭祀之所，初名天地坛。历经九帝十朝前后一百一十年天地合祀之礼后，因明朝嘉靖皇帝将天地合祀改为分祀，而将天地坛扩建、改建，并更名为天坛，此后天坛成为帝王们专事祭天的坛庙。经历了五百余年风雨沧桑，作为世界上现存最大、最完好的古代祭祀性坛庙建筑群，天坛承载了天子祭天的历史，因神秘而传奇。无数海内外的观光者慕名而来，透过建筑触摸一段段真实的历史。

古代帝王祭祀天地的习惯在中国历史悠久，早在夏朝就已经出现了大规模的祭祀活动。随着发展，祭祀天地逐渐被帝王们看作极为重要的政治活动，而祭祀用建筑也在都城营建中具有举足轻重的地位。明朝开国皇帝朱元璋定都南京后，继承了祭祀天地的传统，在都城内建造了专门祭祀天地的坛庙——大祀坛，最初为天地分祀，后改为天地合祀。

明成祖朱棣在营建紫禁城的同时，也没有忘记对即将成为首都的北京进行整体规划，除了宫殿，还有城垣与坛庙。由此，一座位于北京南郊、用于天地合祀的天地坛也于 1420 年建成，这就是日后名扬中外的北京天坛。

《明太宗实录》中记载了当时北京天坛的规模："规制悉如南京，而高敞壮丽过之。"可见，天坛的平面布局、建筑形式无不依照南京的大祀坛而建，只是局部和单体建筑比南京大祀坛更加宏伟高大。特别是天坛的中心建筑大祀殿，是一座带有鎏金宝顶的三重檐圆形大殿，直径三十二点七米，殿高三十八米。大祀殿的三重檐攒尖屋顶在北京独一无二，上檐为青色琉璃瓦，中檐为黄色琉璃瓦，下檐为绿色琉璃瓦，分别象征天、地、万物，从下至上层层收进，最上层的中央冠以鎏金宝顶。整个大殿用二十八根朱漆楠木巨柱和三十六块互相衔接的榜、桷支撑。中间四根楠木柱最为粗大，命名为通天柱，带有描金卷枝莲彩绘，象征春夏秋冬四季；周围二十四柱分为内外两圈，内圈十二根象征一年十二个月，外圈十二根象征一天十二个时辰，整体代表二十四节气。而宝顶下还有一根雷公柱，则象征着皇权一统天下。

可以说，大祀殿代表了中国古代建筑技艺的较高水平，设计精巧，建筑雄伟，色彩奇丽，造型卓异。正因如此，大祀殿的修建还留下了许多有趣的传说。

永乐皇帝修建北京天地坛时，有上千名民工专事建造大祀殿。一天，一位年近七旬的老人忽然找到监工，自称是一位木工，想做上几天工，挣几个饭钱。监工见老人可怜，便找来木工的工长刘木匠，要他亲自带着老人干活，也好多些照顾。刘木匠也是一个心善之人，见老人年事已高却要打工赚钱，便让老人坐在一边，并不派活儿给他。老人坐了一会儿，就主动凑上前来，说："你让我做点什么呢？"刘木匠想了想，忽然看到脚下有一根半尺长的圆木头，便递过去说："你就弄这个吧。"老人接过木头，也不问具体怎么弄，就走到旁边自顾自地做了起来。老人在工地做了几天工便没了踪影，连工钱也没拿。刘木匠纳闷儿，就找到了那几天老人一直在弄的那根木头，只见上面刻画了密密麻麻的黑线。刘木匠随手一扔，没想到只听那木头"哗啦"一声全散掉了，变成无数块木楔子。刘木匠一怔，知道必有缘故，马上把这些木楔子都收了起来，而后逐渐就忘了这件事。可是，就在大祀殿即将完工时，木工却遇到了大问题。原来，安装大祀殿的房顶时，每个梁柱的接口处都不紧密，无论怎么弄都解决不好。正当大家愁眉不展时，刘木匠忽然想起自己保存的那包木楔子。于是拿来一用，不大不小，正好将梁柱的缝隙牢牢固定住；不多不少，每一根楔子都有用处。有人觉得奇怪，就向刘木匠询问缘由，他就将老人做工的事告诉了大家。大家啧啧称奇，纷纷猜想是祖师爷鲁班现身指点。

虽然这只是一个传说，却在一定程度上反映了大祀殿建筑严丝合缝，十分精良。这座帝王祭祀天地和祈祷风调雨顺、五谷丰登的大殿，其下为三层殿基，高六米，围有雕花汉白玉栏杆，构成了天地坛的核心。

永乐十八年九月，永乐皇帝朱棣正式下诏迁都北京。第二年正月初一，刚刚来到北京的朱棣便命令太子前往天地坛，祭拜昊天上帝和后土皇地祇神主。正月初二，朱棣亲临天地坛，行迁都告祀之仪。正月十一日，朱棣又在天地坛举行了合祀天地的大典。前后仅仅十天，天地坛却连续迎来了三次皇家典礼，足见永乐皇帝对这座祭天地之坛的重视。

此时的天地坛规模初具，自北向南由北坛门、天库、北天门、大祀殿、大祀门、券洞门、甬路丹陛桥、南坛门共同构成中心轴线，轴线两侧设有斋宫、神乐观、厨库、宰牲亭等建筑。坛域建有南方北圆的"天地墙"，面积超过紫禁城。

天地坛作为帝王祭祀天地之所，历经永乐、洪熙、宣德、正统、景泰、天顺、成化、弘治、正德和嘉靖前期，前后长达一百一十年之久。

嘉靖九年，明世宗朱厚熜更定礼制，变天地合祀为分祀，天地坛因此扩建、改建，于第二年完工，在大祀殿以南建起了专门举行祭天大礼的圜丘坛。

圜丘坛呈圆形，坛面及护栏均由蓝色琉璃砖砌成。坛域四周绕以红色宫墙，上饰琉璃瓦，俗称"子墙"。子墙四周各有一座大门，分别为东天门泰元门、南天门昭亨门、西天门广利门、北天门成贞门。每座门都有寓意，据《周易》的精神："元"代表天地生万物，无偏无倚；"亨"寓意万物生长，亨通顺利；"利"意指阴阳相合，各得其宜；"贞"象征天地有序，正固持久。

圜丘坛附属建筑中最重要的当属天库正殿泰神殿，它是一座用于存放圜丘祭祀诸神牌位的殿宇，为重檐圆攒尖顶建筑。泰神殿与东西配庑共围于一座圆墙之内，墙高六米，直径约六十四米。因墙体平整光滑，形成声音反射体，一个人面对围墙说话，远处墙边的人便能十分清晰地听到，被称为"回音壁"。泰神殿之南还有三块路面石板，站在第一块石板上击一掌，可以听到一声回声；站在第二块石板上击一掌，可以听到两声回声；站在第三块石板上击一掌，可以听到三声回声，由此被称为"三音石"。这种具有良好声学效果的古代建筑物极为罕见。

嘉靖十一年（1532）春天，明世宗在更定礼制后第一次亲临天地坛，于大祀殿举行了祈谷礼。这是首创的祀典，历朝历代前所未有，由皇帝祈祷来年五谷丰登，免受灾荒困扰。由此，原天地坛被称为祈谷坛，由大祀殿、皇乾殿、东西配殿、大祀门、神厨、宰牲亭、长廊等组成。

皇乾殿是祈谷坛的"天库"，为大祀殿之外的另一座重要建筑，坐落在大祀殿之北的矩形院落里，由琉璃门相通。这是一座庑殿式大殿，覆盖绿色的琉璃瓦，匾额为嘉靖皇帝御书，下面为围有汉白玉石栏杆的台基座，平时用于供奉昊天上帝和皇帝列祖列宗神版。每逢农历初一和十五，管理祀祭的衙署指派官员扫尘、上香。祭祀前一天，皇帝亲临上香，行请神礼后，才由太常寺卿率官员将神牌恭请至龙亭内安放，由銮仪卫抬至大祀殿内各相应神位陈放受祭。

嘉靖十三年（1534）二月，明世宗朱厚熜诏令天地坛改名为"天坛"，坛域包括原天地坛、圜丘坛和崇雩坛（位于圜丘坛以南，嘉靖年间增建）三坛，平面形状仍保持北圆南方。

嘉靖十七年（1538），明世宗对天坛坛制又进行了一系列更改，将圜丘坛正位所供奉的"昊天上帝"改为"皇天上帝"；改圜丘坛天库正殿泰神殿为圆形重檐，同时更名为"皇穹宇"，并御书殿匾；诏令撤除大祀殿，拟在原址基础上修建大享殿，以举行大享礼。

嘉靖十九年（1540）十月，兴工修建大享殿，于嘉靖二十四年八月建成。此时的大享殿虽然宏伟壮观，却并未按当初的计划用于举行大享之礼，而是因嘉靖皇帝迷信道教、纵情淫乐被一直闲置在旁。

嘉靖三十二年（1553），北京拓建南部外城，为符合"祀天于郊"的定制，天坛修建了外坛墙，形成内外两重坛墙环护的格局。

不难发现，天坛在明朝嘉靖年间出现了较大的改变，无论是坛制还是祀典，都进行了新的尝试。不过，煞费苦心更改天坛定制的明世宗朱厚熜，在位四十五年，却仅仅亲临天坛祭天八次，与他对天坛大刀阔斧的改革形成了鲜明的对比。

嘉靖皇帝之后，明朝历代帝王并未对天坛有新的更改，只是在万历十四年（1586）对天坛进行了一次大修。这次大修中变化最大

皇乾殿

的是天坛的斋宫，四周增挖了御沟，用于加强斋宫的防御能力。

清廷定都北京后，沿用明朝旧制，仍旧将天坛圜丘坛作为祭天之所，将天坛祈谷坛作为祈祷五谷丰登之地。及至乾隆时期，康乾盛世之下，国力空前雄厚，也为天坛带来了全面改建、扩建的契机。

乾隆七年（1742），乾隆诏令修缮斋宫，增建寝宫，形制为"垂花门内一院，寝殿五间，东向。南北配殿各三间"。第二年，修缮工成。乾隆皇帝御书"钦若昊天"四字巨匾，悬于正殿后墙，并规定祭祀前斋戒三日，前两日在紫禁城皇宫内斋戒，第三日迁居天坛斋宫。

乾隆十二年，朝臣上疏乾隆皇帝，奏请修缮天坛内外坛墙。奏折中详细记述了坛墙的形制、长度、损坏情况及如何修缮，称："天坛内垣长一千二百八十六丈一尺五寸，高丈一尺，趾厚九尺，顶厚七尺。外垣长一千九百八十七丈五尺，高丈一尺五寸，趾厚八尺，顶厚六尺。四围墙顶墙身皆年久损坏……外垣两披出檐各四尺四寸酌收一尺二寸。墙身内外均铲去浮土，上包城砖两进，下包城砖三进，旧有泊岸坍塌处灰土筑打。内垣里外出廊外，阔六尺八寸……檐柱朽烂，酌将里外檐均改进四尺八寸，不用檐柱……"乾隆皇帝看过奏折后，当即准奏修缮。

乾隆十四年，因祭天大典配位依代递增，台上配位已经增至五个，显得十分拥挤，乾隆皇帝下旨改建圜丘坛。两年之后，完成改建的圜丘坛，成为一座露天的三层圆形石坛。坛面换成艾叶青石，栏板望柱改用汉白玉。每层栏板望柱及台阶数目均用阳数（又称"天数"，即九的倍数），寓意"九五至尊"。中心坛面铺一块圆石，圆石外铺砌九圈扇形石板。第一圈由九块石板组成，第二圈由十八块石板组成，依此类推，第九圈由八十一块石板组成。每圈数字均为《易经》中的阳数，以此彰显天子的权威。坛外以内圆外方为原则修有两重坛墙，在东、西、南、北四个方向各设棂星门一座，均为汉白玉四柱三门。坛的东南角设有燔柴炉、瘗坎、燎炉和具服台，西南角设有望灯台，东侧建有神库、神厨、宰牲亭、祭器库、乐器库等。

乾隆十六年，乾隆皇帝考虑到"殿与门名义未协"，"大享"之名与孟春祈谷异义，下旨将祈谷坛大享殿改名为"祈年殿"，将大享门改名为"祈年门"。

乾隆十七年（1752），乾隆皇帝诏令改建祈谷坛，将祈年殿三重檐攒尖屋顶的青、黄、绿三色琉璃统一改为青色琉璃，并将东西配殿及皇乾殿此前覆盖的绿色琉璃瓦改为蓝色。第二年正月初四，乾隆皇帝前往斋宫致斋，为已经修缮一新的祈谷坛御书了"祈年殿"和"祈年门"匾额。

天坛在乾隆时期的修缮与改建并未局限于上述几项，作为一位对建筑颇有研究的帝王，乾隆皇帝对天坛的修整达到了极致，使其形成了一条轴线、三道坛墙、五组建筑、七星镇石、九座坛门的最为鼎盛的形制。

两个祭坛组成一条南北中心轴线，南起昭亨门，而后依次为圜丘、琉璃垂花门、皇穹宇、成贞门、丹陛桥、南砖门、祈年门、祈年殿、琉璃门、皇乾殿、北天门，全长一千二百米；内、外坛墙和两坛之间的隔墙共同围护成天坛的三道坛墙；圜丘坛建筑群、祈谷坛建筑群、斋宫、神乐署、牺牲所组成了天坛的五组建筑群；祈年殿东南角设有"七星石"，称为天坛的镇石；祈谷坛门、圜丘坛门、祈谷坛三座天门、圜丘坛四座天门，共为九座坛门。

鼎盛时期的天坛散发着夺目的光彩，在位六十年的乾隆皇帝亲临祭天达五十九次之多，创历代帝王之最。此后的天坛因清王朝的沉浮而没有了乾隆时期的辉煌，但作为帝王祭天、祈谷的场所，仍

祈年殿

旧是一处高不可攀的皇家庙坛。

宣统三年（1911），随着辛亥革命的爆发，清王朝走向末路。末代皇帝溥仪的退位，宣告了中国封建社会的终结。此时的天坛，原本该结束自身的历史使命，不过之后戏剧性的一幕却上演了。被称为"窃国大盗"的袁世凯以皇帝的身份出现在天坛，举行了声势浩大的祭祀活动，在新时代以祭天之礼为天坛的历史使命画上了句号。

如今的天坛已经成为一处为市民服务的园林公园，从明朝始建算起，六百余年时光已逝，天坛风采依旧。

1998 年，天坛被联合国教科文组织世界遗产委员会正式列入"世界文化遗产"，并做出了中肯评价："天坛建于公元 15 世纪上半叶，坐落在皇家园林当中，四周古松环抱，是保存完好的坛庙建筑群。无论在整体布局还是单一建筑上，都反映出天地之间的关系，而这一关系在中国古代宇宙观中占据着核心位置。同时，这些建筑还体现出帝王将相在这一关系中所起的独特作用。"

2009 年，天坛被中国世界纪录协会评选为中国现存最大的皇帝祭天建筑。

皇运沉浮下的祭地之坛

　　作为明清两朝皇帝祭祀皇地祇神的场所，地坛因皇家而建，有幸见证两朝十五位帝王在此举行祭地之仪；也因皇家而没落，伴随着清王朝的终结结束了自己的历史使命。

　　始建于明嘉靖年间的地坛坐落在安定门外东侧，与天坛遥遥相对。兴建地坛，并非单纯为了祭祀地祇那么简单，而是当时特殊的政治斗争使然。建地坛是嘉靖皇帝朱厚熜一步重要的政治举措，而这一切，都要从朱厚熜的意外即位说起。

　　1521年5月，明朝第十代皇帝武宗朱厚照溺水后得病而死。因他在位期间荒淫无度，死后并没有留下子嗣，加之明孝宗朱祐樘只有朱厚照这一个儿子，一脉单传。因此，皇太后和内阁首辅杨廷和商议后决定，依《皇明祖训》"兄终弟及"为据，由最近支的皇室、兴献王朱祐杬长子、武宗的堂弟朱厚熜继承皇位，第二年改年号为嘉靖。嘉靖皇帝朱厚熜即为明世宗。可以说，朱厚熜原本并没有机会继承皇位，但造化使然，他意外登基，成为皇帝。

　　登上皇帝宝座的朱厚熜年仅十五岁，刚刚即位便经历了嘉靖三年为追封其生父尊号而爆发的"大礼议之争"。经过三年半的斗争，朱厚熜通过高压手段取得了"大礼议之争"的胜利，追尊自己的父亲兴献王为"皇考恭穆献皇帝"。

然而，强化了皇权的朱厚熜却无法从心底感到喜悦，虽然靠权力可以杀掉与他意见相左的臣子，却无法改变自己真正的身世，他毕竟是以旁支小宗入继大统，因此嘉靖皇帝朱厚熜的内心深处隐藏着难言的自卑和不安。久而久之，嘉靖皇帝变得刚愎自用、猜忌、横暴、独断，时时戒备群臣，处处标新立异，千方百计树立自己的权威。

如果不是因为嘉靖皇帝特殊的身世背景，或许他就不会形成专横的性格；如果不是嘉靖皇帝的性格使然，或许就不会有北京地坛的营建。然而这一切只是如果，事实上，历史将地坛出现的契机抛给了嘉靖皇帝朱厚熜。

嘉靖九年正月，祀礼臣给事中夏言上书嘉靖皇帝，奏请改革祭祀制度。此前，嘉靖皇帝虽然在"大礼议之争"中取得了胜利，但当真要把生父的牌位列入供奉皇帝祖先的太庙，却并非易事，因为这将触动多年传承的宗法祖制，势必会遇到不可预想的阻力。正因如此，朱厚熜将期望压在心底，一直在寻找合适的时机有所动作。夏言的奏折让他看到了前所未有的好机会，他决定以此为契机，尝试触碰一下传承已久的祖制。

祭祀礼仪在中国由来已久，内涵深厚，等级严明。因天神、地祇只能由天子祭祀，相应的祭祀之礼便被蒙上了神秘的面纱。中国祭祀天地的礼仪起于远古，《周礼》中所说的"夏日至，于泽中之方丘奏之"，正是祭祀礼制的发端，后世帝王皆沿用周代礼制。西汉元鼎四年（前113），汉武帝在汾河汇入黄河的交汇处建后土祠，史称"汾阴后土祠"，为帝王祭祀后土圣母之所。及至西汉末年，汉成帝在都城长安的城南、城北分建用于祭祀天地的圜丘、方丘。自此，祭祀天地之坛成为历代都城建筑的重要组成部分。有的朝代分开祭祀天地，也有的朝代合并在一起祭祀天地。

明朝开国皇帝朱元璋建都南京，在钟山之阳建圜丘坛，每逢冬至日祭天；在钟山之阴建方丘坛，每逢夏至日祭地，实行天地分祀的祭祀制度。十年后，适逢朱元璋祭祀前的斋戒期，天降大雨。朱元璋思索良久，忽然领悟天地生万物如同父母孕育子女的道理，如果以天为父、以地为母，那么一同祭祀更为合理，于是将祭祀制度更改为天地合祀。

永乐十八年，明成祖朱棣迁都北京。他在所营建的新都城中，参考南京城的规划，营建了社稷坛、天地坛、山川坛等祭祀场所。史书记载：永乐十九年"正月甲子朔，上以北京郊社、宗庙及宫殿成，是日早躬诣太庙，奉安五庙太皇太后神主。命皇太子诣天地坛奉安昊天上帝、后土皇地祇神主，皇太孙诣社稷坛奉安太社太稷神主"。可见，迁都北京之后，明朝的祭祀仍旧采用了天地合祀的制度。

祀礼臣给事中夏言上书嘉靖皇帝，正是要修改多年沿袭的祭祀祖制，依据《明史·礼志·郊祀》中"祭天于南郊之圜丘，祭地于北郊之方泽"的记载，奏请将天地合祀改为分别祭祀天与地。

嘉靖九年二月，朱厚熜经过深思熟虑，召集群臣共计五百九十六人商议夏言奏折中提及的祭祀改革。一番激烈争论后，除了一些不置可否的大臣外，形成了意见相左的两个阵营，其中主张分祀的仅百余人。

尽管否定的声音占据了主流，但嘉靖皇帝还是表明了他的态度，以天地合祀不合古制为由，认为"分祀良是"，并决定将建于正阳门外的天地坛改为祭天的圜丘坛，分别在北郊、东郊、西郊择地修建方泽坛、朝日坛、夕月坛，史称"更定祀典"。

嘉靖九年五月，方泽坛正式开工修建，遵循"天圆地方"传统观念，由两重正方形坛墙环绕中心坛。坛平面呈方形，坛台分上下两层，周有泽渠，外有坛墙两重，四面各有棂星门。除方泽坛外，祭祀场所还建有皇祇室、宰牲亭、斋宫、神库等建筑。嘉靖九年十一月，方泽坛定名为地坛。此后两名并存，各有用途，在祝文中称"方泽坛"，公务场合则称"地坛"。

嘉靖十年（1531）四月，方泽坛工成。这一年五月，嘉靖皇帝朱厚熜成为第一位在地坛祭祀地祇的皇帝。不过，嘉靖皇帝虽然建造了地坛，订立了四郊分祀的制度，但实际上，他并不热衷于祭祀活动。自首次亲祀地坛之后，嘉靖皇帝只在地坛亲祀过三次，嘉靖十八年（1539）以后"竟不亲行"。

自嘉靖皇帝地坛首祀开始算起，随后的三百余年时间里，后辈皇帝们相继出现在地坛的祭地大典上。明清两朝的吉礼祀典分为大祀、中祀、群祀三等，祭祀皇地祇神为最高等级的大祀。由于皇地祇属于阴性之神，而古人认为夏至日为"阳盛至极，一阴初生"之日，因此选择在这一天祭祀皇地祇。祭地礼仪程序烦琐，环节多达十余个，包括迎神、奠玉帛、进俎、初献、读祝、亚献、终献、受福胙、彻馔、送神、望瘗、礼成等。其间除演奏乐章外，还会表演武功之舞和文德之舞。整个祭祀过程十分隆重，从准备到礼成历时约两个月。祭祀之日，场面浩大，皇帝跪拜多达七十余次，足见礼仪之繁杂。据记载，崇祯十五年夏至日，思宗亲祀方泽，"是日，四鼓后钟鸣。上乘舆从午门、端门、承天门、长安左门、安定门诣北郊。至行幄，具祭服，时曙色渐开。上翻阅章疏久之。报卯时，上步出大次，从内墙灵星门右门步入。行大祭礼，乐九奏，上升坛者五，而对越尽礼。仍至大次，易常服而还"。由此，明代祀典的宏大场面可见一斑。

然而，在祭祀地祇时的隆重仪式背后，地坛也如同一位冷静的

方泽坛

旁观者，静观着皇运沉浮下朝代的变迁，盛世繁华与一个朝代趋向没落时的萧瑟形成了鲜明的对比。当明朝最后一位皇帝明思宗朱由检自缢在景山时，地坛究竟会不会继续作为祭地之坛还是一个未知数。值得庆幸的是，清初统治者沿袭了明朝的旧制，依旧在地坛行祭地之礼，连地坛以及各建筑的名称也未加修改。

清雍正八年，自营建以来一直未曾有过变化的地坛迎来了一个大的建设工程——雍正皇帝下旨重建斋宫。斋宫是皇帝祭地时斋宿之所，主体建筑坐西面东，由西、南、北三殿组成。按照祖制，皇帝在大祀之前需斋戒三天，不审理犯罪案件、不宴会、不听音乐、不宿内宅、不饮酒吃荤、不问疾吊丧、不祭神扫墓，以洁身净心，表示虔诚。但在明代的《方泽大祀仪》中，并没有规定皇帝要到地坛斋宫斋宿。及至清雍正年间，不仅皇宫内修建了斋宫，而且规定了皇帝在祭地之前的三天斋戒中，前两天在宫内斋宿，第三天则要到地坛斋宫斋宿。正因如此，地坛斋宫在清代迎来了一次重建的契机。而后，又在乾隆七年进行了修葺。有清一代，雍正、乾隆、嘉庆等几位皇帝都曾在地坛斋宫内斋宿。

及至乾隆十四年五月，地坛迎来大修。这次大修不仅修缮了因年久失修而出现的损毁，还对一些不合理的地方进行了改建。地坛在修建之初，方泽坛正中铺纵横各六路黄琉璃砖，皇祇室及方泽坛围墙覆绿琉璃瓦，乾隆皇帝认为"于义无取"，于是依据《周礼·考工记》，将皇祇室以及方泽坛围墙绿琉璃瓦顶改为象征"地谓之黄"的黄瓦，将方泽坛黄琉璃面砖改为象征"地为阴"的白色墁石，使这两座地坛主体建筑的礼制意义更加明确。乾隆皇帝对祭地之礼的重视非同一般，不仅修缮和改建了地坛，而且在位六十年间，亲自参加的祭地之礼就多达五十七次，与明嘉靖皇帝仅仅四次亲祀相比，地坛受到了乾隆皇帝莫大的重视。才情丰富的乾隆皇帝更是多次在祭地典礼中即兴赋诗，从"星火纪苍龙，阳乌尽午中。应时陈盛祀，先事惕微躬。林筵调宫徵，方坛配昊穹。爰爰群辟集，惴惴一诚通。永念阴阳嬗，端惟造化功。祇期长养遂，万物育熏风"以及"晨趋备仪卫，祀典率公卿"的诗句中，可以想象乾隆皇帝亲祀时的宏大场面。

地坛的改建工程至乾隆十七年竣工，历时近三年，形成的形制保存至后世。

乾隆六十一年（1796）正月初一，乾隆皇帝禅位于皇太子爱新觉罗·颙琰。颙琰登基后，改年号为嘉庆。此时，朝政仍旧被太上皇乾隆皇帝所控制，直至嘉庆四年正月，乾隆皇帝驾崩，嘉庆皇帝才得以亲政。此时的大清国可谓危机四伏，嘉庆皇帝虽然成功惩治了奸臣和珅，但想要解决百官腐败、国库亏空、农民起义等社会危机却没那么容易。

或许是政治环境使然，嘉庆皇帝更加渴望国泰民安，因此对祭地之礼尤为重视。

嘉庆五年（1800），为清高宗乾隆皇帝"升配方泽"，嘉庆皇帝重修了地坛的皇祇室、祭台、库座、斋宫、牌楼。

嘉庆十八年（1813）夏至，嘉庆皇帝亲自参加地坛祭祀。当时，京城、直隶等地已久旱无雨，然而就在祭后的第二天，京城就普降甘霖，并且连降两日。嘉庆皇帝大为欣喜，认为降雨正是地祇的恩惠，于是，嘉庆皇帝为表示感激，参照乾隆三十五年（1770）的旧例，派二阿哥绵宁（即后来的旻宁，清道光皇帝）恭诣皇祇室，向列神位依次拈香，行祀谢礼。

嘉庆二十四年（1819）五月，因要修缮皇祇室内的乾隆皇帝神牌托底，嘉庆皇帝派遣哥哥成亲王永瑆恭诣行告祭礼，但在此过程中却出现了次序的错误，因此，成亲王及太常寺官员都受到了较重

牌楼

的处罚。永瑆被罚在家闭门思过，并罚半俸十年，其子绵勤也被革去了内大臣职务，在家侍父。

倘若清代的政治、经济没有走向衰落，那么地坛一定会因为封建帝王的重视而继续它的辉煌。然而，自嘉庆以后，清朝的衰颓随着农民起义、列强入侵而日益严重。

咸丰十年，英法联军入侵北京，一路烧杀抢掠，在清王朝长期经营的圆明园大肆抢掠珍贵文物和金银珠宝，并将园内建筑付之一炬。随后，英法联军聚集京城北部的地坛，拆毁地坛砖石修筑炮台，准备攻打紫禁城。

至高无上的皇家祭地之坛第一次遭到外国侵略军的劫掠，此时的地坛，内外一片狼藉。遥想当年祭祀盛况，如今却备受外国列强凌辱，实乃国家孱弱之悲歌。

咸丰十一年（1861），咸丰皇帝去世，六岁的载淳即位，称清穆宗，年号祺祥。就在咸丰皇帝死后不久，慈禧太后与恭亲王奕訢联手发动了"辛酉政变"。随后，两宫皇太后垂帘听政，改年号为同治。

年幼的同治皇帝渐渐长大，但贪恋权力的慈禧太后却一直以同治皇帝"典学未成"为由，拖延同治皇帝亲政的时间。直到同治十二年（1873），才同意由同治皇帝亲政。这一年，因清晚期的衰落而一直萧条的地坛却受到了难得的重视。由于同治皇帝亲政，要到地坛亲诣行礼，所以重修了皇祇室。此时的清王朝财力早已大不如前，因此，皇祇室的修缮十分节俭。但作为封建帝制时代祭地之坛的最后一次修缮，它却被永久写在了史册上。

地坛迎来了同治皇帝，却并未为他带来好运。仅仅一年之后，同治皇帝便因为患上了天花而病死，终年十九岁。随后，道光皇帝第七子醇亲王奕譞年仅四岁的儿子爱新觉罗·载湉继承了皇位，年号光绪。

光绪三十三年（1907）五月，光绪皇帝亲诣地坛行礼，成为地坛迎来的最后一次皇帝亲祀。宣统三年（1911）八月，辛亥革命爆发，推翻了清王朝的专制统治，从此结束了统治中国两千多年的封建君主专制制度，推动了中国社会的变革。自1531年至1911年三百八十一年间，明、清两朝有十五位皇帝在地坛祭地。地坛是历史上连续使用时间最长的祭地之坛。

宣统皇帝爱新觉罗·溥仪是清朝的末代皇帝，也是中国最后一位皇帝。

光绪三十四年（1908）十月二十日，因病重的光绪皇帝无后，皇嗣只能在宗室中选择，慈禧太后下旨由醇亲王载沣之子溥仪继承皇位。溥仪不足三岁，在哭闹中进了宫。第二天，光绪皇帝便崩于中南海瀛台涵元殿。次日，慈禧太后又崩于仪鸾殿。前后两日，两丧并祭，年幼的溥仪带着惶恐在悲戚的气氛中登极，年号宣统。

辛亥革命的爆发很快使宣统的皇帝之路走到了终点。不过，动荡的时局之下，溥仪也在幻想着复辟帝国。民国六年（1917）五月，辫帅张勋以调解大总统黎元洪与内阁总理段祺瑞之间的"府院之争"为名，率领辫子军入京，乘机潜入故宫养心殿，率保皇派五十余人面见溥仪，拥戴宣统皇帝复辟。第二次登极的溥仪并未将皇位坐稳，十二天之后，讨逆军击败张勋的辫子军，溥仪不禁放声大哭，不得不再次宣告退位。

溥仪虽然再次走下了皇位，但从未放弃过希望。恰巧就在此时，日本发生了七点九级的强烈地震，造成十四万人丧生和二百多万人无家可归。溥仪希望自己成为世界的焦点，便以"宣统帝"的身份组织了一次赈灾募捐，用故宫中珍贵的金、银、玉器变卖了七十余万元。而且，祭祀皇地祇神的地坛也在此时进入了溥仪的视野，他忽发奇想，决定开放地坛，供社会头面人物参观游览，卖票收入用于赈济日本灾民。

昔日皇家坛庙的神秘，就这样在帝制终结之后成为吸引公众的卖点。不过，溥仪的如意算盘并没有取得太大的成效，因为他很快便失去了贩卖皇家坛庙的资本。1924 年 11 月 5 日，直系军阀冯玉祥委派鹿钟麟带兵进入紫禁城，将溥仪等皇室成员驱逐出宫，史称"逼宫事件"。

没有了皇室护佑的地坛很快又遭遇了被损坏的命运。1924 年，地坛的部分土地被拨给河北农事试验场，因此大片古柏被伐，建筑遭到严重破坏。1925 年，地坛被辟为市民公园，一时游人如织，打破了往日的寂静。1934 年，地坛的部分建筑被国民党第二师军官教导处占用，公园名存实亡。1936 年，地坛的坛内各殿被北平精神病院占用。至 1949 年北平解放时，地坛早已荒芜，破烂不堪的建筑和满园的杂草仿佛在诉说着被损毁的不幸遭遇。

岁月变迁，如今的地坛已经是北京当之无愧的游览胜地，只不过，祭祀皇地祇神的使命不再。历经四百余年风霜雪雨，皇运沉浮下的繁华与落寞早已写入了历史，地坛在全新的时代焕发出了前所未有的蓬勃生机。

从龙潜福地到皇家第一寺庙

　　始建于清代的雍和宫绝不是一座一般意义上的寺庙，它前后跨越康熙、雍正、乾隆三朝，历经王府、行宫、庙宇三个时期，因走出两位皇帝而成为"龙潜福地"，又因被改为喇嘛庙而成为皇家第一寺庙。雍和宫的发展轨迹独一无二，与政治息息相关且充满神秘色彩，然而，经过岁月的消磨，许多传说也渐渐模糊，成为清史中悬而未解的谜团。这座与皇家密不可分的清代坛庙，如今是一处研究清代历史、建筑和宗教的重要文化遗产。置身其中，你会被它辉煌的皇家园林建筑、神秘的藏传佛教造像以及独特的藏传佛教文化所吸引，往昔的政治风景也仿佛在眼前重现，等待人们去揭开那些未解的历史谜团。

　　雍和宫的历史可追溯到15世纪，明代时这里叫太保街，规模很小，是太监们的官房，到了清代，这里又被划为内务府官用房。古代的房子以高度显示身份，这片官房建筑只是比周围普通百姓居住的房屋略高一些，且配以灰色的顶瓦，并无任何特殊之处。然而，在康熙三十三年（1694），这处原本普通的官房却因为迎来了一位新的主人而变得不再寻常。这位新主人就是后来的雍正皇帝胤禛。

清朝的皇室爵位共分十二级，分别是和硕亲王、多罗郡王、多罗贝勒、固山贝子、镇国公、辅国公、不入八分镇国公、不入八分辅国公、镇国将军、辅国将军、奉国将军、奉恩将军。顺治六年，清统治者规定：亲王一子封亲王，余子封郡王；郡王一子封郡王，余子封贝勒。

即将成为官房主人的康熙皇帝的四皇子胤禛在当时还只是一个贝勒爷，因此，在官房基础上营建的是一座贝勒府，规模并不大。

康熙三十三年，胤禛搬进贝勒府，开始了与这座府邸不解的因缘。

康熙皇帝在位六十一年，子女众多，仅皇子就多达三十五人。在人丁兴旺的喜悦之外，康熙皇帝一直担心的就是自己身后的皇位继承问题。他不想在身后出现使政权濒于分裂的皇位争夺事件，因此，康熙皇帝于有生之年在立储方面耗费了许多心力。他预立皇太子为储君，与皇帝共治国政。康熙皇帝虽思之久远，但结果却事与愿违。皇太子御政，无形中在朝廷形成了两个权力中心。皇太子羽翼渐丰的状况，与康熙皇帝培养和锻炼皇太子治国能力的初衷相去甚远，直接引发的就是皇太子集团对皇权的侵犯以及皇太子与各皇子之间的矛盾。陷入旋涡中的康熙皇帝百般无奈，对这个问题又一时无解，在有生之年两度立储又两度废储。然而，如果没有这样曲折的经历，身为皇四子的胤禛或许并无登上皇位的机会。

康熙四十八年（1709），胤禛晋升为"和硕雍亲王"，"禛贝勒府"也随之升为"雍亲王府"。按照清例，亲王年俸白银一万两及禄米一万斛。成为亲王的胤禛向朝廷预支了三年王俸，开始大建雍亲王府，从规模、建制到人员配备都非从前的贝勒府可以相比。事实上，胤禛耗费大量钱财修建雍亲王府，并不是单纯为了王爷的气派，而是出于一定的政治目的，传说中的"粘杆处"就是最好的佐证。

胤禛的贝勒府变为雍亲王府时，众多皇子间为立储展开的角逐也到了白热化的阶段。胤禛表面上与世无争，暗地里却加紧了争储的步伐，其中重要的一步举措，就是在雍亲王府内广为招募武林高手，组成训练有素的队伍，四处刺探情报，铲除异己。这支队伍就是"粘杆处"的雏形，在雍亲王府内产生并不断发展壮大。

胤禛的努力并没有白费，康熙六十一年，雍亲王府发生了历史性的改变。这一年，康熙皇帝驾崩，结束了他在清朝历史上最为长久的一段统治历史。在《康熙遗诏》中，明示了皇位的归属："雍亲王皇四子胤禛，人品贵重，深肖朕躬，必能克承大统。着继朕登基，即皇帝位，即遵舆制，持服二十七日，释服，布告中外，咸使闻知。"四皇子胤禛正是凭借《康熙遗诏》继承了皇位，改年号雍正。登上大位的雍正皇帝自然要在宫中居住，便离开了那座生活了二十八年的府邸。但他对雍亲王府的眷恋之情却无法割舍，于是，雍正皇帝下令将雍亲王府的一半改为行宫，即东路院；另一半赐给了喇嘛，改为黄教上院，即西路院。从此，这里便开始了作为帝王行宫的历史。

王府虽然变成了行宫，但雍正皇帝并没有对其进行大规模改建，而只是对其中的东书院（又称"东花园"）进行了重建。东书院在贝勒府时期就已经存在，内有亭、台、廊、室，栽种着各种树木花草，供胤禛读书阅典、赏花观月使用。贝勒府成为雍亲王府以后，这里进行了扩建和修缮。及至改为行宫，重建的东书院越发古朴典雅，在原来基础上增添了许多亭、台、楼、阁。《国朝宫史续编》一书中对东书院进行了详尽的记载，一门一匾乃至一草一木都留于笔端，让读者透过文字可以清晰地感受到东书院当年的幽雅。值得一提的是，由于雍和宫规格不一般，东书院各殿房内的陈设如桌案、围屏、宝座、古玩等都和故宫内的设置相同，而且在这里设立了"领雍和宫事务大臣""总理雍和宫东书院事务大臣"等官员，负责看管东书院内陈列的大量珍宝古玩。

东书院尚且如此美好，更何况作为皇帝行宫的东路院呢！然而，东路院当时的美好景象究竟如何，如今已经不得而知，因为就在不久之后，东路院遭遇了一场大火，几乎焚毁殆尽。庆幸的是，雍正皇帝并没有因为大火焚毁而忽略了自己曾经的王府，而是在雍正三年下旨将西路院黄教上院改为行宫，并赐名"雍和"。自此，雍和宫有了这个响亮的名字，并延续至今。

雍正皇帝在位十三年间，雍和宫除了行宫的身份，也在政治上起到不可替代的作用。雍正皇帝为巩固专制统治，在内务府之下正式设立了作为情报组织和特务机关的"粘杆处"，取名为"尚虞备用处"。总部便设在雍和宫，"选八旗大员子弟之狷捷者为执事人"，负责皇帝巡狩之时扶舆、擎盖、罝雀之事，协助护卫并随侍皇帝钓鱼娱乐。

历史上的雍正皇帝将皇权集中在自己手中，"粘杆处"发挥了至关重要的作用。正是因为有了"粘杆处"的特务，雍正皇帝能轻易铲除异己，虽然掀起了腥风血雨，但皇权却得以牢牢把在手中。因此，野史中的雍正皇帝十分凶残可怖，是一位有着严苛政治手腕的强权皇帝。通俗小说中描写的令人闻之色变的"血滴子"，便是"粘杆处"所使用的暗器，充满了传奇色彩。

雍正十三年（1735）八月二十三日，雍正皇帝驾崩于圆明园，爱新觉罗·弘历继承皇位，改年号为乾隆。

在清代，紫禁城乾清宫不仅是皇帝临政的场所，也是停放皇帝灵柩的地方。皇帝驾崩后，梓宫会被运往乾清宫停放，按照旧制举行

雍和宫阙

祭奠仪式之后，再转至景山内的观德殿，然后才正式出殡。然而乾隆皇帝却更改了旧制，决定将父皇雍正皇帝的梓宫停放在雍和宫内。

　　为了迎接雍正皇帝的棺椁，雍和宫主要建筑迅速进行了改建，在十五天内绿色琉璃瓦改为了代表皇权的黄色琉璃瓦，与紫禁城规格一致。这一年的九月，雍正皇帝的灵柩被安放在了他当年在雍和宫内的寝宫（后改名为"永佑殿"）。至乾隆元年十月十一日，才移棺清西陵。此后，按照乾隆皇帝的旨意，雍正皇帝的画像被供奉在雍和宫神御殿，作为雍正皇帝的祠堂，不仅由喇嘛每日在画像前诵经，乾隆皇帝本人也会在每年正月初七亲自前来祭拜，在史书上被称为"影堂时期的雍和宫"。

　　乾隆皇帝究竟出于何种原因要将雍正皇帝的灵柩停于雍和宫？个中原由不得而知，不过乾隆皇帝对雍和宫充满深情却是不争的事实。实际上，乾隆皇帝和雍正皇帝一样，也与雍和宫有着不解之缘，因为据说他的出生地就是这座雍和宫，只是这种说法存在争议而已。

　　乾隆皇帝出生于康熙五十年（1711），在位六十年，是清朝历史上的一代有为之君。他在文治武功方面均有建树，不仅加强了中华的多民族统一，而且为施恩百姓而蠲免天下钱粮，亦编修了流传后世的文化典籍，兴建了代表清代园林文化高峰的皇家园林……在康熙、雍正两朝的基础上，乾隆时期成为历史上著名的"康雍乾盛世"的最高峰。

　　乾隆皇帝对自己出生在雍和宫从未有过怀疑。这一点，可以从乾隆皇帝在世时写下的诗作中窥见一斑。一次，乾隆皇帝到雍和宫瞻仰祭拜之后，即兴作诗一首，称："首岁跃龙邸，年年礼必行。……来瞻值人日，吾亦念初生。""人日"是古人对正月初七的叫法。诗的最后一句，乾隆皇帝表明了自己的出生地，意思是说：正月初七，我到雍和宫祭拜，难以忘怀这里就是我的出生地。乾隆

永佑殿

四十七年（1782），乾隆皇帝在为《人日雍和宫瞻礼》一诗所加的批注中写道："余实康熙辛卯生于宫也"，说明的则是他在雍和宫内的出生时间。此外，乾隆皇帝又在《新正雍和宫瞻礼》诗中，明确指出了自己在雍和宫内的出生地点是东厢房，诗曰："斋阁东厢胥熟路，忆亲唯念我初生。"

雍和宫先后出了雍正、乾隆两位皇帝，是真真切切的"龙潜福地"。天子的光辉使雍和宫如沐春风，使其成为一座十分特殊的清代宫阙。从禛贝勒府到雍亲王府，再从帝王行宫到影堂时期的雍和宫，雍和宫的每一阶段都充满传奇色彩，留下了许多至今无法解开的历史疑案。此后，藏传佛教的喇嘛诵经声时时在雍和宫内响起。及至乾隆九年，乾隆皇帝下旨正式将雍和宫改为喇嘛庙。从此，雍和宫成为全国规格最高的一座佛教寺院，被称为"皇家第一寺庙"，开始了一段连接中央政府与蒙古、西藏等少数民族地区的辉煌历史。

事实上，乾隆皇帝决定将雍和宫改为喇嘛庙，内心怀着十分复杂的情愫。一方面，他咏叹雍和宫是"跃龙真福地，奉佛永潜宫"。在乾隆皇帝看来，真龙天子即是佛，祭奠先祖即是敬佛，而祭祖、敬佛必然福荫子孙万代，因此也就难免有所感叹："频繁未敢忘神御。"乾隆皇帝不仅可以在雍和宫崇奉与缅怀生前重视喇嘛教的先帝雍正皇帝，也可以满足自己接近藏密的愿望。另一方面，乾隆皇帝心怀多民族国家统一的大业，将雍和宫改为喇嘛庙无疑具有重大的政治意义。藏传佛教具有鲜明的地域色彩和民族色彩，在蒙古、西藏等地的少数民族中传播广泛、影响巨大，以宗教作为联络的桥梁和纽带，无疑有益于情感的沟通。为此，乾隆皇帝专为雍和宫赐了藏语名，称"噶丹敬恰林"，意为"兜率壮丽洲"。"兜率"是欲界六天中的第四天，弥勒菩萨的住所。弥勒菩萨是未来佛，当弥勒菩萨降世时，各种苦难均已湮灭，那是世间无限美好而幸福的景象。不难发现，乾隆皇帝出于团结蒙藏人民、维护国家长治久安的考虑，对雍和宫给予了极大的重视，在建制、管理、宗教机构设置、僧人来源等诸多方面有很高的要求和严格规定。

随后，雍和宫开始了一系列的改建工程：寺院前设桅杆，立牌坊；遵照佛教寺院"伽蓝七堂制"布局标准，新建或翻新昭泰门、钟楼、鼓楼、雍和门、雍和宫、讲经殿、密宗殿等七座建筑；翻盖法轮殿，取义佛教须弥山被四大部洲簇拥环绕，在殿顶开设一大四小五座采光亭，殿内供奉金刚界五方佛，此为雍和宫内最大殿宇；修建八百余间附属房屋，用作连房（僧舍）、印务处、经史馆等。雍和宫具备了藏传佛教寺院的建筑规制，并形成了将汉、满、蒙古、藏等多种建筑艺术融为一体的独特艺术风格。

雍和宫改为喇嘛庙后，于乾隆九年十二月十八日举行了寺院开光仪式。乾隆皇帝准备从西藏请一位地位较高的活佛管理雍和宫，于是，负责管理京师寺院的三世章嘉若必多吉活佛举荐了七世济隆呼图克图。乾隆十三年，七世济隆呼图克图奉旨进京，成为雍和宫历史上第一任堪布（即"住持"）。从第一任堪布开始，皇帝将雍和宫周边的一些院落赐给他们，从而形成了雍和宫的各个佛仓。佛仓，就是藏传佛教转世活佛的住所、行馆或府邸。这些佛仓的建立彰显了雍和宫在宗教及政治事务方面的特殊地位。作为蒙藏宗教领袖、高僧大德在北京的活动中心，雍和宫成为清朝政府联系蒙古、西藏、青海等藏传佛教地区的政治通道。

关于雍和宫的佛仓，后世的妙舟法师在《蒙藏佛教史》中进行了详细的记载："寺内有阿嘉呼图克图仓，洞阔尔呼图克图仓。宫之东墙外东花园，有土观呼图克图仓。东板子门内，有诺门罕呼图克图仓。门前藏经馆，原名北大门，初为那木喀呼图克图仓，光绪三十四年改为喇嘛印务处。东有济隆呼图克图仓，为西藏喇嘛来京住锡之所，民国十八年设西藏驻平办事处，其后有果蟒呼图克图仓。"记载中多次使用的"呼图克图"是藏语"朱必古"的蒙古语音译，意为"化身""长寿者"。《大清会典》中解释说："喇嘛之最高者曰呼图克图。"因此，清廷以此封号称呼蒙、藏地区的大活佛，而雍和宫则因为有了活佛的身影越发显得高贵。

雍和宫严格按照藏传佛教理论创建了四大扎仓僧院，即扎年阿克学（数学殿）、曼巴学（药师殿）、擦尼特学（显乘殿或显宗殿）、巨特巴学（密宗殿或密乘殿），用于培养藏传佛教人才。

四大扎仓僧院建成初期，乾隆皇帝特意降旨，称：各扎仓适合担任教习的老师一律要从西藏选送。谕旨之下，一大批精通佛法、道行高深的高僧即从雪域高原赶往北京。一时间，雍和宫高僧云集。在他们的教授之下，喇嘛们通过四个僧院的系统学习，不但掌握了较为全面的宗教知识，又了解了一定的藏文化知识，成为清朝中央政府振兴藏传佛教的骨干力量。这些喇嘛学成之后，既可以返回家乡宣传佛教教义，也可以参与处理蒙、藏地区的民族、宗教事务，成为乾隆朝处理蒙、藏事务中一支得力而又强大的力量。

同时，乾隆皇帝也把雍和宫视为皇家的御用家庙。喇嘛除在雍和宫内参加正常的佛教修习外，还必须担任到宫廷和其他御园进行佛事活动的"内课"，包括：常年向宫廷中正殿等处派喇嘛诵经；每月的初一、初八、十五、二十三等藏传佛教吉日进宫诵经；年节及帝、后诞辰、忌辰等重大日子举行法事活动。此外，雍和宫的喇嘛还要担任皇帝离京外出时进行佛事活动的"随营"职责。

乾隆十六年，乾隆皇帝在平定了西藏郡王朱尔默特的叛乱后，决定废除"藏王制"，实行"政教合一"，由第七世达赖喇嘛管理西藏政权。为谢皇恩，七世达赖喇嘛以大量珍宝自廓尔喀（今尼泊尔）

换得一根直径达三米的大白檀木，经西藏、四川等地运往北京，呈献给乾隆皇帝。

乾隆皇帝对这根檀木十分喜欢，命匠师雕刻成一尊巨佛。巨佛刻好之后，乾隆皇帝便将它立于雍和宫内，并建造了万福阁。这座万福阁内的檀木大佛名为迈达拉佛，是蒙古语，梵文音译"弥勒"。在《弥勒下生经》中，说他是释迦牟尼弟子，被释迦指定为接班人，先于释迦涅槃，升入兜率天。五十六亿七千万年后，在华林园龙华树下成佛，即未来佛。迈达拉佛佛像高达二十六米，其中地下八米，地上十八米，与五百罗汉山、楠木佛龛并称为雍和宫"三绝"，是中国最大的独木雕像。

乾隆五十七年（1792），八十二岁高龄的乾隆皇帝亲自撰写了《喇嘛说》，论述喇嘛教的来源、作用和教制教规。刻碑后立于雍和宫中轴线之上，建以碑亭，昭示天下。石碑体量巨大，高六点二米，正方柱形，每面宽一点四五米，北面是汉文，南面是满文，其他两面分别是蒙古文、藏文。碑文的汉字由乾隆皇帝御书，分为六百九十三字的正文和一千四百八十九字的注释。

仅仅几百字的《喇嘛说》，阐述的是乾隆皇帝对藏传佛教独具慧眼的见解和切实的执政策略。事实上，也在一定程度上言明了乾隆皇帝当年将雍和宫由行宫改为喇嘛庙的政治初衷。

地处北方、生性彪悍的蒙古人一度是中原最大的威胁，他们经常骚扰边疆。蒙古人信奉藏传佛教，在元朝时尤为兴盛，而且由于元朝统治者的过度重视，喇嘛甚至在政治上一度同执政者平起平坐，最终闹出许多事端。清朝则吸取了教训，并充分发挥了藏传佛教的作用。自康熙皇帝起，便激励蒙古民众信奉佛教，规定家中有一个男孩须出家当喇嘛，有两个男孩则必有其一去当喇嘛。加之对宗教上层人士加强了控制，极大地保证了蒙古的安定。乾隆皇帝在《喇嘛说》中言："兴黄教即所以安众蒙古，所系非小，故不可不保护之。"其中讲述的正是这样的道理。

　　乾隆皇帝在位期间，推行的一项重大宗教改革，就是"金瓶掣签"制度。在《喇嘛说》的碑文中，乾隆皇帝也阐述了"金瓶掣签"制度的由来。佛教讲究活佛转世，乾隆皇帝却在文中写道："佛本无生，岂有转世？但使今无转世之呼图克图，则数万番僧无所皈依，不得不如此耳。"简短的文字足以说明，乾隆皇帝对活佛转世制度所受的世俗影响与来自权势者的操控充满担心，所以，乾隆皇帝为避免活佛转世成为一家之私或一族之私，制定了"金瓶掣签"的制度，即由朝廷制作两尊金奔巴瓶，一尊供奉于西藏大昭寺释迦牟尼佛像前，另一尊放置于北京雍和宫。把所有转世灵童的名字都写在签上放于瓶中，掣签确定转世活佛。由此，雍和宫成为与大昭寺齐名的藏传佛教寺院，在这里产生青海、蒙古等地喇嘛教的转世活佛。这次重大的宗教改革，不仅符合民意，而且把决定西藏宗教最高领袖的任免大权集中到了中央政府。

　　同时，乾隆皇帝还在《喇嘛说》中将康熙皇帝主张的奖罚分明政策加以公示，提出"煽乱之喇嘛即正以法"，即对违背国家利益的宗教人士要采取极为严厉的惩罚政策。

　　小小的一篇《喇嘛说》，蕴藏的却是乾隆皇帝的政治天机。

　　晚年的乾隆皇帝更是对雍和宫充满深情，每次亲临雍和宫都会生出许多感慨，从中不难感受到他在暮年对子孙能够稳坐江山、延续大清皇权的期待。正因如此，乾隆皇帝也确立了一种"定制"，即以后各位皇帝在每年的固定时间都要到雍和宫礼佛。比如，每年夏至"芳泽毕事，临此园少歇，进膳更衣"。就是在每年五月的夏至日，皇帝到地坛行过祭拜之礼后，必须"原班原仪"来到雍和宫拈香拜佛，然后至东书院尝新麦——吃新麦面粉做的麻酱面。乾隆皇帝驾崩以后，后世皇帝无不遵循"定制"前往雍和宫礼佛。

　　光绪二十六年，八国联军占领北京，雍和宫受到了破坏，光绪二十八年（1902）得以重修。而后，清王朝步入末路，至帝制被推翻，雍和宫也走向了荒芜。不过，虽然没有了往昔的光辉，雍和宫的历史却永远是一个传奇，伴随着许多历史谜团和传说被写入皇家的史册。如今，新时代的雍和宫重新焕发了生机，它依旧作为藏传佛教圣地，吸引着海内外游客的目光，"殿宇崇宏，相设奇丽，六时清梵，天雨曼陀之花，七丈金容，人礼旃檀之像"，一派雍和景象。

中央官学国子监

尊师重教的思想自上古时代就深刻影响着中国的帝王，而正是因为有了帝王的重视，中国才一度成为世界上教育最为发达的国家之一。始建于元代的北京国子监，是元、明、清三个朝代中央政府主办的最高学府和教育行政管理机构，因为书写了皇家培养国家栋梁的教育历史而变得非比寻常。即使在七百余年后的今天，依旧放射着耀眼的光芒。

我国古代设立的国家最高学府，在汉代被称为"太学"，晋代称"国子学"，唐代始称"国子监"。唐贞观五年（631）、龙朔二年（662），朝廷先后在西京（今西安）、东都（今洛阳）建国子监。此后，国子监的名称便被沿用下来。

北京国子监始建于元代，却和金朝有着一定的渊源。

1125年，北京地区被纳入金的势力范围以后，虽然燕京还未成为首都，但还是受到了金朝统治者的极大重视，将作为最高国务机关的中书省与枢密院迁到了燕京。金于1153年迁都燕京后，改燕京为中都。但仅仅过去六十几年，金中都便被蒙古军队攻陷，随着元统一中国，这里再次成为首都，元朝统治者将"中都"改为了"大都"。

1234 年，元灭金。当元太宗窝阔台还在战场上为统一中国不遗余力的时候，朝中重臣王檝便呈上了文书，建议在金代枢密院的旧址基础上设立国子学。窝阔台心中思考的唯有疆场上的厮杀，哪里顾得上办学之事？！尽管如此，他还是批准了王檝的奏折，下发诏书任命全真道人冯志亨为国学总教习，着手国子学的创办事宜。元太宗的这封诏书里夹杂着汉文和蒙古文，看似不够严肃，但事实上，这份诏书却成为最初在北京设立中央官学的萌芽。

然而，由于种种原因，国子学的建立并未付诸实施。直至元至元四年营建元大都的时候，元世祖忽必烈才根据"左庙右学"的礼制规划了孔庙和国子监的所在地，在大都东城崇仁门（今东直门）内建设国子学，并于至元八年任命著名学者许衡为集贤院大学士、国子祭酒。

尽管有了规划，国子学在至元二十四年（1287）才宣告建成，历时二十年。据《元史·选举志》记载："立国子学于国城之东，乃以南城国子学为大都路学。"当朝蒙汉百官、近侍子弟被选为首批生徒。作为国子学的实际管理者，六十二岁高龄的国子祭酒许衡，虽然有恙在身，仍坚持亲自教学，甚至为了能够更加专心，他谢绝宾客到访，并将家事托付给了儿子。许衡以儒学六艺教育蒙古子弟，在他看来，这批前来求学的贵族子弟都是可造之才，如能加以引领，必将对国家有益，因此，"衡待之如成人，爱之如子，出入进退，其严若君臣。其为教，因觉以明善，因明以开蔽，相其动息以为张弛，课诵少暇，即习礼或习书算，少者即令习拜跪、揖让、进退、应对，或射，或投壶"。日后，许衡的这批学生中成为宰辅大臣者近十人，成为各部官及地方长官者又数十人。

随后，元设置国子监，属集贤院，掌国子学的教令，设最高管理者祭酒和辅佐祭酒办理各种事务的司业两个领导职务，教学和教育管理的职责全部归于此。元成宗大德十年（1306），在国子学基础上进行的国子监建设工程正式开工。但工程进展十分缓慢，直到元成宗铁穆耳去世，还没有完工。至大元年（1308），新皇帝武宗的弟弟开始关注这项工程的进度，并主动请命督办。于是，就在当年，北京国子监终于建成。如果从至元四年规划时算起，至国子监的最终建成，历经了元世祖忽必烈、元成宗铁穆耳、元武宗海山依次统治的三个朝代，长达四十一年之久。不过，虽然耗时较长，这却是一项泽被后世的工程。从此，这里成为封建统治者培养科举人才和各级官僚的"皇家大学"。

有元一代，朝廷在教育上多有创新，将集贤院作为最高教育行政管理机构，并在元大都设立国子监、国子学。同时，为表示与汉人、南人有别，又另建有蒙古国子监、国子学和回族国子监、国子学。只不过，这两处设置并不纳入集贤院管理。

元代经学家、教育家吴澄记载了元代国子监的规模："国学中之堂，为监，前以公聚，后以燕处，旁有东西夹，夹之东西各一堂，以居博士。东堂之东，西堂之西，有室。东室之东，西室之西，有库。库之前为六馆，东西向，以居弟子员。一馆七室，助教居中以莅之。馆南而东、而西为两塾，以属于门。屋四周，通百间。"

从元代到明代，经历了王朝更替的国子监也在政治风雨中感受着地位的变化。

元至正二十五年（1365），参加起义军反抗元末暴政的朱元璋还未称帝，便于集庆路（今南京）设立国子学。明洪武元年，朱元璋于南京称帝，国号大明，年号洪武，史称"明太祖"。当年八月，明军占领元大都，将其改称北平府，大都城内的元朝国子监也随之改为北平府学。明洪武十五年（1382），南京国子学改为国子监。可见，此时的北京国子监已失去了元朝时期的地位，被降为一个普通的区域府学。

不过，历史的神奇就在于它的变化莫测与轮回反复，曾经是元朝都城的北平因为明燕王朱棣的出现，得以重现作为一国之都的辉煌。建文四年六月，燕王朱棣攻陷南京，成功夺取帝位，次年改年号为永乐。此前一直驻守北平近二十年的朱棣对北平充满深情，于永乐元年改北平为北京。第二年，又在元朝国子监的基址上设立了行部国子监。

明永乐十九年，朱棣迁都北京，将北京改称京师，原国子监改称"南京国子监"，即"南监"；北京行部国子监改称"京师国子监"，即"北监"，设祭酒、司业、监丞、典簿各一员，成为当时国家的最高学府。此后，在永乐皇帝朱棣的关心下，北京国子监进行了大规模扩建，拆掉崇文阁，重建彝伦堂。新建后的彝伦堂建筑形式为单檐悬山顶，面阔七间，后带抱厦三间，总面积六百多平方米，是国子监里最大的厅堂式建筑。这里是皇帝在国子监内视学的地方，日后被改为监内的藏书处。皇帝每到国子监视学，都会在彝伦堂正中设置宝座，使监生有幸与皇帝一道聆听授学。

国子监的教育极为严格，这一点，可以从集贤门掖门下东侧所立的"五朝上谕碑"上窥见一斑。碑的上端是文化水平不高的明太祖朱元璋在洪武十三年（1380）对监生的敕谕："今后学规严紧，若无籍之徒敢有似前贴没头帖子，诽谤师长的，许诸人出首，或绑缚将来，赏大银两个。若先前贴了票子，有知道的，或出首，或绑缚将来呵，也一般赏他大银两个……"文字虽然粗鲁直白，甚至直白得令人发笑，但从中可以看出，从朱元璋开始，就已经对国子监进行非常严格的管理和要求了。

或许正是因为国子监的威严，所以无论是老师或是监生，都不能出半点差错。明正统六年（1441），朝臣李时勉被委任为国子监祭酒。走马上任后的李时勉充满抱负，使国子监越发兴盛。不过，因为遇到了小人的陷害，李时勉险些丧命。原来，在朝廷呼风唤雨的大太监王振有一次来国子监视察，没想到李时勉不卑不亢，不搞迎送也不摆宴席款待。王振感到伤了自己的颜面，便怀恨在心。不久之后，因彝伦堂露台前面的槐树枝叶繁茂，树枝伸展到露台之上，妨碍了正常的教学活动，李时勉便命人砍了十二个树杈。没想到的是，王振知晓了此事，便以"擅伐官树"的罪名奏请英宗朱祁镇处罚李时勉。当时宦官专权，皇帝对王振言听计从，自然应允了他的奏折，下令罚李时勉戴枷立于国子监前三日。此时的李时勉年近七旬且体弱多病，如果当真戴枷示众三日，很可能性命不保。幸好，千余名监生自发集合到皇宫前为李时勉跪求赦免。国子监培养的都是国家栋梁之材，监生们的请愿自然引起了不小的波澜，获知此事的英宗才赦免了李时勉。此事虽是小插曲，但足以说明国子监在相关事件中的敏感性，也说明了这里作为中央官学所具有的特殊影响。

国子监教授的内容以儒学为主，还曾设有算术、书法、律令、礼仪、习射、音乐等教学科目。后来逐渐得到调整，废弃了部分科目。

作为中国古代教育体系中的最高学府，国子监在教育科目上的调整自有它的道理。《明史·职官志二》载，朱元璋曾言："太学，天下贤关，礼义所由出，人材所由兴。卿夙学耆德，故特命为祭酒，尚体朕立教之意，俾诸生有成，士习丕变，国家其有赖焉。"国子监在为封建社会培养人才、定国理政方面起了不可估量的作用，从这所中央官学走出的许多监生日后都取得了非凡的成就，这便是最好的佐证。从永乐四年到万历三年（1575），在明廷举办的五十七届科举殿试中，有二十五届从监生考中进士的比例超过百分之五十，在成化二十三年，比例竟高达百分之九十三，甚至还在成化二十年（1484）、弘治十二年（1499）、正德三年（1508）三次出现过"一甲三名"的状元、榜眼、探花都由国子监监生包揽的盛况。

可以说，明朝初期是国子监最为兴盛的一段时间。永乐七年（1409），南京国子监有监生近两千人，至迁都北京前一年的永乐十八年，已骤然增至五千余人。到天顺六年（1462），北京国子监监生达到了一万三千五百余人。如果加上南京国子监，在监监生已经在成化元年（1465）达到近两万人。此后，监生的人数便急剧下降，由嘉靖至万历前期，北京国子监的监生只有五六百人，个别年份三百余人。

清政府统治中国以后，仍将北京作为首都，并沿用明代旧址继续开设国子监。

清代的国子监是总管全国各类官学的最高机构，具有教育、管理在监诸生，祭祀孔子，皇帝举行临雍与释奠礼时为皇帝讲经和主办新进士释褐礼的四项职能，同时，管理监外的八旗官学、算学和俄罗斯学，并在每次乡试前组织愿意参加顺天乡试的全国贡生、监生和在京小官以及高官子弟的录科考试（预考），录科后还要对合格者进行模拟科举考试训练。而机构设置则紧紧围绕着管理和教学而设立，"绳愆厅""博士厅""典簿厅""典籍厅"四厅为办事机构，六堂、八旗官学、算学、琉球学、俄罗斯学为教育场所。

事实上，清代国子监的教育重点已经逐步转向科举考试，成为专门的科举训练机构。这个时期，国子监的学习内容主要是"四书"、"五经"、《性理大全》、《资治通鉴》，学生也可以根据自己的能力学习"二十一史"或"十三经"。

提起"十三经"，国子监内便有石碑一百八十九座，加上"御制告成碑"共一百九十座。这些石碑上的经书包括《周易》《尚书》《诗经》《周礼》《仪礼》《礼记》《春秋左氏传》《春秋公羊传》《春秋穀梁传》《论语》《孝经》《孟子》《尔雅》等共计十三部。

石碑的出现颇为曲折。清雍正年间，江苏金坛贡生蒋衡游历西安时，见到唐代"开成石经"上众手杂书，引以为憾，便发愤自书一部"十三经"。自雍正四年（1726）开始到乾隆二年完成，历时十二年，全部经稿共约六十三万字，都出自他一人手笔，字迹工整，一丝不苟。当时的江南河道总督高斌得到后将其视为珍宝，于乾隆五年（1740）转献朝廷，被收藏于大成懋勤殿。乾隆五十六年（1791），乾隆命朝臣和珅、王杰为主管，彭元瑞、刘墉为副职，负责考订蒋书"十三经"，并动工刻石。彭元瑞以宋元善本"十三经"校订蒋衡手书经稿，并把俗体字均改为古体字，同时考证经文同异，使经文更加完善规范，古意大增，深受乾隆赞赏。乾隆五十九年（1794），石碑刻成，立于国子监，成为国子监的教学样本。

这部石经，因刻于乾隆年间，故又称"乾隆石经"，是我国目前仅有的一部完整的"十三经"刻石，其历史价值不言而喻。清代的监生们虽为科举制度而投身国子监，却能在这里感受厚重的古代文化。

不过，"十三经"真的受到学子们的青睐吗？

乾隆初年，国子监仿照北宋教育家胡瑗的教学法将教育分为经义、治事，据《钦定大清会典·国子监》记载："凡成均之教，分经义、治事以教诸生。经义以御纂经说为宗，旁及诸家；治事若兵、刑、天官、河渠、乐律之类，各名一家，皆综其源流，详其得失。"然而，监生们虽身在国子监，但教官并不对他们进行系统教授，主要靠他们自学。

顺治元年，国子监设满、汉祭酒各一名，满、汉、蒙古司业共四名，其中满族人二名。因国子监隶属太常寺，祭酒兼太常寺少卿，司业兼太常寺丞。康熙二年（1663），国子监划归礼部，康熙十年（1671）又将国子监从礼部分离出来。雍正三年，皇帝"特命康亲王、果郡王领监事"，特派大学士、尚书、侍郎等高官兼任"国子监管理监事大臣"，又称"兼管国子监事大臣"，也称"总理监事大臣"。国子监主管官员是祭酒，而管理监事大臣是国子监的最高负责人，总理国子监一切事务，直接向皇帝负责，使国子监脱离了礼部的管理，增加了办学自主权，加强了皇帝对最高学府的直接控制。至乾隆年间，国子监彝伦堂前添建了辟雍，使规制更加完备。

辟雍，古制中称为"天子之学"，最早是西周天子所设的礼制之所。建筑布局外圆内方为"璧"，四周围以水池为"雍"，以筑台圜水的园林环境进行命名，因此也作"璧雍"，象征了天子教化的圆满无缺。汉代《辟雍赋》、北魏《水经注》、宋时《诗总闻》、元代《送贾彦临训导霍邱》等历代典籍、诗篇中都曾提及辟雍，佐证了辟雍在历代多有存在。

乾隆三十三年（1768），御史曹学闵上疏乾隆皇帝，建议仿古制在国子监内复建辟雍。一石激起千层浪，曹学闵的奏折引发的却是一片反对之声，特别是礼部官员，反对意见尤为强烈，认为复建辟雍不必遵循古制，并引经据典，证明当时"引水旋邱"是为防止观者拥挤，现今并无必要。这种意见与乾隆皇帝向往的辟雍形制相去甚远，于是，建设辟雍的想法由此搁浅。不过，曹学闵的建议却令乾隆皇帝印象深刻，他看到繁华盛世，认为皇帝能够在宏伟壮观的辟雍讲学，体现的才是真正的皇权至高无上，而且，只有建了辟雍，才能使都城的建制变得完备。正是因为有了这样的考虑，乾隆皇帝于四十八年（1783）二月下旨称："国学为人文荟萃之地，规制宜隆，辟雍之立，元、明以来典尚阙如，应增建以臻完备。"于是，在乾隆皇帝决定在国子监中建立辟雍以后，朝廷很快便组成了以工

辟雍

部尚书刘墉为主的督修机构，准备择良辰吉日开工。

不久之后，刘墉向乾隆皇帝呈交了辟雍的设计图纸。但乾隆皇帝看过之后却有些不悦，因为拟建的辟雍，不仅面积仅是彝伦堂的一半，而且耗资巨大。面对这样庞大的工程，乾隆皇帝十分谨慎，将设计和预算方案交给内阁，命时任户部尚书和珅加以审定。和珅不仅精明，而且才华横溢。他并没有简单地审阅方案，而是专程前往现场勘查，之后才提出自己的建议，将原方案中造价昂贵的四根金柱去掉，改金柱直达顶部桁架的方法为抹角架海梁法，以此完成对屋顶的支撑。和珅的建议虽然只是一个小小的改动，却使辟雍内变得宽敞无碍。不仅避免了影响皇帝讲学时的视线，而且较之前方案节省白银达四千四百余两。这一方案很快得到了乾隆的认可，辟雍在不久后开工建设。

辟雍的建筑形制独步天下，遵循"筑土雍水外，圆如璧"的古制，在水中石台上修建了重檐黄瓦四角攒尖顶方殿，四周清流环绕，宛如一块外圆内方的古玉璧，形成"辟雍圈水"的胜境。既符合古制又匠心独具，不仅成了国子监的中心建筑，也与故宫的太和殿、中和殿、保和殿及天坛的祈年殿、颐和园的仁寿殿并称为"北京皇家六大宫殿"。

整个工程于乾隆四十九年（1784）年底竣工。乾隆皇帝御书的一副对联置于大殿内正北方的墙壁之上："金元明宅于兹天邑万年今大备，虞夏殷阙有间周京四学古堪循。"北上方则是乾隆皇帝亲书的匾额"雅涵于乐"。大殿中的"五峰屏"上，前面书乾隆皇帝诗四首，后面书乾隆皇帝诗一首："国学由来教化先，北京建五百余年。空传中统庙修矣，独惜辟雍典阙然。酌古准今图以创，穿池引井璧成圆。崇儒重道心虽夐，惧亦在兹记语宣。"

听到辟雍竣工后的乾隆皇帝十分欣喜，决定亲自到国子监视察。

当看到辟雍的恢宏景象时，乾隆皇帝大加赞赏："作辟雍殿，复古而不泥古，循名而必务实。"为此，乾隆皇帝特意写了一篇《国学新建辟雍环水工成碑记》，又将他对古代天子在辟雍内进行敬老尊贤活动的认识写成《三老五更议》，分别用满、汉两种文字刻在高大的石碑上，立在了辟雍前的东西碑亭中。

民间有这样的传说：也是在这次视察中，龙颜大悦的乾隆皇帝却忽然发现了一点瑕疵——就在辟雍的水池旁，立有一株树干隆起呈罗锅状的古槐。乾隆皇帝看到时，顿时感到有些煞风景，便信步来到槐树前，心里一动，笑问群臣："诸位爱卿，此槐像谁？"

朝臣们当然知道乾隆皇帝所指的是绰号"刘罗锅"的刘墉，却都笑而不答。

一旁的刘墉虽有些尴尬，却并不紧张。在他看来，古槐自古便有"公卿大夫之树"之称，本该十分珍爱，所以在建设辟雍过程中，他已尽量保护国子监内的古槐免受伤害。此时皇帝要砍"罗锅槐"，分明是在说自己这个"罗锅"大臣，于是，不慌不忙地辩解道："此槐虽然造型不堪，却有幸与监生一同听闻讲学。如今辟雍落成，更将听到圣上教诲。它虽丑陋，却饱含国学文墨之气，实为忠臣也。"一席话说得有据有理，让乾隆皇帝不得不打消了砍掉"罗锅槐"的念头，只好说："罗锅失雅，砍去修直。"自此，古槐树干的阴面罗锅处便留下了砍削的痕迹。

有趣的传说为国子监增添了一丝灵动，也让人不免遥想当年皇帝临雍讲学时的盛况。

辟雍的称谓与建造历史悠久，显示的是国家尊师重道的传统。皇帝不时亲临孔庙祭祀孔子，礼成后到国子监听取官员讲解儒家经书，整个活动原来被称为"幸学"。清雍正二年，雍正皇帝认为"帝王临雍大典，所以尊师重道，为教化之本，朕览史册所载，多称幸学……将'幸'字改为'诣'字，以伸崇敬"。自此，国子监彝伦堂便成为帝王诣学之地。辟雍建成后，名称也相应改为临雍。帝王虽多次临雍，但讲学却大多一生只有一次。

乾隆皇帝是唯一一位在国子监两次讲学的皇帝。雍正十三年，刚刚登基的乾隆皇帝第一次在国子监讲学，地点是在彝伦堂；乾隆五十年（1785），也是辟雍建成后第二年的春天，正值乾隆皇帝登基五十周年之际，乾隆亲临辟雍，举行盛大的临雍讲学大典。乾隆皇帝颁谕《御论》二篇，并命大学士伍弥泰、大学士管理监事大臣蔡新进讲"四书"，满祭酒觉罗吉善、汉祭酒邹奕孝进讲《周易》。听讲者环立四周，人数多达三千余人，盛况为宋、辽、金、元、明以来之最。如此辉煌的临雍讲学，不仅成为有清一代的巅峰，也是中国历史上最后一次辟雍大典，使当时的国子监受到了空前的关注。

然而，世界在变，闭关锁国的清政府不可避免地走向了衰亡。作为中央官学，清代的国子监事实上已经变得有名无实，逐渐成为封建科举制度的附庸。至清晚期，一度成为朝廷官职的"买卖场"。这些变化看似是国子监的没落，实际上却是封建王朝走上穷途末路的表现。

1840年鸦片战争爆发之后，西方列强正式敲开了中国的大门，此后，西方文明与西式教育传入中国。1861年，国内成立了第一所新式学校"同文馆"。1898年，又兴建了第一所国立大学"京师大学堂"。日俄战争爆发后，直隶总督袁世凯、湖广总督张之洞、两广总督岑春煊等晚清重臣更是联名上书，请求"立停科举，以广学校"。面对影响空前强大的新式教育和来自社会各个阶层的压力，清政府在光绪三十一年（1905）举办了最后一次科举考试之后，便废除了科举制度。自此，中国封建社会发源于汉、始创于隋、确立于唐、完善于宋、兴盛于明清两代的科举制度，在历经了一千三百余

成贤街牌楼

年的风雨之后，终于寿终正寝。同年 12 月，清政府设立学部取代国子监，国子监从此退出了历史舞台。

　　乾隆皇帝曾说："国子监为首善观瞻之地。"作为中央官学的国子监已经成为一份历史记忆留给了今天。如今，国子监所在的街道已被改名为"国子监街"，立于大街东、西两端和国子监大门两侧的四座木牌楼熠熠生辉，横额上书的"成贤街"向游人昭示着这里散发的书香。街道两侧古槐夹道、浓荫蔽日，幽静深远且又古意盎然。信步走入历史，让人充满了遐想。

孔庙里的皇朝往事

北京的孔庙是仅次于山东曲阜孔庙的全国第二大孔庙，始建于元代。不仅是元、明、清三代统治者尊孔崇儒、宣扬教化、主兴文脉的圣地，也是众多志在功名的读书人顶礼膜拜的殿堂。经历了七百余年的风风雨雨和王朝更迭，孔庙浓缩的儒家文化精髓未曾改变。它见证了科举制度的兴衰，也见证了文化的流传与发展。

孔子名丘，字仲尼，春秋时期鲁国人，是我国古代伟大的思想家、教育家和儒家学派创始人。孔子虽然流芳后世，被中国人尊称为"至圣先师，万世师表"，但有生之年在政治上并不得意，只能投身于教育，四处讲学，历尽了艰辛。鲁哀公十七年（前478），是孔子去世后的第二年，鲁哀公将孔子旧宅三间辟为祭祀他的场所，"岁时奉祀"，创立了最早的孔庙。

虽然有了孔庙，但最初祭祀活动仅是孔子后裔举行的家祭，而公众祭孔活动则始于汉代。

汉高祖十二年（前195）十二月，刘邦从沛县回京师长安，路过曲阜时特意到孔庙祭孔。他成为第一位祭祀孔子的帝王，也从此开创了帝王祭孔的先河。

在皇帝们的眼中，儒家的思想对统治天下、维护皇权十分有用，于是自汉代就有了"罢黜百家，独尊儒术"的做法。儒家思想在漫长的封建社会占据了意识形态的统治地位，也满足了皇帝们进行思想统治的目的，所以，在作为皇城国都的北京城，兴建一座孔庙便成了一件自然而然的事。

被汉人尊为"儒教大宗师"的元世祖忽必烈在定都北京后，自然不会忽视对汉族封建贵族和士大夫的笼络。早在规划北京城的建设时，他就出于加强思想统治的考虑，下令沿袭历代旧典，建立"宣圣庙"用于祭祀孔子。据《元史·哈剌哈孙传》载："京师久阙孔子庙，而国学寓他署，乃奏建庙学。"孔庙与国子学同处一址，一左一右，正符合"左庙右学"的古代规制。

然而，孔庙始建却是几十年以后的事情了。元代名为"大都"的北京城，修建规划十分宏伟壮观。当时主持大都设计的太保刘秉忠，以《周礼·考工记》为指导思想进行规划设计，使大都成为我国封建社会历代都城中最接近周礼之制的一座都城。自然，这样的浩大工程远非一朝一夕能够完成，从1267年开始修建到1285年宣告完工，历时十八年之久。

建成之后的元大都宫殿巍峨、规模宏大，也耗费了巨大的财力、人力。但此时的元大都并未将构想中的孔庙变为现实，直到元大德六年，才在元成宗铁穆耳的主持下，开始了孔庙最初的营建。大德十年，孔庙建成，院落共有三进，中轴线上的主要建筑包括先师门、大成门、大成殿、崇圣门等。据《元史》记载："大德十年八月……丁巳，京师文宣王庙成，行释奠礼。牲用太牢，乐用登歌，制法服三袭。"

两千多年来，孔子的尊号在历代不断被加封。北京孔庙建成后

大成门

第二年，即元大德十一年（1307），元成宗铁穆耳特诏命孔子加谥"大成至圣文宣王"，增添了孔庙的荣光，祭祀的礼仪规制也得到了空前的提高。这道"加号诏书"后来被刻成石碑，立在了孔庙之内。

孔庙内还陈列有十面石鼓，被誉为"中国第一石刻"。它们之所以获得如此高的美誉，便在于这些旷世文物的历史价值。石鼓出自公元前的东周秦国，镌刻着有"篆书之祖"称谓的石鼓文。十面鼓记录了十首表现周宣王游猎的四言诗。只因石鼓在唐代初年出土于陈仓（今陕西宝鸡），所以又有"陈仓十碣"之称。

北宋年间，先秦石鼓被司马光的父亲司马池移至凤翔府学。宋大观年间，爱好金石的宋徽宗将石鼓收藏于东京宫中的稽古阁，为防止石鼓遭拓印，他竟然命人以黄金充填字间。宋靖康二年（1127），入侵中原的金兵攻入了东京。战乱之中，石鼓也被金人掠到了后来成为金中都的燕京。但是，金人并未意识到这十面石鼓的价值，而是把它们弃于燕京荒郊。元大德十一年，朝臣虞集偶然发现了被金军丢弃的十面先秦石鼓，如获至宝。他就地运来清水将石鼓清洗干净，仔细看后越发欢喜，只可惜无法挪动这些石鼓，所以暂时就地保存。五年之后的皇庆元年（1312），虞集调任国子监，于是他求助于兵部，由军队将石鼓运到了孔庙大成门，左右各放五面，此后便一直存放于此处。抗战时期因怕石鼓被日本人掠走，因而曾一度把石鼓运往南方，辗转万里，直到抗战胜利后才重新运回北京。不过，回到北京的先秦石鼓从此再没有被放入孔庙，而是被当作历史文物珍藏在故宫博物院。

如今，游人仍可以在孔庙内看到石鼓，只不过它们已不是先秦石鼓，而是清乾隆五十五年（1790）仿造的十面石鼓。当时，乾隆皇帝见先秦石鼓多已残损，他又十分迷恋一鼓一诗中所记录的吾车、田车、銮车、马荐、汧殹、乍原、吴人、而师、灵雨、吾水等古人

乾隆石鼓

"猎碣"十景，于是便命工匠专门仿刻了十尊新鼓。新石鼓与先秦石鼓虽略有差异，却也十分珍贵，被称为"乾隆石鼓"。

元至顺二年（1331），元明宗下诏准孔庙使用宫城规制。自此，孔庙可以如皇宫一样，在四隅建起角楼。不过，孔庙在元代的辉煌却因为朝代更迭而走向黯淡。元末，农民起义此起彼伏，统治者祭孔的热情早已被连绵的战事搅得烟消云散，由皇帝钦定的祭孔大典的礼仪章程也渐渐被废弃。至此，孔庙慢慢被荒废，连作为祭祀主殿的大成殿也毁于战火。

当明成祖朱棣决定将都城由南京迁往北京的时候，孔庙注定要重新走向辉煌。

明永乐九年（1411），当紫禁城的修建工程还在夜以继日地紧张推进时，在战火中受到破坏的孔庙被纳入了修缮的范围，祭孔之地得以重见世人。明宣德四年（1429），孔庙又扩建了大成殿。

不过，明英宗正统八年（1443）的修缮才是孔庙在明朝时期最大的一次修整工程。当时，吏部主事李贤直言上疏，认为国家建都北京以来，佛寺经常修建，但孔庙、太学却日渐荒废，建议用一部分修建佛寺的经费来修缮孔庙、太学。李贤的奏折得到了明英宗的认可，于是明廷当年就拨款对孔庙进行了一次大修。

明正统九年（1444），明英宗来到修缮后的孔庙和太学视察，并发布了一道《御制重建太学之碑》诏书以为纪念。诏书后被刻于巨石之上，以螭首龟趺的形式建碑，设置绿色琉璃瓦顶的御碑亭予以保护。

明嘉靖九年，大学士张璁上书皇帝提了三条建议：其一，孔庙中孔子及四配供奉在正殿，其上五代先人及四配的父母却供奉在两庑，圣人在九泉下于心何忍？不符合情理。应在大成殿北重新建殿，供奉孔子的上五代先人和四配父母。其二，孔子出生已有一千余年，究竟相貌如何，并没有定论，加之中国的孔庙众多，一人千像，无法统一，而且塑像易损坏，不利延续，所以建议大殿内祭祀的孔子正位改用木牌位。其三，孔子不是"王"，应改"大成至圣文宣王"为"至圣先师"。

于是，嘉靖皇帝采纳了张璁的三条建议，为祭祀孔子五代先祖及四配，在孔庙内增建了崇圣祠。崇圣祠由崇圣门、崇圣殿和东西配殿组成。崇圣殿为五间七檩硬山式建筑，殿前向前延伸建有月台，月台正面及两侧连接垂带踏步各十级。殿内是供奉先人牌位的场所，不仅奉祀了孔子五代祖先，还供奉有颜回、孔伋、曾参、孟轲四位先哲之父。崇圣殿的东西两侧为配殿，建于砖石基座上，均为三间五檩单檐悬山顶建筑，殿内分别奉祀程颐、程颢、张载、蔡沈、周敦颐、朱熹六位先儒之父的牌位。

可以说，明代的北京孔庙规制与元代大致相同，内部结构和功能设置也基本一致，但在元代基础上进一步加以丰富。孔庙内的进士碑林就是起源于元代，丰富于明代，而后又延续至清代的。直到中国科举制度废止，碑林中已矗立起石碑一百九十八座，题刻着元、明、清三个朝代约六百年间五万一千六百二十四名进士的姓名、籍贯和录取名次，见证了中国科举制度的兴与衰。

进士碑林的第一座题名碑，立于1315年。那一年，元仁宗首次开科取士，将五十六名新科进士的姓名、籍贯、名次题刻于石碑上，立在孔庙院中，开创先河。孔庙中立起的元代题名碑总共是九座，但到了明代，其中六座题名碑竟被磨去了字迹，改刻为明朝进士题名碑，所以孔庙中留存后世的元代题名碑仅有三座。加上明代进士题名碑七十七座和清代进士题名碑一百一十八座，总共是一百九十八座。

进士碑林的最后一座进士题名碑，为1904年的新科进士而立。

说起来，这座碑的出现经历了两个意外。

第一个意外指的是，这一年本没有三年一次的科举考试，只是因为适逢慈禧太后七十岁寿辰，才破例增加了一次考试，被称为"恩科"，意为皇朝开恩多给文人们一次登科的机会。在考试的初试阶段，共产生贡士二百七十三名。如无意外，这些贡士们在参加殿试后，均能获得进士，差别只是在名次上，其中唯有三人能名列一甲前三名：第一名为状元，第二名称榜眼，第三名是探花。进士名单很快呈报给宫廷，慈禧太后见第一名谭延闿是湖南人，顿时联想起曾经闹得沸沸扬扬的"戊戌变法"中，一个名叫谭嗣同的领头人就是湖南人，内心当然不快，于是便将谭延闿降为第二甲第三十四名进士。慈禧太后再看名单中的第二名叫朱汝珍，既与明朝皇帝同姓，又沾了珍妃的"珍"字，自然也反感这个名字，于是也不准他当状元，只让他当了榜眼。当她看到第三名刘春霖的名字时，慈禧太后一阵欣喜，觉得他名字中的"霖"字有雨水之意，当时正逢春旱，又值甲辰龙年，渴龙得雨水，属于大吉大利之事，所以她最终决定由刘春霖当选这次恩科考试的状元。

第二个意外指的是，这些进士们究竟是该为当上了进士而喜，还是该为当时的时事而悲？原来，清光绪三十一年八月初四，慈禧太后以光绪皇帝的名义发布了废止科举制度的上谕，标志着自隋朝开始在中国沿用了一千三百余年的科举制度寿终正寝。由于科举制被废止，在前一年参加最后一科考试的进士题名碑刻立一事也被搁置，无人问津。新科进士们遭遇了冰火两重天，他们经过多年的努力考取了功名却成为末代进士，一时所有人无法接受，却又无可奈何。进士们只好自行集资，在孔庙内立起了历史上最后一座进士题名碑。

从第一座碑的无限荣耀，到最后一座碑的无奈，众多石碑记录了跌宕起伏的科举考试史。或许进士们沉浸在金榜题名的喜悦中时，无法想到日后科举制度的终结，我们从题名碑中却可以感受到往昔进士的荣耀与辉煌。许多进士已成为历史名人而永留史册，如明代政治家张居正、明朝指挥北京保卫战的于谦、清代书画家郑板桥、清代政治家纪晓岚、清代文学家及改良主义先驱龚自珍、清代书法家翁同龢、清道光年间查禁鸦片的林则徐与邓廷桢、清北洋水师的创建者李鸿章、曾任新中国第一任最高法院院长的末代进士沈钧儒等。正所谓"江山代有才人出，各领风骚数百年"。

尊孔重儒的思想深刻影响着中国社会，渴望出仕为官的古代莘莘学子都将孔庙视为精神寄托，然而，能够在封建科举考试中状元及第，有时也并非全靠学识，还有一些运气的成分。

明崇祯皇帝即位后，面对已近黄昏的江山，他心怀抱负，渴望有所作为。崇祯元年，皇帝即开科取士。殿试后，阅卷大臣精心挑选了前三十六名进士的卷子，呈给崇祯皇帝审定。事实上，崇祯皇帝对自己选择贤才的能力并不自信，相传，他焚香祷告上天，请求上天赐给真才。随后，崇祯皇帝将三十六名进士的名字抄在纸上，做成阄儿，放入罐内，再用金筷子去夹。结果他夹了三次，都是刘若宰，因此就定了刘若宰为当年的状元。

还有一位状元是因名字及第的。清乾隆五十四年科举开考时，乾隆皇帝已经是七十九岁高龄了。年龄问题已经成为乾隆皇帝挥之不去的心理负担。殿试后，阅卷大臣将前十名的卷子呈送皇帝审定。当乾隆皇帝看到第十名时，见此人名叫胡长龄，不免心中一动。"长龄"两字，不正是乾隆皇帝所希望的吗？此人此时出现，是上天暗示自己长命百岁吗？于是乾隆皇帝大笔一挥，钦点胡长龄为状元。以名字取状元，堪为千古笑谈，除了状元本身的才能，一定有运气成分在作怪。

从明代到清代，孔庙一直深受皇恩笼罩，在清代更是步入了一个发展的黄金时期。清顺治、乾隆、光绪时期，孔庙经历了几次修葺，其中最重要的一次大修发生在乾隆三十二年（1767）。

这一年，乾隆皇帝下诏重修孔庙。首先，为先师门增加"先师庙"匾额，将原称"庙门"的二门改名为"大成门"，将原称"先师庙"的正殿改名为"大成殿"。随后，将原位于大成殿月台外东南方明英宗题写的"新建太学之碑"及其碑亭移至大成门外东南角。以先师门至大成门一线为对称轴，在与之对称的位置设置"敕修文庙碑"并采用仿明代建筑的技法修建碑亭，凸显出先师门到大成门的中心轴线。

这次大修带来的最大变化，则是在孔庙的建筑规格上。明代的孔庙是国子监的礼制性建筑，因此祭祀孔子的活动很少有皇帝参加。至清代，祭祀孔子的主祭者除了"有司"之外还增加了皇帝。为了与皇帝的地位相匹配，乾隆下诏，将孔庙建筑的屋顶琉璃瓦更换为黄色。于是，除了祭祀孔子先祖和四配的崇圣祠仍保留绿色琉璃瓦外，孔庙建筑皆为红墙黄瓦，建筑规制提升到了清廷皇家建筑的最高规格。

几经修葺的孔庙光彩四溢，而真正的光彩却来自皇恩。就在孔庙的大成殿，留存有清代多位皇帝亲书的匾额，成为孔庙最为珍贵的财富之一。这些匾额文才厚重，既表现出了清代帝王的才学，也显现了皇帝对孔子的尊崇。

康熙皇帝是第一位为孔庙题匾的皇帝。康熙二十三年，刚过而立之年的康熙皇帝，在历经撤藩平乱、统一台湾之后，越发雄心勃勃。此时，临孔庙、祭拜孔子、题匾，无不透露出他的意气风发。康熙皇帝为孔庙御笔题写"万世师表"四字，既借鉴了晋代葛洪《神仙传》中关于老子"岂非乾坤所定，万世之师表哉；故庄周之徒，莫不

大成殿

以老子为宗也"的描述，也参考了《论语·为政》中"温故而知新，可以为师矣"的说法，意在表彰孔子是千秋万世的表率。

孔子是否为万世表率暂且不论，康熙皇帝却首先为清朝皇室的后代子孙树立了一个榜样，以致清朝的十二个皇帝中，最终竟有九人曾为孔子题匾，匾额永留孔庙之中。

雍正皇帝于雍正三年御笔题书的"生民未有"，最早见于《诗经·大雅·生民》中的"厥初生民，时维姜嫄。生民如何？克禋克祀，以弗无子"。《孟子·公孙丑》也有表述："自有生民以来，未有孔子也。"匾文意为：自有生民以来，还没有出现过第二个像孔子一样的圣贤。雍正皇帝题匾后，诏令全国文庙大成殿予以悬挂，以昭示后人铭记孔子在创立儒家文化中的至尊地位。

乾隆皇帝于乾隆二年御笔题书"与天地参"，取义于《中庸》中"唯天下至诚，为能尽其性。能尽其性，则能尽人之性。能尽人之性，则能尽物之性。能尽物之性，则可以赞天地之化育。可以赞天地之化育，则可以与天地参矣。"朱熹曾注："与天地参，谓与天地并立为三也。"《史记·司马相如列传》也有相关论述："故驰骛乎兼容并包，而勤思乎参天贰地。"如此看来，匾文寓意十分明显，为的就是赞誉孔子的德行与天地并列，值得后人参拜。

嘉庆皇帝于嘉庆四年（1799）御笔题书"圣集大成"。《孟子·万章下》中说："孔子之谓集大成，集大成也者，金声而玉振之也。金声也者，始条理也；玉振之也者，终条理也。始条理者，智之事也；终条理者，圣之事也。"即位后即亲临孔庙拜谒孔子的嘉庆皇帝写下此四字，赞誉孔子为集大成者，集众家之长，创立新的思想体系。

道光皇帝于道光元年（1821）御笔题书的"圣协时中"四字，意思出自《中庸》之"君子之中庸也，君子而时中"。朱熹注曰：

"以其有君子之德，而又能随时以处中也。""圣协时中"赞扬的是孔子的中庸之道，虽为圣贤，仍能顺应时势。

　　咸丰皇帝于咸丰元年（1851）御笔题书的"德齐帱载"，源自《中庸》中"仲尼祖述尧舜，宪章文武，上律天时，下袭水土。譬如天地之无不持载，无不覆帱"的描述，形容孔子的德行丰富包容，完美无缺。

　　同治皇帝于同治元年（1862）御笔题书了"圣神天纵"，不仅借鉴了《孟子·尽心下》中"充实之谓美，充实而有光辉之谓大，大而化之之谓圣，圣而不可知之之谓神"的说法，还参考了《论语·子罕》中的记载："太宰问于子贡曰：'夫子圣者与？何其多能也？'子贡曰：'固天纵之将圣，又多能也。'"同治皇帝取以上典故，赞誉孔子为上天派来的圣神。

　　光绪皇帝于光绪元年（1875）御笔题书的"斯文在兹"，出自《论语·子罕》："子畏于匡，曰：'文王既没，文不在兹乎？天之将丧斯文也，后死者不得与于斯文也；天之未丧斯文也，匡人其如予何？'""斯文在兹"意在赞誉孔子为天下文化之源。

　　末代皇帝溥仪题书的"中和位育"，取义《中庸》中"喜怒哀乐之未发，谓之中，发而皆中节，谓之和……致中和，天地位焉，万物育焉"的描述。"中和位育"实为一种治世理念，追求中和，则天地和谐，世间万物焕发生机。

　　九方皇帝亲书的匾额，构成了一道优雅的风景线。木制的匾额长约六米、宽二点五米，每字一米见方，金字书写，四周雕有群龙戏珠图案，尽显皇家气派。这些匾额的内容无不是对孔子的赞美之词，表明的是清代对儒学的崇尚。

　　有清一代，无论是皇帝临雍、祭酒上任，还是监生入学、学成为官，都要到孔庙举行隆重的祭拜仪式。除此之外，顺治二年

（1645）定制，孔庙于每年阴历二月（仲春）、八月（仲秋）举行祭孔之礼。因均在仲月第一个丁日，故名"丁祭"，也称"祭丁"。

举行丁祭之前，先行宰杀牲畜，将烹好的整只猪、牛、羊供于供桌上，称为"太牢三牲"。另用礼器盛装瓜、果、菜、蔬、鱼、肉、稻、谷等食物，同样供于桌上。祭孔典礼之时，钟鼓齐鸣，由主祭官、陪祀官、分献官和司礼人员（通赞、引赞、鸣赞、读祝生及乐舞生）组成的参祭队伍列于大成殿前，按照迎神、初献、亚献、终献、撤馔、送神六大步骤，完成祭孔之礼。孔子生前最讲礼制，而乐舞是礼制的象征符号，因此乐舞伴随着整个祭孔过程。

封建社会等级制度严明，在祭孔过程中也可窥见一斑。按照清代定制，身为主祭官的皇帝可以进入大成殿内祭拜孔子，而亲王和大臣只能分别于月台与月台下的广场向殿内孔子灵位遥拜。

光绪三十二年（1906），对孔庙又进行了一次大规模的修缮，这是孔庙在封建帝制结束前最后一次享受皇朝的恩泽。此时，光绪皇帝已将祭孔礼提升为"大祀"，即帝王之礼。此次孔庙的改建工程也反映出这一改变：祭祀主殿大成殿由七间扩建为九间，进深五间，重檐红墙黄瓦，殿前月台三出陛，宏大的规制几乎可与故宫太和殿相媲美。

然而，五年之后的1911年，清王朝便走向了末路。当封建帝制终结的时候，孔庙的建设工程仍未完工，不过，这项工程并未因此中止，而是断断续续延续到1916年才正式完结，前后约十年。改建后的孔庙气势较以往更胜一筹，然而此时已非皇朝，末代皇帝也无法再以皇帝的身份祭孔拜谒了。

新中国成立后，孔庙焕发了前所未有的生机。如今，北京孔庙的规模仅次于山东曲阜孔庙，建筑群占地面积约为二万二千平方米，其中古建筑面积达七千四百平方米，房屋达二百八十六间。孔庙建筑群布局疏朗，前后共有三进院落，中轴线上依次是影壁、先师门、大成门、大成殿、崇圣门、崇圣祠，轴线两侧则以配殿廊庑为辅，建有碑亭、宰牲亭、井亭、神厨、致斋所、神库，并有持敬门与国子监相通。徜徉在古柏参天、石碑林立、崇基高堂的孔庙里，触摸到的是历史和文化的脉搏，在宁静淡泊中感受到的是中华传统文化的博大精深。

恭王府中的政治风云

　　坐落于北京前海西岸的恭王府，是中国现存规模最大、保存最为完整的一座清代王府建筑群。恭王府因清末恭亲王奕䜣居住此地而得名，然而，恭王府只是这座传奇宅院在封建社会最后的身份。有清一代，它的身份几经转换，从最初的昭信伯李侍尧府邸，到十公主固伦和孝公主府与清朝权臣和珅的豪宅，再到乾隆皇帝十七子永璘的庆王府，最后是恭亲王奕䜣的恭王府。虽然它只是一座宅院，恭王府却承载了太多神秘而具有传奇色彩的历史。随着有清一代的终结，恭王府早已失去曾经的皇族荣耀，但却并未因此落寞。在全新的时代里，它迎接着纷至沓来的参观者，向他们诉说着这座传奇宅邸所承载的清朝发展史。

　　恭王府规模宏大，占地约六万平方米，分为府邸和花园两部分，拥有各式建筑群落三十余处，布局讲究，气派非凡。关于宅邸的起源，人们大多认为它最初是清乾隆时期权臣和珅的宅邸。然而，《清实录》中的只言片语却已为我们厘清了这座宅院最初的历史。据《清实录》记载，乾隆四十五年六月戊辰，"谕所有李侍尧入官中一所房屋，着赏给和珅，作为十公主府第"。如此看来，最初的恭王府是李侍尧为自己营建的一处私宅。李侍尧承袭了祖上的昭信伯爵位，这座私宅正是他在京城修建的昭信伯府。

李侍尧，字钦斋，汉军镶黄旗人，在乾隆朝先后出任军机处章京、热河副都统、工部侍郎、户部侍郎、广州将军、两广总督、云贵总督等职。他精明干练，颇有才略。李侍尧生于军功世家，祖上李永芳原为明朝抚顺游击。努尔哈赤以"遗甲十三副"起兵，经过三十余年征战，逐渐吞灭大部分女真部落，并创立八旗制度，以"一国之众，八旗分隶"，建立后金政权。随着女真各部的统一，努尔哈赤拥有了与明朝对抗的力量。明万历四十六年（1618），后金军队开始进攻明抚顺关，当时明朝的守将正是李永芳。能征善战的女真人很快攻陷了城池，李永芳则成为明朝降清边将的第一人。努尔哈赤虽然痛恨汉人，却对李永芳格外重视，授其三等副将，并将自己的亲孙女、皇子阿巴泰的郡主许配给他，使其成为清代第一个汉人额驸，人称"抚西额驸"。一个降臣，原本已失去忠义，在戒律森严的封建社会理应饱受诟病，然而李永芳不仅在有生之年备受重视，身后也获得了清朝皇帝的高度评价。乾隆皇帝说，李永芳曾为明朝乘障守边，一旦力屈俘降，"历跻显要"，"屡立战功，勋绩并为昭著"，"在胜国虽为不忠之主，在本朝则为宣力之臣"，后来人"无不谅其心而称其义"。正是因为清朝皇帝对李永芳的肯定，李氏后人才得以蒙荫，多成为军功重臣、国家栋梁。特别是李永芳第五子巴彦，在女真人克明立清的过程中战功勋著，他去世后于乾隆年间被追赐为"昭信伯"，升至镶黄旗，地位更为显赫。

李侍尧作为李氏后人，得以承袭皇帝赐予的昭信伯爵位，历任封疆大吏数十年，长期掌管着乾隆朝的外交，政治成就可谓非同凡响。然而，李侍尧显赫的一生并非没有污点，他在担任云贵总督期间，就曾因贪污而一度落马，甚至面临处斩之险。

　　乾隆四十五年二月，李侍尧贪污案发，乾隆皇帝特派遣时任御前大臣上学习行走的和珅前往云南查证。几经周折，查实李侍尧贪污总计白银三万一千两。事实上，作为云贵总督的李侍尧俸禄丰厚，这三万一千两白银仅仅是他一两年的薪资而已，然而身居高位的李侍尧却未能把持住自己，终因小利而落马。在这些收受的白银中，有一部分是李侍尧因为差遣侍从张永受于乾隆四十三年（1778）进京修缮昭信伯府所收。这座与受贿有关的昭信伯府，正是日后声名远播的恭王府。李侍尧虽是封疆大吏，却没有忘记在京城为自己修建一所称心的宅院，其心情不难理解，但是因为贪污事发，李侍尧没有了居住新修宅邸的缘分。乾隆皇帝亲令查封了昭信伯府，并于当年六月将其赐给了和珅。此前不久，和珅之子被赐名丰绅殷德，并被指为十公主固伦和孝公主的额驸，因此，这座宅院也便成为十公主的府第。

　　事实上，当时的昭信伯府已经初具今日恭王府的规模。在乾隆朝的一份朱批奏折中，详述了当时昭信伯府的状况："旨寄信英廉，令将李侍尧入官房屋所有房间数目、进深丈尺详细绘图、贴签呈览。今据英廉覆称，李侍尧家住房共计三所，中一所系李侍尧新盖之房，共一百四十三间，内成造未完房六间，其余大小房间游廊亭子共一百三十七间，俱已完工。惟外檐、窗槅及炕座、甬路等，现今尚在成做，多未齐全……"

　　入狱的李侍尧虽跌入人生谷底，因贪污面临被斩，但他终究是军功重臣，且因第二年（1781）甘肃爆发了苏四十三领导的回民起义，正值乾隆皇帝用人之际，因此他得以加恩免罪，赏三品顶戴与花翎，署兵部侍郎，前往甘肃平息叛乱，重新叱咤政坛。然而，已经被皇帝赐出的昭信伯府却无法复返，成了和珅的府邸。

曾远赴云南查办李侍尧案的和珅，在返京途中被提升为户部尚书，仕途上一路春风得意。由于深得乾隆皇帝宠信，和珅权倾一时，除担任首席大学士、领班军机大臣、吏部尚书、户部尚书、刑部尚书、理藩院尚书等外，还兼任了翰林院掌院学士、《四库全书》总裁官、领侍卫内大臣、步军统领等要职。他的权势之大，有清一代都罕有。

和珅之所以能够被皇帝赐得昭信伯府，与他查办李侍尧案的功劳不无关系。事实上，如果不是因为和珅，官居高位的李侍尧或许也不至于落马。

当年，曾在李侍尧手下任过贵州按察使的海宁来京陛见，当乾隆皇帝问起李侍尧的情况时，他说了一堆好话，可他一出紫禁城，就议论起李侍尧的贪污受贿与违法乱纪。乾隆皇帝听到议论后，急忙令人审讯海宁。海宁经不起审讯，只得交代了李侍尧派人修缮自家房舍，向属员勒索白银万两等情况。据《朝鲜李朝实录》记载，李侍尧年老位高，视和珅如子侄辈，对和珅一点都不尊重，和珅因此怀恨在心。恰好海宁进京谢恩后向他辞行，和珅便私下里询问李侍尧的情况。海宁向他诉说了贿赂二百两黄金为李侍尧祝寿的事，和珅随即上报乾隆皇帝对李进行查办……这样的描述在中国史书中并无记载，《清实录》中虽有对海宁审讯的描述，却从未提及"二百金"之事。不过，不管和珅对李侍尧心存仇隙的描述是否真实，乾隆皇帝指派和珅穿越大半个中国前往云南查办李侍尧贪污案却是不争的事实。

和珅一路走得飞快，"扈从踔路，浃旬已过三齐；奉使邮程，匝月遂临六诏"（随从清路，十天就过了山东，一个月即抵达云南）。和珅在云南严行密访，一一核实，迅速将消息反馈给乾隆皇帝。除反映了李侍尧本人的贪污情形外，和珅还说起李侍尧的随身侍从张永受。他攒有七千多两银子，并有供词牵连到在京的李宅总管八十五。于是，乾隆派人捉拿审讯了八十五。就这样，案子在和珅的努力下很快查实。因为办案漂亮，和珅不仅升为户部尚书，补授镶蓝旗满洲都统，官办步军统领事宜，还因乾隆皇帝的十公主被赐嫁其长子丰绅殷德而一跃成为皇亲。李侍尧的昭信伯府也顺理成章地被赐给他，成为十公主的府邸。

　　乾隆皇帝的十公主固伦和孝公主出生于乾隆四十年正月，是有清一代最具传奇色彩的公主。乾隆皇帝共有十个女儿，其中有五个早亡，固伦和孝公主是乾隆皇帝最小的女儿。她生性活泼伶俐，长相酷似乾隆。还由于是老来得女，乾隆皇帝因此对她十分宠爱，在她十三岁时破格册封其为"固伦公主"。在满语中，"固伦"是"天下"与"尊贵"之意。依照清朝法制，除皇帝特许之外，只有皇后所生之女才能被赐封为"固伦公主"，而妃、嫔所生或者皇后的养女，则被赐封为"和硕公主"。虽然同为公主封号，却体现了嫡庶之别。十公主为乾隆皇帝晚年的宠妃汪氏所生，按律例，她只能被封为"和硕公主"，然而，因乾隆皇帝的疼爱，十公主得以被破格封为固伦和孝公主。《清史稿·公主表》中记载："主，高宗少女，素所钟爱，未嫁，赐垂金顶轿。"这乘坐金顶轿的资格，是何等的荣耀，足见乾隆皇帝对女儿的宠爱。

　　固伦和孝公主十五岁时下嫁和珅长子丰绅殷德，乾隆皇帝送给女儿的陪嫁奢华而丰厚，其中就包括曾经的昭信伯府。然而，被赐赠的昭信伯府虽然冠以十公主府的名义，却是真正意义上的和邸。这处府邸东近什刹海前海，北依后海，更有一条自西海引出的水渠——俗称"月牙河"，绕过王府的西墙、南墙，经"一座桥"流入前海，使全府西、南两向临水，东、北双向近水，堪称"四面环水"，风水绝佳，景致极好。不过，居住其中的和珅并没有满足于府邸的优美环境，他对府内建筑不断进行修饰和扩建，使十公主府抑

恭王府府邸图

或和邸更加精美、壮观。

嘉乐堂是府邸中路最后一进正厅，面阔五间，绿琉璃瓦歇山顶，大门正上方至今仍悬有和邸时期的"嘉乐堂"匾额。相传为乾隆皇帝御赐和珅，但该匾无署款、无钤记，自然无法证实确为乾隆皇帝手书。然而和珅曾辑有《嘉乐堂诗集》，对"嘉乐堂"的重视可见一斑。

锡晋斋，原名"庆宜堂"，源于乾隆皇帝所赐"庆颐良辅"匾额。锡晋斋是府邸西路院落最后一进的正厅，七开间，前后廊，后出檐带抱厦五间。正厅的东、西、北三面是两层仙楼，上下安装了雕饰精美的楠木隔断。柱础形式异于一般房屋，为鼓墩式下承覆莲座。实际上，此种样式的隔断并非一般大臣家庭可有的装饰，而是皇家专属。和珅家的太监呼什图受和珅指使，前往紫禁城偷偷画下宁寿宫内的图样，而后仿造而成。这里虽然是十公主府，却是和珅居住其中，仿造皇家建筑装饰，毕竟留有隐患。和珅身居高位时，无人敢就此做文章，而一旦政局变迁，仿造皇家建筑装饰便可称为一项罪名，不知当时的和珅是否有过这样的思量。所谓"旁观者清"，就连身为儿媳的固伦和孝公主都已对和珅的贪腐充满担心，据《啸亭续录》记载，公主尝对丰绅殷德言："汝翁受皇父厚德，毫无报称，惟贿日彰，吾代为汝忧。他日恐身家不保，吾必遭汝累矣。"

果然，公主的担心在日后应验了，和珅的人生即将经历重大的转折。

从乾隆三十四年（1769）开始，和珅在近二十年的时间里，从一个三等侍卫一步步发展成为集首辅大学士、领班军机大臣等众多要职于一身的重臣，可谓权倾朝野。大权在握的和珅渐渐被权力冲昏了头脑，开始排斥异己、结党营私、贪赃枉法。及至乾隆皇帝驾崩的嘉庆四年正月，他已是满朝大臣中地位最高者。然而，正所谓

"功高震主"，当年近不惑的嘉庆皇帝颙琰得以亲政时，"一人之下，万人之上"的和珅自然成为新皇帝整肃朝政的第一个对象，只不过，嘉庆皇帝的举措来得迅速而突然。

嘉庆四年正月初三，乾隆皇帝崩于紫禁城养心殿，嘉庆皇帝于当日亲政。为稳定局势，嘉庆皇帝在谕旨中仍将和珅的姓名列在满汉大臣的首位，让他跟几位亲王总理国丧大事。

正月初四，嘉庆皇帝发出谕旨，批判镇压白莲教起义的将帅在四川前线假冒功绩，由此革除和珅死党福长安的军机处大臣职务，并命福长安与和珅同为太上皇乾隆昼夜守灵，不得擅离灵堂。此举一出，和珅已经失去了军政大权。

正月初五，在嘉庆皇帝的密旨授意下，给事中王念孙等官员上疏弹劾和珅。

正月初八，嘉庆皇帝下旨缉拿和珅，同时进行一系列人事调整，命令各部院大臣的上奏文书不再经过军机处，而是直接向皇帝奏报，军政大权则委派睿亲王淳颖、定亲王绵恩、仪亲王永璇、庆郡王永璘等掌管。

正月初九，嘉庆皇帝宣布将和珅革去军政职务，下刑部大狱。命令仪亲王永璇、成亲王永瑆等查抄和珅家产，并清查和珅案。

几天后，嘉庆皇帝发出一道长长的谕旨，诉说将和珅革职拿问的缘由。在他的笔下，拿问和珅实属无奈之举。和珅由侍卫拔擢至大学士，在军机处行走多年，叨沐殊施，在廷诸臣无有其比。嘉庆皇帝亲承国家付托之重，理应像《论语》所说"三年无改"，断不肯轻率更换先皇委任的重臣。但和珅情罪重大，经诸臣列款参奏，实在难以宽待。而后，嘉庆皇帝罗列了和珅的二十条罪状：

一、乾隆皇帝册立颙琰为皇太子时，和珅先期呈给颙琰如意，泄露机密以为拥戴之功。

二、和珅奉诏入圆明园，骑马直入左门，过正大光明殿，至寿山口，眼中无父无君。

三、和珅因腿疾乘轿出入神武门，直进宫中，众目共睹，毫无忌惮。

四、和珅娶出宫女为妾，不顾廉耻。

五、川、楚教匪滋事，乾隆皇帝盼望军书，但和珅将各路军营文书报告任意延搁，有心欺蔽，导致军务拖延。

六、乾隆皇帝病重时，和珅毫无忧戚，逢人谈笑自若。

七、乾隆皇帝批阅文件，有写不真切的地方，和珅胆敢说不如撕掉另拟。

八、和珅管理吏、户、刑三部，一手遮天，变更成法，不许手下的人参议一个字。

九、青海奏报贼匪聚众抢劫杀伤一案，和珅竟将原奏驳回，隐匿不报。

十、乾隆皇帝驾崩时，和珅令蒙古王公俱不来京，违背未出痘者不必来京之谕旨，置国家抚绥外藩之意于不顾，实为居心叵测。

十一、任人唯亲，与和珅关系密切的人吴省兰、李潢等人，俱被保举提升。

十二、和珅对军机处在册人员随意撤去，肆意妄为。

十三、和珅私盖楠木房屋，奢侈豪华，僭侈逾制。其多宝槅及隔断式样，皆仿照宁寿宫制度。其园寓点缀，竟与圆明园蓬岛瑶台无异。

十四、和珅为自己的坟茔设立享殿，开置隧道，老百姓称之为"和陵"。

十五、和珅所藏珠宝内，珍珠手串二百余串，比宫中多至数倍，其中的大珠，比皇帝御用冠顶还大。

十六、真宝石顶并非和珅应戴之物，却私藏数十余颗，而整块大宝石不计其数，有的甚至连皇宫内府都没有。

十七、和珅家中银两衣饰等物，数逾千万。

十八、夹墙内藏赤金二万六千余两，私库赤金六千余两，地窖埋银百余万两。

十九、当铺、钱铺资本十余万，与民争利。

二十、和珅家人刘全资产亦二十余万，且有大珠及珍珠手串。

嘉庆皇帝历数和珅的罪状多达二十项，其中却有许多牵强之项。不过，嘉庆皇帝已在谕旨中将和珅定义为"贪惏无厌，蠹国肥家，犹其罪之小者"，不管牵强与否，抄家、治罪已是在所难免。不久后，嘉庆皇帝又在另一谕旨中表达了处置和珅的决心："和珅种种悖妄专擅，罪大恶极，于法实无丝毫可贷。因思圣祖仁皇帝之诛鳌拜，世宗宪皇帝之诛年羹尧，皇考之诛讷亲，此三人分位与和珅相等。而和珅之罪，尤为过之。从前办理鳌拜、年羹尧，皆蒙恩赐令自尽。讷亲，则因贻误军机，于军前正法。今就和珅罪状而论，其压搁军报、有心欺隐。各路军营，听其意指，虚报首级，坐冒军粮，以致军务日久未竣，贻误军国，情罪尤为重大。即不照大逆律凌迟，亦应照讷亲之例，立正典刑。此事若于一二年后办理，断难宽其一线，惟现当皇考大事之时，即将和珅处决。"或许，"功高震主"才是嘉庆皇帝处置和珅的真正原因。及至正月十八日，和珅便被赐自尽，迅速而突然地结束了充满争议的一生。

和珅以权倾一时而自傲，却以悲惨赐死而黯淡收局。随着他的死去，曾经无限辉煌的和邸没有了往日的荣光，残留的只是抄家后的狼藉。和邸毕竟是乾隆皇帝赐予固伦和孝公主的十公主府，和珅被赐死后，嘉庆皇帝虽然去除了额驸丰绅殷德的官职，剥夺其伯爵爵位，只保留散秩大臣头衔，但府邸的东侧半座仍保留为十公主府，由乾隆皇帝的十公主与额驸居住。而西侧半座府邸则被赐给庆郡王永璘，成为庆王府。曾经的和邸，此时已成为半座十公主府、半座庆王府的格局。嘉庆二十五年（1820），永璘由庆郡王晋升为庆亲王，府邸依旧为庆王府。及至道光三年（1823）九月，固伦和孝公主去世，整座府邸才全部归于庆亲王名下，成为一座完完全全的庆王府。

庆亲王永璘去世后，其后裔依旧居于庆王府，直至咸丰时期王府再次易主。庆王府的新主人和硕恭亲王奕䜣是道光皇帝的第六子，人称"六王爷"，他与咸丰皇帝奕詝为同父异母兄弟。奕䜣是咸丰、同治、光绪三朝重臣，洋务派首领，在清末政治舞台上发挥了重要作用，是对中国近代历史进程产生巨大影响的人物。

道光三十年正月十四，道光皇帝驾崩。皇四子奕詝即位，年号咸丰。他随即下旨："朕弟奕䜣着封为恭亲王，奕譞着封为醇郡王，奕詥着封为钟郡王，奕譓着封为孚郡王。百日释服后，俱加恩准其戴用红绒结顶冠；朝服、蟒袍，俱准用金黄色。"众兄弟中，唯有奕䜣一人被册封为亲王。按照清代的分封制度，"诸王不锡土，而其封号但予嘉名，不加郡国"，依等级制度在清北京内城建造起不同规模的诸王府邸。很快，咸丰就为奕䜣选定了王府，就是什刹海之畔的庆王府。此时，居于庆王府内的是庆亲王永璘之孙、袭辅国将军爵位的奕劻。据咸丰元年三月八日的清内务府档案记载："总管内务府为请旨事，前经臣衙门具奏，将辅国将军奕劻府第，官为经营，赏给恭亲王居住，仰蒙恩准……"可见，庆王府在咸丰元年已确定赐予恭亲王，此后开始按照亲王级别加以建设。

咸丰皇帝继位前，虽曾与奕䜣有过皇位之争，但他在年幼时因生母孝全成皇后去世而交由奕䜣生母静贵妃抚养，因此两人从小同行同止，关系和谐。据《清稗类钞·礼制篇》记载，奕䜣与奕詝都善舞刀，道光皇帝在政务之暇，常常唤皇子、王子在上书房阶下习射。在道光二十九年的一次习射中，奕䜣与奕詝表演了共同研究出的枪法二十八势与刀法十八势。道光皇帝看后非常高兴，特意给枪法赐名"棣华协力"，刀法为"宝锷宣威"，还因为奕䜣在枪法和刀法的创造上付出较多，专门赐予他一柄白虹刀，以示嘉奖。"棣华"一词，源自《诗经·小雅》："常棣之华，鄂不韡韡。凡今之人，莫如兄弟。"道光皇帝所说的"棣华协力"，便是指奕䜣与奕詝兄弟协力，反映了道光皇帝对二人的期许。登上皇位的咸丰皇帝并没有忘却旧情，在恭王府修缮一新之后，他多次向恭亲王赏赐家具。据《奕䜣秘档》记载："三月十七日，由堂交敬事房交恭王府用敬事房木器等项、紫檀木宝椅一张，紫檀木纹榻一张，紫檀木宫椅十张"。三月二十九日，咸丰皇帝赏赐恭亲王奕䜣"紫檀宝椅一张，紫檀木纹榻一张，紫檀木宫椅十张"。咸丰二年四月二十二日，奕䜣正式迁居府内，从而开启了全新的恭王府时代。

咸丰皇帝当政期间，内有太平天国起义，外有列强入侵。面对国家危难，咸丰皇帝不得不重用才能过人的恭亲王。如同他们的父亲道光皇帝期待的那样，两人最终"棣华协力"，共同完成安邦定国的大业。咸丰十一年七月，咸丰皇帝病故于热河。咸丰皇帝只有一子，即时年六岁的载淳，继位并无他选。然而，六岁的幼主怎能驾驭偌大的中国？于是，咸丰皇帝在临终前确立了以肃顺为首的八大臣托孤制，又将"御赏""同道堂"两枚印章分别交予皇后慈安和懿贵妃慈禧，规定上谕必须同时加盖两枚印章方能生效，以牵制八位顾命大臣。不过，咸丰皇帝生前费尽心思布下的权力制衡格局，并没有起到预期的效果，反而掀起统治阶层的巨大波澜，开启了八大臣、慈禧皇太后、恭亲王之间的明争暗斗。年仅二十六岁的慈禧太后经过政变夺取权力，在此后长达四十七年之久的时间里，将一个曾经无限辉煌的王朝逐渐带入衰落并最终走向灭亡。政变后的恭亲王奕訢一度成为议政王，虽在同治四年（1865）该职被慈禧太后革除，但他一直处于权力中心，先后担任同治、光绪两朝领班军机大臣与领班总理衙门大臣，亲身感受了晚清末年的世事动荡。

曾经依靠奕訢的支持而取得大权的慈禧太后今非昔比，早已成为掌管清朝皇家大权的最高统治者。这个对权力极度痴迷的女人，怎能容忍资历深厚、才能过人的恭亲王奕訢长期染指国政？！光绪十年（1884），慈禧太后罢黜了恭亲王的领班军机大臣、领班总理衙门大臣职务，强迫他在家"养病"。这一年，奕訢刚刚五十三岁。第二年，他的四子载潢夭折，接着长子载澂去世，使赋闲在家的奕訢饱受打击。此时，心灰意冷的奕訢将更多的时光留在了恭王府。罢官当天，他就命人把恭王府内作为标志的杏红色堂帘子绳全部撤下，改换成蓝色的绳子，算是回归普通人生活的开始。他经常在府内的锡晋斋玩古玩、习碑帖，有时也会在萃锦园吟诗作赋，虽没有以前的光鲜，却也过得清雅、惬意。

奕訢在恭王府内的赋闲时光长达十年之久，直到光绪二十年中日甲午战争爆发他才得以重回政治舞台。官复原职的奕訢主持对日交涉。然而，此时的清廷已经病入膏肓。光绪二十一年初，日军大败清军。这一年正值慈禧太后六十大寿，高高在上的皇太后自然希望自己的寿辰不为战争所扰，于是她要求通过合约的方式回复和平，促成了中日《马关条约》的签订。中日虽然休战，但奕訢已得以复出，在人生的最后四年时光里，他积极推进现代化运动，继续为国家大计而努力。光绪二十四年二月末，奕訢旧疾重犯，痰喘频发。此时，奕訢仍旧抱病工作，经光绪皇帝再三抚慰，才肯请假调理，而后光绪皇帝、慈禧太后曾先后三次驾临恭王府看视。然而，在已近人生晚景的奕訢看来，或许荣光背后是一份苦涩的凄凉。同治六

蝠厅

年（1867）二月十二日，同治皇帝奉慈安皇太后、慈禧皇太后之命曾幸临恭亲王府第，此时，距同治皇帝幸临恭王府已然过去了三十一载。三十一载，政坛的潮起潮落，仿佛都在恭王府内留下了投影。光绪二十四年四月十日，奕䜣在恭王府中去世，享年六十七岁。

辛亥革命以后，按照民国政府优待清室条例的规定，王府被划归府主人私有。昔日的王室贵族早已风光不再，为能在乱世中图生存，末世王孙们只能纷纷卖掉王府维持生计。恭王府同样未能逃脱被转卖的厄运，1921年，王府的府邸部分被恭亲王奕䜣的嫡孙溥伟以八万银圆的价格抵押给北京天主教会西什库教堂，后由辅仁大学于1932年出资一千八百零八根金条赎回，用作女生学堂。1937年，辅仁大学又出资十万银圆，从溥伟的二弟溥儒手中购买了恭王府的花园翠锦园。新中国成立以后，恭王府曾被北京市冷风机厂、中国音乐学院附中等多家单位使用，历时近三十年。此后在各界的关注下终于完成腾退工作，书写了国内古建筑保护史上绝无仅有的篇章。如今，修缮一新的恭王府已经成为北京的一张文化名片，作为国家5A级景区迎接各方游客，彰显着中国王府文化的独特魅力。

道教丛林白云观

　　位于北京西便门外的白云观久负盛名，被称为"道教全真派第一丛林制宫观"。一千二百年前，白云观因唐王朝对道教的重视而得以营建，是北京地区第一座有确切历史记载的道教宫观。其后白云观几经荒废，又几经复建、重修，因元代道教真人丘处机被成吉思汗赐居于此，羽化后又被奉祀观中，故而白云观被视为"道教全真三大祖庭"之一。不仅是全真道教的第一丛林，也是北方道教的中心。千余年中，北京城历经朝代变革的战火兵燹，白云观却一直香火延绵，时至今日依旧旺盛。如今，观中香烟缭绕，关于道教兴衰的往事久久流传，还原出一段段已经渐行渐远的神秘传说。

　　道教产生于中国本土，以黄帝为始祖、老子为道祖、张道陵为教祖，自东汉时期创立以来，一直深深植根于民族沃土之中。道教在唐代因被帝王视为"皇家宗教"而得到极大发展。据文献记载，唐武德三年（620）五月，唐人吉善行在羊角山遇到一位骑坐朱鬣白马的白髯老叟。老叟自称唐天子祖先，他请吉善行转告天子，平定贼乱后，天下一统，可为子子孙孙造就千年基业。这位老叟便是被尊为"太上老君"的道教始祖老子李耳。唐朝开国皇帝李渊闻听吉善行的描述，特意在羊角山为老子立庙供奉，同时广为传播李唐王朝统治者为老子后裔。

这个带有传奇色彩的故事虽见于历史典籍，却如神话一般玄幻。事实上，考虑到唐初的时代背景，出现这样的故事便不足为奇了。门阀士族的传统势力在唐初依旧强大，统治者如果不是出自名门，很难得到社会的尊重。正因如此，唐朝开国皇帝李渊为提高门第出身，便开始营造传说，牵强附会说自己是"神仙之苗裔"。作为"老子后代"的唐朝皇帝，信奉并推崇道教就成为理所当然之事。武德八年（625），唐高祖李渊下诏，宣布儒道释三教中道教位列第一，居于儒教、佛教之上，道教的地位空前提高。

在唐朝道教的极受重视，为白云观的前身天长观的营建带来了契机。唐开元二十九年（741），唐玄宗李隆基诏令"制两京、诸州各置玄元皇帝庙"，于是玄元皇帝庙得以在时称"幽州"的北京创建。唐玄宗时期，唐朝出现了前所未有的盛世景象，史称"开元盛世"。这样一位功勋卓越的皇帝，难免重视自我，于开元十七年（729）应百官之请，开唐朝先河，将自己的诞辰日八月初五定为全国性节日，取义"千秋万代"，名为"千秋节"。公元742年，唐玄宗改年号为天宝。天宝七年（748），再取大唐江山"天长地久"之意，将"千秋节"改为"天长节"。这也正是幽州的玄元皇帝庙改称"天长观"的来由。此后，由于皇家对道教的重视，天长观香火繁盛，后经唐宣宗、唐懿宗两个时期的多次修缮，逐渐发展成为唐幽州一带著名的道观。

如果李唐王朝能够延续，或许道教依旧昌盛，白云观也会逐渐发展壮大。然而"安史之乱"爆发之后，唐王朝国力日趋衰落，战乱不断。及至天祐四年（907），末代皇帝李柷被逼退位，唐王朝最终走向了灭亡。此后，处在北方幽州的天长观一度被人遗忘，在五代和宋朝的正史中罕见其踪迹。

北京成为金中都以后，由北方重镇一跃成为国家首都，虽荣光显耀，却也成为敌军攻打的重要目标，城中的建筑饱受战火的洗礼。金正隆五年（1160），发生了大规模的契丹人起义。尽管这次起义最终被海陵王镇压，却使当时金朝在北方的统治受到动摇，甚至在中都城内出现了契丹人的侵扰，使天长观在战火中化为灰烬。从金大定七年（1167）至大定十四年（1174），白云观的重建耗时七年。落成之日，"天子暨皇太子，率百执事，欣谒修虔。遂命为道场三日夜以庆成"，并赐名为"十方大天长观"。

十方大天长观规模宏大，殿堂雄伟，画栋雕梁极为壮观。道观中轴线上从前向后排列着虚皇醮坛、玉虚殿、通明殿、延庆殿，延庆殿两侧还各有一座配殿，左为澄神，右为生真。东路系灵音阁、大明殿、五岳殿。西路乃飞玄阁、清辉阁、四渎殿。金明昌元年（1190），金章宗完颜璟又于延庆殿左侧修建了一座规模宏大的瑞圣殿，用以奉祀其母的本命之神——丁卯神。此时，十方大天长观内奉祀的尊神由单独的老子发展为三清、玉皇、玄天上帝、虚无上帝和金代特有的长白山兴国灵应王。

然而，天长观在金中都时期似乎难逃命运多舛的魔咒，于金泰和二年（1202）正月不幸毁于火灾，只有老君石像得以幸存。天长观于第二年重修，重修时定名为"太极殿"，后又改名为"太极宫"。

至金朝后期，各地起义风起云涌，国势颓态渐显深重。特别是曾经臣服于金朝的蒙古人，在成吉思汗建立大蒙古汗国以后，多次发动对外征服战争，帝国版图不断扩张。随着蒙古国势力逐渐强大，成吉思汗开始将征战的矛头对准了走向衰落的金国。金大安三年（1211），成吉思汗亲率大军伐金，开始了长达二十四年的蒙金战争。蒙古人的军队骁勇善战，在成吉思汗的带领下所向披靡。金贞祐二年（1214）三月，成吉思汗大军兵临中都城下，虽一时无法攻下，却迫使金国献上岐国公主、金帛和马匹，讲和后退出居庸关。

对于金朝的皇帝来讲，强者为王，成吉思汗的蒙古军队令金人心生畏惧，眼看大势已去，只好选择避其锋芒。于是，金宣宗完颜珣在蒙古铁骑退去后不久就决定迁都汴京（今河南省开封市）。有金一代，历九帝，前后一百二十年，竟然两次迁都。不过，迁都汴京已与当年海陵王迁都燕京截然不同，金王朝不再是生机勃勃，而是走向落寞与凄凉。失去了首都地位的金中都，面对的不仅是远离王国皇家的无奈，更主要的是将要饱受战火兵燹的摧残。此时的太极宫虽在原地，却鲜见信徒踪影，逐渐荒废。

有时候，历史的轮回总是让人捉摸不定。因为成吉思汗，太极宫在蒙金战争中走向落寞；也是因为成吉思汗，太极宫又得以涅槃重生，获得新生。

金兴定三年（1219）冬，成吉思汗指挥大军西征，途中闻听随行的中原人描述全真道掌教人、道教全真龙门派创始人丘处机道德高深，并对世事多能未卜先知，便派出近臣刘仲禄担任使者专程相邀。事实上，作为道教全真道"北七真"之一的丘处机同样深受金朝及南宋统治者的敬重。金大定二十八年（1188），丘处机应金世宗完颜雍之召赴中都，奉旨塑全真道创始人王重阳、全真道遇仙派创立者马丹阳像于官庵，主持了庆祝皇帝诞辰的节日"万春节"上的醮事，向金世宗作"持盈守成"的告诫。金明昌元年，金章宗完颜璟以"惑众乱民"为名，下诏禁罢全真道等，丘处机随即在故里山东登州栖霞，将旧宅拓建为滨都宫（赐号"太虚观"）作为传道之所。金泰和三年（1203），丘处机成为全真道第五任掌教，此后执掌时间长达二十四年，使全真道的发展进入兴盛时期。其间，金、蒙、南宋三势鼎立，天下处于战乱纷争之中。对于各方势力的当权者而言，能得到道教名士丘处机的指点，或许可为一统天下指明方向。为此，金兴定三年，南宋及金廷先后派遣使者前来召请，但丘处机均未应命。然而，面对成吉思汗的使者时，丘处机却并未拒绝，说道："我循天理而行，天使行处无敢违。"

第二年正月，丘处机即带上十八位弟子从山东莱州出发，历时三年，行程万余里，于金元光元年（1222）初夏抵达西域大雪山（今兴都库什山），面见了成吉思汗。据《元史·释老志》记载："太祖时方西征，日事攻战，处机每言欲一天下者，必在乎不嗜杀人。及问为治之方，则对以敬天爱民为本。问长生久视之道，则告以清心寡欲为要。"

对于七十四岁高龄道长的劝喻，成吉思汗深为信服，尊丘处机为"神仙"。在他的影响下，成吉思汗曾下令"止杀"。金正大元年（1224），丘处机请准东归，成吉思汗特意赐以虎符、玺书，赐居燕京太极宫，命其掌管天下道教，并诏免道院和道人一切赋税差役。太极宫因为丘处机的到来而迎来了大修的契机，面貌焕然一新，恢复了昔日十方大天长观的气势。居于太极宫的丘处机心存大爱，曾持旨释放沦为奴隶的汉人和女真人多达三万余人，还通过入全真教即可免除差役的方式，解救了大批汉族学者。自此，全真教盛极一时，成为北方道教最大派别。太极宫则成为北方道教中心，"由是玄风大振，四方翕然，道俗景仰，学徒云集"。丘处机于太极宫开坛讲戒，学徒云集，声誉亦登峰造极。

金正大四年（1227）五月，成吉思汗下旨为太极宫更名，取丘处机道号为观名，是为"长春宫"。两个月后，八十岁高龄的丘处机羽化于长春宫内。元至元六年（1269），元世祖忽必烈诏赠丘处机为"长春演道主教真人"。至大二年（1309），又加封为"长春全德神化明应真君"。

丘处机羽化后，其遗蜕初厝葆光堂。不久后，其弟子尹志平在长春宫东侧营建一座道院，据《庄子·天地篇》中"千岁厌世，去而上仙，乘彼白云，至于帝乡"之说，取名"白云观"，作为长春宫藏物之所。第二年春天，丘处机遗蜕迁葬于白云观中，墓上修建享堂，定名为处顺堂。金元时期作家陈时可在《燕京白云观处顺堂会葬记》中，记述了丘处机葬礼时的盛况："以四月丁未，除地建址，越四日庚戌，云中河东道侣数百辈裹粮来助，凡四月成其堂，制度雄丽，榜之日处顺。既祥，奉仙骨以葬……大备其礼，四方来会之道俗逾万人。"

丘处机曾多年隐居陇州龙门山修道，因此人们称其开创的道派为龙门派。丘处机遗蜕葬于白云观中，此观自然被认为"全真龙门派祖庭"。玄门流裔，尤其是龙门派道士们经常前来朝拜，使白云观在道教官观中的地位日益提高，逐渐成为诸山道士们所公认的"全真道教第一丛林"和北方道教的中心。数百年来香火不断，住观道士常常多达数百人，称得上是"玄风流衍，代有名人"。

可以说，无论是长春宫还是白云观，都在元朝呈现了道教的鼎盛。元代是中国历史上的一个特殊时期，作为中国第一个由少数民族建立的大一统政权，在用强悍的武力夺取天下之后，他们一直努力治理这个国家。然而，元朝统治者依旧无法阻挡王朝更迭的进程，元至正二十八年明朝大将徐达攻陷大都城，此时的长春宫已在连年战乱中日渐衰落。

明初，朱棣想重建长春宫，然而，当时长春宫毁坏十分严重，已难以勘明旧址，因此只好对近在咫尺的白云观进行了修葺扩建。此后，白云观又几经修缮与增建。明宣德三年（1428），太监刘顺出资创建三清殿。明正统八年，明英宗朱祁镇正式赐"白云观"匾额，上书"敕建白云观"。为防火灾，此匾为生铁铸造，留存至今。至明

丘祖殿

万历四年（1576），白云观先后增建了玉皇殿、方丈道舍、厨库钵堂、四帅殿、延庆殿、钟鼓二楼、山门和长生、施斋两堂等。

可以说，明代的白云观虽几经修缮、增建，但与昔日的辉煌相比，仍显得平淡沉寂。进入清代，由于清朝的满洲贵族兴起于关外，入关之前已信奉藏传佛教，因此，他们对道教缺乏信仰与了解，只是在入关以后出于对儒学治国的重视以及笼络汉人的需要，才对道教予以保护，但远不及明朝那样尊崇。不过，道教全真龙门派却在清初出现了中兴景象。

清军入关以后，社会动荡不安，民族矛盾异常尖锐。此种形势之下，全真教龙门律宗第七代律师王常月从隐居的嵩山北上京师，以振兴道教、恢复祖风自任，传戒弘教，挂单于北京白云观，被道众推举为方丈。清顺治十三年（1656），顺治皇帝钦命王常月"主讲白云观，赐紫衣凡三次，登坛说戒，度弟子千余人"。可以说，全真教在为当政者稳定时局的同时，也获得了极大发展。

清康熙元年（1662），在方丈王常月的主持下，白云观得到大规模修整、扩建。《白云观志稿》中有着详细的记载："王常月方丈以观宇颓败，请帑重建。就明内官刘顺所建三清大殿重葺为二层阁楼，上层奉三清，下层奉玉皇，阁左右增二楼，东曰藏经阁，西曰朝天楼，接以东西客堂并东厨西库……三清阁之前处顺堂，兹加修缮，额曰贞寂堂。再前七贞翕光之堂，以奉七贞，盖移李得晟所增塑仙像六躯于此，中座丘祖之像所固有者也。再前为玉历长春之殿，旁建配殿，西曰儒仙，以奉讷庵张本，东曰丰真，以奉张三丰。更前置四帅殿，今之灵官殿也。其前为石梁，即甘河桥，溯重阳甘河迁仙，全真所以开道也。"这一次规模宏大的修建奠定了今日白云观的规模。

清乾隆二十一年，白云观再次进行修缮。此后，乾隆皇帝两次亲临白云观观礼。据《钦定日下旧闻考》卷九十四记载："白云观，本朝乾隆二十一年，奉敕重修，殿内恭悬圣祖御书额曰：驻景长生。七真殿恭悬圣祖御书额曰：琅简真庭。皇上御书额曰：葆素含元。玉皇阁恭悬圣祖御书额曰：紫虚真气。皇上御书额曰：得一以清。……丘真人殿木钵一，乃刳木瘿为之，上广下狭，可容五斗，内涂以金，恭刻皇上御制诗其中，石座承之，绕以朱栏。殿柱恭悬皇上御书联云：万古长生不用餐霞求秘诀，一言止杀始知济世有奇功。"

白云观中的主要道教活动是传戒。传戒仪式既复杂又隆重，耗时久长，早期达一百天，后来减少到五十三天，而传戒人数有时多达六七百人。仅仅从清初至民国初期这近三百年间，受戒的道士就达万名以上。白云观最后一次传戒是在1927年，受戒人数为三百四十九名。清晚期至民国时期，国家动荡，政局混乱，政府无暇自顾，更无力修复和保护各处古建筑遗址，白云观遂走向衰败。

新中国成立以后，白云观获得新生。国家先后于1956年、1981年、2000年出资修葺了白云观，极大地保护了清朝时期道观建筑的风貌，重现道教第一丛林的非凡气象，香火日益兴盛。现在的白云观不仅是道士们的修行之所，也是中国道教协会、中国道教学院及中国道教文化研究所等全国性道教组织、院校及中国道教文化研究机构的所在地。作为我国现存规模最大的道教建筑之一，也作为北京现存历史最久、保存最完好的道观之一，白云观本身就是一个传奇，蕴藏着千余年来道教的兴衰与衍化，吸引着成千上万来自全国各地的朝拜者与参观者，续写着往日的辉煌。

香山之上帝都遗韵

　　位于北京西北近郊的香山，是一处风景宜人的森林公园，自八百余年前的金代开始，便因帝王的垂青而逐渐发展成为规模宏大的皇家园林，文物古迹珍贵丰富，亭台楼阁似星辰散布于山林之间。帝都北京在王朝更迭和外夷入侵中饱经战火洗礼，美丽的香山也未能幸免于难。一些曾经风华无限的景观变成断壁残垣，与依旧优美的自然风光形成鲜明的对比，仿佛在诉说着一段段无法忘却的记忆，也仿佛将人们带入了历史上一段段曾经无比辉煌的岁月。

　　关于香山之名，有两种有趣的说法。其一，香山的主峰之上有一块巨石，形状就像寺院中的香炉。每当山雾弥漫的天气，远远向山峰望去，云雾仿佛是从香炉中袅袅升起，故山峰名为香炉峰，山则命名香炉山，又称香山。其二，古时香山曾有满山杏树，每年春季杏花齐放时，整座山上清香四溢，故得名香山。究竟哪种说法真实，其实已不重要了，因为两种说法都形容了香山的美，令人充满遐想与向往。

　　香山历史源远流长，早在晋代便有点滴记载，但名为"香山"，却是始于辽代。

辽代的北京，为辽"五京"之一，取名南京，又名燕京。曾担任燕京留守一职的辽兴宗之孙耶律淳，于保大二年（1122）在燕京被百官拥立为帝，尊号为天锡皇帝，改年号建福元年，世称北辽，统有燕（今北京市）、云（今山西省大同市）等地。当时正值金军攻辽之际，辽政权已经处于崩溃的边缘。耶律淳只在皇帝宝座上坐了三个月的时间便因病去世。据《辽史·天祚皇帝纪附耶律淳传》记载：耶律淳死后，"葬燕西香山永安陵"。在这段记载中，第一次出现了"香山"的名字，可见辽代便已有这个称谓。

香山见于史书记载在辽代，因帝王而大规模兴建却是在金代。

金正隆六年（1161），东京（今辽宁省辽阳市）留守完颜雍被拥为帝，改元为大定。他的庙号为世宗。金世宗称帝后进据中都（北京），将正在外大举攻宋的海陵王完颜亮废为庶人，同时革新朝政，一方面停止侵宋战争，另一方面励精图治推行改革。他在位二十九年间，出现了"大定盛世"的繁荣昌盛局面，他也因此被赞誉为"小尧舜"。

金代的北京香山，应该也是一处风景秀丽之所。香山之上有香山寺，始建于盛唐时期，最初为吉安、香山二寺，后将二寺合一。辽代时，由于辽人信奉佛教，燕京地区的佛寺极为兴盛，香山寺得以延续。到了金代，祖居于白山黑水之间的金人依然向往亲近自然的质朴生活，因此，在中都修建了许多离宫别苑。香山不仅风光优美，而且距离城区不远，所以金世宗便下旨扩建香山寺。金大定二十六年（1186）三月，香山寺扩建完成。随后，金世宗亲临香山寺，不仅赐名大永安寺，而且赠送良田二千亩、栗七十株、钱二万贯作为寺院资产。为使寺院能够合理利用资产，金世宗甚至亲自与近臣共同经营，足见对香山寺的重视。

金大定二十九年（1189）正月，金世宗病死于中都宫中。他的嫡孙完颜璟继承了皇位，第二年改年号为明昌。他的庙号是章宗。金章宗是一个既懂音律又爱好书画的帝王，自然对好山好水更加情有独钟。他在位二十年，曾七次游幸香山，不仅在香山增建了祭星台、会景楼等建筑景观，还留下了许多传奇的故事。

有一次，金章宗亲临香山大永安寺后，忽然感到有些疲惫，便在寺的南侧小憩。不想却做了一个梦，在梦中见到自己射出的箭落地之处有泉水涌出。金章宗醒来以后就命人依照梦中所指的地方进行挖掘，果真掘出两眼清泉，因此定名为"梦感泉"，也便是日后的"双清泉"。

金章宗还将金中都的八处景观钦定为"燕京八景"，其中就有香山的"西山积雪"。相传，有一年冬天，金章宗在香山观雪后回到皇城，刚欲走下马车，一抬头却看见天气已经雪后初晴。此时的天空分外清澈，于是他便站直腰身，举目向城西的香山望去，只见阳光映照之下的香山分外壮丽。金章宗心情十分喜悦，便随口说道："西山御屏江山固，积雪润泽社稷兴。"由此也就有了"西山积雪"这个赞誉香山冬景的说法。

元代时，"西山积雪"也称"西山晴雪"，在当时的《燕京八景》组诗中被描绘为："玉嵯峨，高耸神京，峭壁排银，叠石飞琼。地展雄藩，天开图画，户列围屏。分曙色，流云有影；冻晴光，老树无声。醉眼空惊，樵子归来，蓑笠青青。"

明代时称"西山霁雪"，也有诗人留下赞誉："西山遥望起岩峣，坐看千峰积雪消。素采分林明晓日，寒光出壑映晴霄。断崖稍见游麝迹，深谷仍迷野客樵。应日阳和气回早，登临未惜马蹄遥。"

及至清代，乾隆皇帝在香山写下了一首《西山晴雪》诗："银屏重叠湛虚明，朗朗峰头对帝京。万壑晶光迎晓日，千林琼屑映朝晴。

寒凝涧口泉犹冻，冷逼枝头鸟不鸣。只有山僧颇自在，竹炉茗碗伴高清。"此后，"西山霁雪"便被钦定为"西山晴雪"。

或许是乾隆皇帝对香山情有独钟，几年之后，他再次为"西山晴雪"赋诗："久曾胜迹纪春明，叠嶂嶙峋信莫京。刚喜应时沾快雪，便数佳景入新晴。寒村烟动依林袅，古寺钟清隔院鸣。新傍香山构精舍，好收积玉煮三清。"而后又将诗作刻在"西山晴雪"碑上，立在香山山腰半山亭北，朝阳洞登山道右侧。时至今日，这座石碑依旧矗立在原处，吸引着慕名而来的观光者。

香山的景色，一年四季各臻其妙，所以，到了元、明、清各代，这里仍旧是帝王们青睐的游历佳境。

元皇庆元年四月，按照元仁宗爱育黎拔力八达的旨意，香山大永安寺被修缮一新，寺院随即被改名为"甘露寺"。此后，寺院几经修葺。明正统六年，司礼太监范公"捐赀市材，命工重建，殿堂、楼阁、廊庑、像设，焕然一新，规制宏丽，蔚为巨刹"。而后，将寺名改为"永安禅寺"。明景泰、天顺年间，永安禅寺几次再修。明成化四年（1468）冬天，御马太监郑同上书朝廷，建议对永安禅寺加以禁护，以防止寺院或林木被外界侵毁，得到明宪宗朱见深的认可。明宪宗下旨禁护永安禅寺，并加封禅寺住持戒缙为朝廷僧禄司右觉义。一时之间，永安禅寺备受恩宠。虽然明代的香山上又修建了多处寺院，但永安禅寺仍是当之无愧的佼佼者。

元、明两代的香山寺院中，还有一处极为精美，它就是始建于元代的碧云寺。

元至顺二年，元丞相耶律楚材后裔耶律阿吉在金代玩景楼旧址上修建寺庙，取名"碧云庵"，后改为"碧云寺"。

明正德十一年（1516），深受明武宗朱厚照宠幸的御马太监于经相中了碧云寺这块风水宝地，渴望"邀福于佛"，于是利用贪污来的

碧云寺

皇家资财大兴土木扩建碧云寺，并在寺庙后面预留了冢域，又在冢上种植了青松。这种做法叫"青松压顶"，实际上是墓葬的一种标记，而生前预造的坟墓则被称为"生圹"。然而，于经在明嘉靖初年获罪入狱，"生圹"并未真正成为他死后的葬身之所。

明天启三年（1623），权倾朝野的大太监魏忠贤同样将碧云寺看作风水宝地，再度大肆扩建寺院，同时在于经"生圹"墓屋的基础上加工扩建自己的死后墓地。只不过造化弄人，魏忠贤没有想到的是，他与于经遭受了同样的命运，在五年后获罪流放，自缢而亡并惨遭戮尸，墓穴也被废弃。

两度被当权太监选为"生圹"而扩建，又两度因太监获罪而废去墓地，历经波折的碧云寺此时已形成了一定的建筑规模，矗立在香山一隅，迎逛着岁月的洗礼。明代万历时人朱长春在《西山游记》中对碧云寺的建筑进行了详细描绘："碧云寺金银宫阙，如王者之居……门堂七重，重累数十阶以高，其除广夷。"

清代是香山发展的黄金时期。深受游猎文化影响的皇帝们并不喜欢久居宫城，对充满野趣的自然风光表现出极大的热爱，离宫别苑的修建在这一时期达到顶点。

康熙十六年（1677），清圣祖爱新觉罗·玄烨开始在风景秀丽的北京西北郊区营建皇家园林，以香山寺一带为中心建成了香山行宫，殿堂、房舍、楼阁、院落、亭台一应俱全，作为皇帝游赏、临幸、驻跸之所。香山行宫建好后，康熙皇帝曾多次游幸，留下了"涧碧溪清""绿筼深处""普照乾坤""来青轩""光明三昧"等匾额及《洪光寺盘道》《来青轩临眺》《驻跸碧云寺》《碧云寺临泉望月》《碧云晓起》《再赋碧云晓起》等诗作。

清康熙四十年（1701），江南道监察御史张瑷奉命巡视京西，在香山碧云寺一带发现墓葬。初时以为是前朝皇帝陵寝，经仔细勘察，才知道是明朝太监魏忠贤的衣冠冢。原来，魏忠贤虽在明末自缢后遭到戮尸，但其党羽葛九思于1644年随清军入京后，还是将魏忠贤的衣冠葬在碧云寺的生圹墓中，变成了一座衣冠冢。张瑷查明真相后，上疏皇帝奏明情况。康熙皇帝随后下旨称："魏忠贤碑墓着交与该城官员，仆毁划平。"很快，碧云寺后的魏忠贤衣冠冢便被铲平。这样的举措代表了一种态度，使两度被当权太监选为"生圹"的碧云寺，不再是当权太监的"邀福于佛"之地，实为清朝皇帝的自我警示，告诫自己免蹈明朝宦官祸国的覆辙。为此，张瑷特意写下了诗赋，称赞康熙皇帝乃"圣德奋起乾纲之举"，"以儆奸邪，以垂鉴戒"。

清乾隆八年，清高宗弘历第一次来到香山，就醉情于这里的山水，在《初游香山》一诗中道出了喜爱之情："为境清且幽……佳趣无不有……俯望畅心神……徘徊不忍去。"或许正是出于这份喜爱，乾隆皇帝决定在康熙年间的规制基础上扩建香山行宫。乾隆九年成立香山工程处，于乾隆十年开始大规模营造香山园林工程。至乾隆十二年，建成了以自然景观为主、具有浓郁山林野趣的大型山地园林，取名"静宜园"，纳入清代著名景观"三山五园"之列。

"三山"之一是香山，"五园"之一是静宜园。这里丘壑起伏，林木繁茂，大小园林建筑群多达八十余处，被乾隆皇帝御笔钦命为著名的静宜园二十八景，构成一道道风景线，深受帝王青睐。

也是在这次营建过程中，香山永安禅寺得到了扩建，形成前街、中寺、后苑的独特寺院园林格局。所谓前街，起自禅寺第一道四柱三间冲天式牌坊，经知乐濠到香云入座牌坊，沿线两侧为买卖街；中寺是指由接引佛殿、西佛殿、圆灵应现殿、钟鼓楼、坛城及配殿组成的寺庙主体；后苑则由眼界宽敞厅、南北爬山廊、青霞寄逸楼环抱为苑，苑中建有詹卜香林阁、水月空明殿。扩建后的寺院由乾隆皇帝御赐"香山大永安禅寺",为静宜园二十八景之一。

永安寺扩建后,绮丽壮观的碧云寺也迎来了发展的契机。

清乾隆十三年,碧云寺进行了大规模的扩建。在保存原有寺院的基础上,在寺后墓圹所在地按西僧所贡奉的图样建起了一座金刚宝座塔,在寺的右侧仿照杭州净慈寺罗汉堂修建了一座罗汉堂,在寺的左侧建起水泉院,由此形成了轴线对称的格局,奠定了碧云寺庞大的规模。此时的碧云寺依山势而起,层层殿堂逐层叠起,三百多级台阶层层上升,六进院落自成格局,布局紧凑,十分宏伟。在寺院的山门上,乾隆皇帝御书的金字匾额"碧云寺",越发彰显出寺院的非凡气势。

可以说,永安寺和碧云寺都在乾隆年间达到了营建的巅峰,这与清高宗乾隆皇帝对香山的特殊喜爱无法分开。据记载,乾隆皇帝一生中数十次游幸香山,从乾隆八年始游至乾隆五十二年(1787)止,每次游幸必驻三五日,留下的诗句多达一千三百余首。乾隆二十六年(1761)和三十六年(1771),乾隆皇帝在为母亲庆祝七旬、八旬大寿时,还特意赏赐三班九老宴游香山,足见香山在高宗心目中的地位。

乾隆皇帝十五子爱新觉罗·颙琰继位后,称清仁宗,年号嘉庆。清嘉庆元年,刚刚即位不久的嘉庆皇帝第一次以皇帝的身份游历了香山。当他走到香山见心斋时,见这处极富江南情趣的院落略显败落,便命令重新修葺,并御书了"见心斋"的匾文,也写下了诗句:"虚檐流水息尘襟,静觉澄明妙悟深。山鸟自啼花自落,循环无已见天心。"

见心斋是皇帝训诫臣属的地方,其名源自宋代朱熹与其弟子的问答语录《朱子语类》第十九卷中的说法:"圣人说话,开口见心,必不只说半截,藏着半截。"嘉庆皇帝钦命修缮见心斋,是对香山这

见心斋

处独具特色的景观分外喜爱，还是借修缮训诫之地暗示自己的政治抱负。嘉庆皇帝真正的想法已不得而知，但修缮后的见心斋却成为香山上不可多得的一处园中之园。这里形成了一座环形庭院式建筑群，布局精巧，造型别致，亭、台、廊、榭与半圆形水池相得益彰，令人仿佛置身于江南园林之中，那种闲情雅致，总能令人心旷神怡。

如果时光能够倒流，或许清代的帝王们首先便会尝试阻止一些劫难的发生。虽然劫难已经成为历史，但是香山却因为一段段不能忘却的历史而变得满目疮痍。

1856—1860 年，第二次鸦片战争爆发，又称英法联军之役。可以说，这次战争是第一次鸦片战争的延续，西方列强不满足于已经取得的特权和利益，蓄意进一步侵犯中国主权，进行经济掠夺。正是在这样的大背景之下，英国借口"亚罗号事件"派兵进攻广州，同时，法国借口法籍天主教神甫马赖在广西被杀，亦出兵入侵，并于 1857 年组成英法联军，攻陷广州。当时的清政府软弱无能，虽然是在组织抵抗，但对战争的形势却根本没有充分的了解，最终导致英法联军于 1860 年 9 月攻陷北京城。

首都沦陷之时，咸丰皇帝已经以"北狩"为名逃往了承德避暑山庄，留下北京城任由英法侵略者烧杀抢掠。就在这场空前浩劫之中，香山静宜园没能逃过劫难，不仅珍藏的大量皇家宝物被劫掠一空，园内建筑也几乎全部被英法联军付之一炬。

身陷火海的香山与步入黄昏的清王朝一样，经历着劫难后的萧瑟。不过，仅仅四十年之后，一场巨大的浩劫再次袭来。

1900 年，英国、法国、普鲁士（德国）、沙俄、美国、日本、意大利、奥匈帝国（今奥地利和匈牙利）等国因与清政府关系恶化，便以镇压义和团、维护本国利益为借口，组成八国联合军队入侵中国，北京城再次沦陷，史称"八国联军侵华战争"。

八国联军的劫掠近乎疯狂，他们如同刽子手般杀人，如同强盗般奸淫妇女，如同匪徒般肆意抢劫，此时的北京，无论是城市还是乡村，都近乎一片废墟。香山虽远在北京西北之郊，但也未能幸免，一代名园瓦砾遍山，几近荒废。

经过英法联军和八国联军的两次空前浩劫之后，香山大永安禅寺只剩下为数不多的几处石制景观，成为仅有的遗迹。如，山门前石桥下方的放生池，取义"知鱼快乐"而命名知乐濠，为静宜园二十八景之一。又如，山门内有乾隆三十八年（1773）御制石碑，碑身用满、汉、蒙、藏四种文字镌刻乾隆皇帝所作《娑罗树歌》。再如，正殿前所立刻经石屏，正面刻有《金刚经》《心经》《观音经》，背面刻有燃灯、观音、普贤三尊佛像。

值得庆幸的是，香山碧云寺、见心斋等景观在浩劫中得以留存，为后世留下了珍贵的文化艺术遗产。

民国时期，香山不仅曾被香山慈幼院占用，也曾被当时的一些达官贵人、军阀巨商选为私人用地，在风景区建起了私人别墅。那段时期里，在清末浩劫中仅存的一些景观都被关闭，香山成了极少数权势人物的专属领地。

1956年，香山作为公园面向公众开放。如今的香山充满无限生机——这里峰峦叠翠，泉沛林茂，站在主峰香炉峰（俗称"鬼见愁"）上尽享京西自然风光；这里的红叶遐迩闻名，每逢霜秋，遍山黄栌，如火似霞，瑰丽无比；被修复后重新面世的碧云寺、见心斋、五百罗汉堂、宗镜大昭之庙、双清别墅无不焕发着灿烂的光彩，吸引着海内外游人的目光，也在向人们倾诉着香山的沧桑历史。

十六帝十三陵

　　北京西北部的天寿山是明朝皇帝的墓葬所在地，因为这里长眠着明代的十三位帝王，所以，天寿山陵墓群被称为"明十三陵"。明十三陵绵延百里，分布于天寿山的盆地之中，包括十三座皇帝陵、七座妃子墓和一座太监墓。前后二百三十余年间，埋葬了包括从迁都北京的永乐大帝到明朝最后一位皇帝崇祯在内的十三位明朝皇帝，以及二十三位皇后、二位太子、三十余名妃嫔和一位太监。十三陵陵区周围群山环抱，皇陵均依山而建，中部为平原，陵前有小河蜿蜒而过，是依山傍水的风水宝地。整个陵区山明水秀，景色宜人。天寿山有幸，相伴帝王左右，与他们一起名传千古。

　　明帝国自明太祖朱元璋灭元立国，至明思宗朱由检自杀亡国，前后二百七十六年，共经历了十六位帝王，然而，北京的天寿山却只有十三位帝王的陵墓。个中原因，只有明王朝自己可以给出答案。

　　明朝于1368年建国，1421年才由明成祖朱棣迁都北京，在这之前的五十三年里，明帝国的都城是南京。1398年，开国皇帝明太祖朱元璋在南京结束了自己波澜壮阔、精彩绝伦的一生，与马皇后合葬于南京钟山南麓的孝陵。

朱元璋驾崩后，他的孙子朱允炆即位，他就是历史上有名的建文帝。然而，建文帝仅仅在位四年，就被他的叔叔燕王朱棣赶下了皇位。1402年农历六月，燕王军队攻入当时的首都南京。在混战中，南京皇宫突然燃起了熊熊烈火。大火被扑灭后，人们发现了几具烧焦了的尸体。据记载，这几具尸体中并没有建文帝朱允炆。从此，建文帝的下落便成了中国历史上的千古之谜，至今，史学界对此仍无定论，建文帝的陵墓更是无迹可寻。

燕王朱棣发动内战推翻了建文帝的统治，登基为帝，并于1421年把首都由南京迁至北京。四年后，戎马一生的朱棣病逝于征伐蒙古的途中，死后葬入十三陵的长陵。

长陵是明十三陵中的第一座皇陵，始建于1409年。修建北京紫禁城的同时，朱棣就开始在距紫禁城五十公里的天寿山上为自己修建陵墓。长陵南起石牌坊，北倚天寿山主峰。陵区四面环山，绿树葱郁，南面有龙虎两山左右对峙，势如天然门户。陵区前奔流不息的河水自西向东而去，就如一个忠诚的卫士日夜守护着皇陵。

长陵陵园规模宏大，建筑气势宏伟，用料十分严格考究，仅地下宫殿就历时四年才告完成，可见陵园施工的精细与工程的浩繁。

长陵的祾恩殿是祭祀朱棣及其皇后的地方，整个殿宇建筑在用汉白玉雕刻而成的三层台基之上。殿内用金砖铺地，六十根直径一米、高十几米的金丝楠木大柱承托着二千三百平方米的重檐庑殿顶。金丝楠木为我国特有的珍贵木材，在皇权至上的封建社会，金丝楠木是皇家的专用木材，民间百姓如有人擅自使用，会因逾越礼制而获罪。在支撑祾恩殿的重檐金柱中，最大的一根高十二点五八米，底径达到一点一二四米，为世间罕见的佳木。祾恩殿面阔九间，进深五间，象征着皇帝"九五至尊"的至高无上地位。

整个长陵，从精心设计的地宫到规模宏大的地面建筑，无不体现了皇家陵墓的气势与庄严。历经六百年的风雨沧桑，长陵依然保存完好。作为中国历史上一代闻名世界的有为君主的陵寝，长陵以它辉煌的建筑艺术及丰富的历史文化内涵，每年都吸引着数以百万计的中外游客和专家学者前来参观游览。

从朱棣葬入长陵开始，天寿山便以它依山傍水的独特魅力成为明朝皇家陵园的最佳选择。历史上，在北京执政和生活的明朝帝王一共有十四位，然而，明十三陵里只有十三位帝王，那位死后没有葬入明朝皇陵的帝王便是明代宗朱祁钰。

朱祁钰作为皇帝，在中国的历史上并没有什么名气，这从他的庙号——代宗，就可以看出他的历史地位。而这个"代宗"的庙号还是在明朝灭亡之后的南明弘光时期加入的，也就是说，在朱祁钰死后很长一段时期，这个曾经的大明皇帝是没有庙号的，没有庙号就等于没有做过皇帝。一代帝王，死后竟然有如此遭遇，如果朱祁钰泉下有知，不知有何感受。

朱祁钰是明宣宗朱瞻基的第二个儿子，是明英宗朱祁镇的弟弟，1428年出生于北京。1435年，明宣宗驾崩，葬入十三陵中的景陵，此时的十三陵中已经有了朱棣的长陵和明仁宗朱高炽的献陵。朱瞻基的逝世，宣告了大明"仁宣盛世"的终结。宣宗长子朱祁镇即皇帝位，时年七岁的朱祁钰被封为郕王。

历史上的朱祁钰和朱棣一样，按照正常的规制，他们是没有机会成为皇帝的，然而历史又给了他们做皇帝的机会。所不同的是，朱棣靠自己的主动争抢谋取了皇位，而朱祁钰做皇帝却是被迫的。

明朝是推翻了元朝的统治后建立的朝代，明朝建立之后，元朝残余势力虽然败退漠北，但他们仍然梦想回到中原，经常对明朝北部边境进行侵扰。明太祖时期，朱元璋在北方修筑长城，设置边镇、卫所，有效地控制了北部边防的形势，维护了国家的安定。朱棣称帝之后，对北部边疆的布防进行了重新部署，初步形成了以京军为后盾分地防御的边防格局，但由于塞北军事重镇大宁（今内蒙古自治区宁城县西）、开平等卫所的撤除，使北疆防线南移，蒙古骑兵乘机不断南下骚扰。

朱祁镇执政的正统年间，瓦剌部首领也先用武力迫使其他部族归服于瓦剌，蒙古又一次形成了表面的统一。与此同时，也先表面上与明朝保持友好，暗地里却伺机南下，图谋入侵。

而此时的明朝实权却控制在一个名叫王振的太监手中。王振本是一个教书先生，在教育领域极其失败的他，为了改变自己的命运，竟然自阉入宫当了太监。入宫的王振确实改变了自己的命运，他得到了明英宗朱祁镇的宠幸，成为有明一代第一个专权的太监。

掌权的王振十分贪财，经常收取蒙古贵族的贿赂，与瓦剌进行走私交易。正统十四年，也先派遣两千人向明朝进贡马匹，为了多领赏赐，竟然诈称三千人。王振发现后，一改往日贪婪的面孔，竟然严肃了一回，不仅按实际人数发放了赏赐，而且把贡马的价格削减了五分之四。没有得到满足的也先十分愤怒，随即以此为借口出兵大举攻击明朝。

在前线战事接连失利的情况下，丝毫不懂军事的王振为了实现自己那可笑的"太监纵马征战四方"的梦想，竟然怂恿明英宗朱祁镇御驾亲征。

此时的朱祁镇对王振言听计从，不顾群臣的激烈反对，在没有充分准备的情况下，率领全部明军精锐草率出兵。

出兵之前，明英宗召见了他的弟弟郕王朱祁钰。在明英宗的眼中，朱祁钰是一个温和、善良的好弟弟，让他留守京师监国理政是不会出现政变、篡权危险的。时年二十一岁的朱祁钰正值青春年少，在此之前，他从未梦想过成为皇帝，性格柔弱的他只想一心一意做好自己的郕王就可以了。然而，谁也没有想到的是，从英宗出征的那一刻开始，兄弟两人的人生就此改变。

由于王振不懂军事，以致在行动中屡屡犯错，明朝军队在土木堡全军覆没，史称"土木之变"。"土木之变"使明朝最精锐的二十万大军毁于一旦，张辅、邝埜等五十余位文武大臣阵亡，英宗被俘。险些毁掉整个国家的太监王振，在混乱中被明军的将领一锤打死，结束了他可耻的一生。

明朝经过几任皇帝几十年的积累，国力渐强，而土木一战，几乎倾尽了明朝所有。明王朝开国不到百年，便遇到了灭国的危机。

此时的朱祁钰不过是一个代替哥哥监国的王爷，平时养尊处优的皇族子弟，突然遇到了这么大的危机，一时又惊又怕，束手无策。整个明王朝也陷入了极度的混乱之中，百姓极度恐惧，臣属人人自危，后宫更是乱作一团。在恐慌之中，很快就爆发了关于南迁的争论，时任翰林院侍讲的徐珵根据天象的变化首先提出了南迁的意见，并很快得到了一些胆小大臣的支持。

在这关键时刻，兵部尚书于谦挺身而出。于谦坚决反对南迁，因为北宋南迁的历史教训就在眼前，而最重要的是明朝皇帝的宗庙和陵寝都在北京，迁都一定会使皇陵被毁，祖先受辱。

郕王朱祁钰听了于谦的话，逐渐镇定了下来。他当即决定赞同于谦的意见，绝不南迁。

而此时的朱祁镇已经成为也先的俘虏，也先带着"大明皇帝"在边关耀武扬威，招摇撞骗。曾经身世显赫的一国之君，此时已经变成也先手中获取政治和经济利益的工具。

面对这种被动的局面，以于谦为首的朝廷重臣与朱祁镇的生母孙皇后商议之后，当机立断，决定立郕王朱祁钰为明朝新的皇帝。朱祁钰，这个本不该做皇帝的人，就这样阴差阳错地被推到了人人梦寐以求的皇位上。然而，面对皇位，朱祁钰表现出来的不是兴奋，而是惊恐。被推为皇帝的朱祁钰百般推辞，坚决不接受让自己当皇帝的意见。

不过，仔细分析一下当时的形势，朱祁钰确实有不敢接受的理由。当时的明朝正处于崩溃的边缘，皇帝被俘，精锐军队被灭，人心涣散。如果也先乘势攻破北京，也许朱祁钰就要替哥哥承担亡国之君的罪名。面对这种种的不利，谁又有足够的勇气承担这个重任呢？

距此时三百多年的宋金时期的旧事并未在记忆中远去，当年金兵南下时，胆小的宋徽宗主动禅位于宋钦宗赵桓，即位两年的宋钦宗赵桓和父亲宋徽宗一起被金人俘虏，最终客死异乡。据说，钦宗即位时，被逼得痛哭流涕。可见，皇帝并不是什么时候都是尊贵的代表，有的时候，还要承受常人无法承受的屈辱。

看到朱祁钰的犹豫，于谦直言哭诉："我们这样做，绝不是为了一己私利，而是为了国家啊！"朱祁钰最终被于谦的忠勇感动，决定临危受命，登基为大明皇帝，年号景泰，朝廷上下从此安定了下来。

也先利用英宗要挟明朝的计划因此失败，气急败坏的也先率领着蒙古骑兵一路攻打到了北京城下。此时的北京在朱祁钰和于谦的治理下，已经恢复了从前的秩序，百姓都恢复了自信，土木堡的阴影已经从这个帝国上空散去。

最终，在于谦的指挥下，明朝取得了"北京保卫战"的彻底胜利，也先损失惨重，退回漠北。宋朝东京城破的悲剧最终没有再次上演，这其中虽然于谦居功至伟，但是，朱祁钰临危受命，担起重任，也是取胜的关键，朱祁钰的威望得到了空前的提高。

"北京保卫战"胜利之后，明朝逐渐恢复了昔日的活力，局面逐渐稳定，朝廷也不断有人提议接回已经被封为"太上皇"的朱祁镇。然而，刚刚到达权力顶峰的朱祁钰却另有打算，他担心回到京城的朱祁镇会重新夺回皇位，因此，久久不愿派人去接自己的哥哥回家。

然而，就在朱祁钰登基的第二年八月，已经失去利用价值的"太上皇"朱祁镇最终还是被放了回来。此时的朱祁镇已经没有了任何奢望，只要能像正常人一样平静地活下去就心满意足了。经过两年的屈辱生活，他已经彻底醒悟，只因自己宠信王振，致使整个国家都处在了水深火热之中，这样的错误是不可原谅的。

面对无所求的哥哥，皇帝朱祁钰却再也不像以前一样温和、善良了。英宗回到北京之后，并没有受到应有的礼遇，在短暂的欢迎仪式之后英宗便被软禁在了南宫，开始了他长达七年的软禁生活。朱祁钰不仅下令锦衣卫前往看守，还命人往南宫大门的锁具灌铅，以确保大门无法打开。为了避免有人与英宗联系，朱祁钰还派人将南宫的树木全部伐光。英宗就在惊恐与饥饿中度过了七年的软禁生活。

此时的朱祁钰在至高无上的皇权驱使下，早已经成了一个自私、狠毒、无情的人，他再也不是朱祁镇的好弟弟了。他紧紧抱着皇权不放，不允许任何人触碰他手中的权力，就像一匹饥饿的狼，死死看护着自己的猎物，谁与它争抢，它就会向谁露出尖利的牙齿。对于此时的朱祁钰而言，皇权比自己的生命还要重要。

记得高中的时候，历史老师曾问我们：是什么让人对封建皇权梦寐以求，甚至不惜以生命为代价？答案是皇权的至高无上。一个普通人成为皇帝之后，就可以达到理论上的无所不能。这样的魔力真的不是普通人能够抵御得了的，它最终让很多本性善良的人变得冷酷邪恶。意外登上皇位的朱祁钰即如此。

景泰八年正月，年仅三十岁的朱祁钰病重。在北京保卫战中因功官至太师的大将石亨，与都督张轨、太监曹吉祥等密谋发动政变，拥英宗复辟，史称"夺门之变"。

朱祁镇复位之后，朱祁钰随即被废黜，同样被软禁了起来。一个月后，他便抑郁而终。

朱祁钰支持于谦反对南迁，在紧要关头临危受命，并与于谦一起取得了北京保卫战的胜利，同时重用了很多被王振迫害的正直之臣，对"土木之变"之后国家的恢复做出了重要贡献。从这一点上来说，他已经尽到了一个帝王应尽的职责，相比于他的哥哥朱祁镇在正统年间的统治，景泰时期的明帝国又恢复了往日的繁荣。

然而，朱祁钰权欲熏心，在处理英宗回归的问题上，表现得过于心胸狭隘。英宗意外回归北京之后，朱祁钰不但没有以礼相待，反而将他软禁了起来。同时在太子问题上他又废黜了英宗的儿子朱见深，立自己的儿子朱见济为太子，显得得寸进尺。这成为他一生最大的污点。

朱祁钰死后，英宗废黜了他的帝号，赐谥号为"戾"，称"郕戾王"。"戾"有罪过、凶暴之意，由此可以看出复位之后的朱祁镇对朱祁钰的痛恨。"郕戾王"是一个恶谥，表示朱祁钰终生为恶，死不悔改。

由于朱祁镇废黜了朱祁钰的帝号，因此，朱祁钰就不能被葬入天寿山中，因为那里是明代皇帝的陵寝，如果把朱祁钰也埋葬在那里，就意味着承认了他的皇帝身份。对朱祁钰恨之入骨的明英宗便以亲王的礼节把景泰皇帝朱祁钰葬在了北京西郊玉泉山北麓的金山口，那里是明代亲王和妃嫔的墓园。在明英宗的心里，金山口本就应该是景泰皇帝死后该去的地方。

如今，在北京城区去往十三陵的途中有"二拨子""四拨子"等地名，据说那都是当年抬景泰皇帝的杠夫换人的地方。民间传说中，景泰皇帝朱祁钰死后，朱祁镇便在用什么礼仪埋葬他的问题上耍起了手段。为了避免群臣的反对，开始时朱祁镇也装模作样地要将朱祁钰按祖制埋在十三陵中，却在暗中买通了杠房的执事与杠夫。送葬的队伍刚出德胜门不远，抬棺木的人就大呼棺材太重，无法继续前行，这样就换了一拨人抬。走了不远这拨人又故技重施，只得再换一拨，就这样换了一拨又一拨，最后棺材停在玄福宫。由此，在去往十三陵的途中便有了二拨子、四拨子等奇特的地名。虽然这只是传说，但也多少反映了民间对于景泰皇帝身份的认同。而许多朝中的大臣更是为朱祁钰鸣不平。

天顺八年（1464）正月，明英宗朱祁镇结束了自己传奇的一生，死后葬入十三陵中的裕陵。

明英宗的一生是复杂的。他宠信宦官，战败被俘，错杀千古忠臣于谦，这些都是他的不光彩之处；复辟之后，他又改弦更张，任用贤臣，特别是临死前废除了朱元璋时期制定的妃嫔殉葬制度，被后世誉为德政。

人无完人，明英宗已长眠于十三陵中五百多年，只留下裕陵葱郁的松林和威严的陵园任凭后世评说他的功过是非。

明英宗死后，其子朱见深继位，年号成化。成化年间，一些正直的大臣开始为景泰皇帝鸣不平，他们认为朱祁钰临危受命，危难之时稳定时局，保卫了京城，使老百姓安居乐业，功劳很大，死后却被英宗谥以"戾"，这很不公平。甚至有人责问，当时若不是景泰皇帝即位，也许明朝就会和北宋一样，京师失守，皇室和百姓受辱，英宗或许再也无法返回家乡了。

明宪宗朱见深深明大义，他对他这位叔叔的功绩非常理解，几经周折，明宪宗最终下旨恢复了朱祁钰的帝号，并把他的谥号由"郕戾王"改为了"恭仁康定景皇帝"。作为朱祁镇的儿子，明宪宗是不太可能为朱祁钰彻底平反的，因此所定谥号仅有五个字，而明朝其他皇帝的谥号都是十七个字。景泰皇帝在规格上较其他皇帝低，而且没有庙号。直到南明弘光时期，弘光帝朱由崧才给景泰皇帝加上庙号"代宗"，并增加谥号到十七个字，从而让景泰皇帝在礼仪规格上最终与明代其他皇帝平等了。而此时，景泰皇帝朱祁钰已经去世近两百年了。

在肯定朱祁钰皇帝身份和功绩的同时，明宪宗朱见深下令将原郕王墓扩建为皇陵，陵墓地面重新修建享殿、神库、神厨、宰牲亭、内宫房等建筑。到明嘉靖时期，明世宗朱厚熜又改建了陵体，将绿色琉璃瓦换成了象征帝王陵寝的黄色琉璃瓦，景泰陵才最终符合了帝陵的规制，只是整个陵寝的规模还是较十三陵的皇陵要小得多。

如今，景泰陵依旧孤独地伫立在通往香山的密林之中，与昌平十三陵相隔遥远，就像一个有家而不能回的孩子，被无情地抛弃在了家园之外。

1487年，明朝第八代皇帝明宪宗朱见深去世，死后葬入十三陵中的茂陵。此后的明朝帝王便全部葬入了十三陵，先后修建了明孝宗朱祐樘的泰陵、明武宗朱厚照的康陵、明世宗朱厚熜（嘉靖皇帝）的永陵、明穆宗朱载垕的昭陵、明神宗朱翊钧（万历皇帝）的定陵、明光宗朱常洛的庆陵、明熹宗朱由校的德陵以及明思宗朱由检（崇祯皇帝）的思陵。

其实，若不是历史的机缘巧合，明王朝的皇陵很有可能是十二陵而不是十三陵，那位险些没有自己陵墓的皇帝就是崇祯皇帝朱由检。

崇祯十七年三月，李自成的农民军攻破北京城，崇祯皇帝在北京煤山（今景山公园内）自缢身亡，明朝灭亡。两天之后，人们才发现这个早已僵硬的明朝国君。李自成命人用两扇门板将帝后尸体停在东华门外，装入柳木棺内，并搭盖了临时灵棚。四月初，李自成的大顺政权派人将崇祯皇帝与同样自缢而亡的周皇后草草葬入天

远望定陵

寿山田贵妃的墓穴之中，并未为他单独修建陵墓。一代皇帝，死后竟然落得如此下场，可见亡国之君的凄惨。

崇祯十七年五月，清军入关把李自成赶出北京城，最终统一了天下。统一之初，为了缓和民族矛盾，笼络人心，顺治皇帝下令在田贵妃墓的基础上为崇祯皇帝营造皇陵，命名为思陵。在十三陵的所有陵墓中，思陵是最小、最简陋的一座。然而，崇祯皇帝也应该满足了，作为一位亡国之君，有人为自己修建皇陵已经非常不易了。

至此，十三陵正式形成。明十三陵是一个整体性极强、布局主从分明的大型皇帝陵墓群。整个陵区面积约四十平方公里，东、西、北三面环山，围墙依山而建。

神路是明十三陵陵区前的一组附属建筑群。

石牌坊是神路建筑群的第一座建筑物，始建于嘉靖十九年，五楹六柱结构，由汉白玉雕砌而成，宽为二十八点八六米，高达十四米，是现存建造时间最早、规模最大的石坊建筑。石牌坊上刻有精美的龙、麒麟、狮子等图纹浮雕，虽然历经近五百年的风雨侵蚀，图纹浮雕上原本色彩艳丽的彩漆早已剥落，但精美与辉煌却依旧散发着光彩。

石牌坊向北，路的左右两侧各盘踞一座小山，分别为龙山（也叫"蟒山"）和虎山（俗称"虎峪"），取义"左青龙，右白虎"，守卫在十三陵大门前两侧。

十三陵的大门名为大红门，又称为大宫门，红墙黄瓦，辟有三券门。作为陵区的正门，大红门尽显皇陵的无上威严，两侧各立下马碑一座，上刻"官员人等至此下马"，提示进入陵区者，均需自此步行。

从石牌坊起始，穿过大红门直到长陵，是一条神道。神道原本只为长陵而修筑，随着陵园皇陵的增加，神道便成为整个陵区的主陵道，并在神道北段修建了支路，通向各陵。

神道中央设有重檐歇山顶碑亭一座，亭中的"大明长陵神功圣德碑"雕刻于宣德十年（1435），高六米多，立于龙首龟趺之上。碑文由明仁宗朱高炽撰于洪熙元年（1425），多达三千五百余字，记录了明成祖朱棣一生的丰功伟绩。

石像生是帝王陵墓前安设的石人、石兽的统称，主要为了显示墓主的身份等级地位而建，也有驱邪、镇墓的作用，是封建社会皇权仪卫的象征。这种象征起始于秦汉时期，帝王为了延续生前的荣耀，会在死后的陵前布置排场，效仿在世时举行大典时的场景。不仅有文臣武官恭立两侧，还会将彰显皇威的狮子、大象等动物装在御道两旁的笼子里，只是人和动物都变成了石人、石兽，威严和气势却异曲同工。

从大明长陵神功圣德碑碑亭向北，石像生分列神道两侧，共有石兽二十四只、石人十二个。明十三陵石像生数量众多，造型生动，雕刻精美，是我国古代陵园中少见的大型石雕群，深得国内外游客的喜爱。

石兽共分六种，包括狮、獬豸、骆驼、象、麒麟、马各四只，均呈两立两跪状。之所以选择这些动物守护十三陵神道是有特殊含义的：雄狮，威武善战；獬豸为我国古代传说中的上古神兽，俗称"独角兽"，传说它善辨忠奸，发现奸邪之人，就会把他吃掉；而麒麟则寓意吉祥，是传说中的"仁兽"；骆驼和大象，象征着淳朴勤劳，代表了忠于皇权，无私效力；骏马代表了奔跑，寓意勇往直前。石人由勋臣、文臣、武臣各四尊组成，拱手执笏，虔诚伫立，是守候皇帝的近身侍臣。

十三陵各陵以长陵为中心自成陵园，规模大小不一，形制大致相同。从1409年明成祖朱棣为自己修建长陵开始，到清朝初年

大红门

（1644—1660）为崇祯皇帝营建思陵为止，整个皇陵的修建跨越了两百余年。

经历几百年的雨雪风霜，十三陵虽然也遭受过严重的自然和人为破坏，所幸最终还是较为完整地保存了下来。从文化的角度来说，正是这些皇陵的存在，才让那些关于明朝帝王、关于中华民族的种种记载变得真实而具体，而不只是书本上那些抽象的文字。

潭柘寺的兴衰与轮回

气势恢宏的潭柘寺，并不是一座人们固有印象中的清幽寺庙，那雄伟的大雄宝殿和散发着华美气质的殿阁，与幽静空灵的普通庙宇截然不同，似乎在诉说着往日的繁华与高贵。然而，当你真正了解了潭柘寺的前世今生，你也许会说：它本就应该如此。毕竟，在漫长的时光里，无数的帝王将相在这里进香礼佛，造就了一座有千年历史的皇家寺院。

早在一千七百多年前的西晋愍帝时期，佛教开始传入北京地区。在如今的北京门头沟区东南部的潭柘山上，人们修建了这一地区最早的一座寺庙。千年前的北京还被称作幽州，是西晋的北部边陲。那时的幽州没有丝毫京师的踪影，只是一座戒备森严的军事重镇而已。人们在这里过着平凡的生活，日夜不息地劳作，只为能让自己和家人不用忍饥挨饿。至于寺庙的建立，似乎与他们的生活并无太大的关联。

正因为如此，寺庙初建时的规模并不大，名字也不叫潭柘寺，而是称为嘉福寺。如今，佛教作为世界三大宗教之一，时刻影响着

潭柘寺山门

我们的社会、文化和生活，而在当时，幽州商业凋敝，百姓文化水平不高，信仰佛教的人寥寥无几，所以在很长一段时间内，幽州的佛教发展十分缓慢，这直接妨碍了嘉福寺的发展壮大。

一百多年后，中国历史进入南北朝时期，由于皇帝和贵族官僚的信仰和尊崇，佛教终于得到迅速发展，民间也兴起了一股信佛之风。然而，就在嘉福寺准备借机发展之时，历史却风云突变。由于佛教势力的扩张太过迅猛，使政府利益不断受损，所以北魏太武帝、北周武帝先后顶住各方压力积极开展"灭佛"运动。在这场运动中，佛像几乎全部被毁，寺庙被收为国有，寺院僧人也都被勒令还俗。"灭佛"运动在当时确实起到了积极的作用，极大地促进了社会生产力的发展，但是，对于本就弱小的嘉福寺来说，这场运动不啻为灭顶之灾。由于"灭佛"运动较为彻底，北方佛教势力几乎被扫荡一空，地处北部的嘉福寺在一片腥风血雨之中彻底荒废。

如果历史就这样发展下去，经过千年的风吹雨打，也许，在今天的潭柘山上，我们连一片寺庙的残瓦也无法找到了，甚至连"潭柘山"的名字也不会留存至今。然而，经过近百年的荒芜，嘉福寺却迎来了重生的机会。

690年，中国历史迎来了唯一一位正统女皇帝——武则天。这唯一的女皇信奉佛教，使荒废百年的中国佛教又因皇家而兴起，嘉福寺也借着佛教兴起的东风再次回到人们的视野中。佛教是讲究轮回的，嘉福寺因皇帝而废又因皇帝而兴似乎是对这一教义的完美注解。

武则天万岁通天年间（696—697），唐代高僧华严和尚云游到幽州。每天傍晚的时候，华严和尚闭目诵读《华严经》，全城百姓都能听到他清晰的诵经声，就好像在自家庭院里诵读一样真切。华严和尚因此名震幽州，百姓都认为他是真佛现身，纷纷对华严和尚顶礼膜拜。在时任幽州都督张仁愿的邀请下，华严和尚来到了潭柘山。山上的嘉福寺早已破败，因为华严和尚的到来而迎来新生。张仁愿出资购买了嘉福寺附近的土地，在嘉福寺的基础上，华严和尚带领僧众扩建寺院。扩建后的寺院比嘉福寺占地面积更大，呈现出了前所未有的生机。因寺院后山有"龙泉""泓泉"两眼泉水，经青龙潭合流后，穿过寺院向南流淌，成为寺院的用水之源，因此，华严和尚将新建的寺院命名为"龙泉寺"。

因为寺院的青龙潭水惠及了附近的村民，而潭柘山上生长最多的就是柘树，因此，民间直到今天也一直称呼这座寺院为"潭柘寺"。华严法师是佛教华严宗的高僧，在他的精心维护下，潭柘寺的名声日隆，华严和尚也被称为潭柘寺的"开山祖师"。

潭柘寺之所以被称为皇家寺院，原因之一是它的命运常常系于皇帝的个人喜好。唐武宗崇信道教，他下令在全国排毁佛教，潭柘寺因此再次被冷落，走向荒芜。

经历了荣辱兴衰的潭柘寺没有了第一次荒芜时的绝望，它在历史的变迁中学会了耐心地等待。又经历了五代时期佛教禅宗的兴盛和在辽代的衰微之后，历尽沧桑的潭柘寺终于在金代迎来了辉煌的曙光。此时的潭柘寺已走过了八百年的时光。

12 世纪是中国民族大融合的重要历史时期，那时，宋、金、西夏、辽等政权并立，彼此之间纷争不断，民众因战争而大规模迁移，极大地促进了民族大融合。

金由女真族建立。女真族原本是中国东北部的古老游牧民族，曾向契丹人称臣，直到 1115 年，才由金太祖完颜阿骨打建国。北宋宣和七年（1125），金人大举南下，占领了北宋燕山府。

此后不久，金熙宗完颜亶成为北京地区的主人。他是金太祖完颜阿骨打的嫡孙，1135 年登上帝位。金熙宗是一位有作为的君主，他迷恋中原文化，即位之前就向汉人文士韩昉学习汉文。他喜欢雅歌儒服，会用汉字赋诗作词。即位以后，他更加勤奋地学习汉文典籍，对汉族文化有了更加深刻的了解。随着了解的深入，他逐渐意识到了汉族政治制度的优越性，决心对女真旧制进行一系列的改革。

随后，金熙宗废除了金早期辅佐皇帝的勃极烈制度，也同宋、辽一样实行汉官制度，设立三师、三省，加强了皇权。自天眷元年（1138）始，金熙宗正式颁行官制，确定了封国制度，规定百官的仪制与服色，并开始大规模修建宫殿，这就是历史上的"天眷新制"。

金的都城位于现在的黑龙江省哈尔滨市阿城区，金太宗时期修建。都城由两个不同的长方形组成，城墙周长十一公里，南面城墙模仿唐城样式筑造。金熙宗即位之后大肆扩建都城，不但城市建筑金碧辉煌，而且交通发达，水路、驿路一应俱全。宫殿的大量修建，使女真人逐渐结束了到处漂泊的游牧生活，生活也随之稳定下来。

也就是在这个特殊的历史时期，金熙宗完颜亶于皇统元年（1141）亲临潭柘寺礼佛祈福，决定拨款对潭柘寺进行整修和扩建，并为潭柘寺赐名"大万寿寺"。这是历史上第一次有国君到潭柘寺进香，从此，历尽苦难的潭柘寺正式迈入了皇家寺院之列。

金熙宗当时的举动虽然可能只是为了巩固自己的统治，但他的这一做法却进一步提高了潭柘寺的地位，后世帝王多有效仿，更加促进了潭柘寺香火的繁盛。

今天，潭柘寺金刚延寿塔后边地阶的崖壁旁，有一座金章宗明昌五年（1194）镌刻的石碑。这是潭柘寺现存最古老的一块石碑，距今已八百多年。石碑上记录的是当年的重玉禅师写的《从显宗幸潭柘》一诗，石碑的字迹经过八百多年的岁月侵蚀大部分都已辨认不清。

清代乾隆年间编写的《钦定日下旧闻考》中收录了这首七言古

诗，名为《从显宗皇帝幸龙泉寺应制诗》，全文如下：

> 一林黄叶万山秋，
>
> 銮杖参陪结胜游。
>
> 怪石斓斒蹲玉虎，
>
> 老松盘曲卧苍虬。
>
> 俯临绝壑安禅室，
>
> 迅落危崖泄瀑流。
>
> 可笑红尘奔走者，
>
> 几人于此暂心休。

诗题中的"显宗皇帝"就是完颜允恭，他是金世宗的第二个儿子。历史上的完颜允恭并未真正做过皇帝，只是在死后才被追谥为光孝皇帝，庙号显宗。完颜允恭为皇后乌林答氏所生，初始时被封为楚王。大定二年（1162），按照"在礼贵嫡"的封建宗法制度，作为皇后之子被册封为皇太子。金世宗在晚年每次遇到身体有恙，不能参加一些重要活动时，便委派皇太子代为出席。就是在这一时期，完颜允恭代替父皇前往潭柘寺上香。

历史记载，完颜允恭"体貌雄伟、孝友谨厚"，他十分喜欢诗词歌赋和绘画，最擅长画人、马和墨竹。完颜允恭于大定二十五年（1185）六月去世，终年三十九岁。他死后金世宗非常伤心，为了纪念他，在第二年便立了他的儿子完颜璟为皇太孙，定为皇位的继承人。大定二十九年，金世宗病逝于中都宫中，皇太孙完颜璟继承皇位，是为金章宗。很快，即位后的章宗追谥其父完颜允恭为"体道弘英文睿德光孝皇帝"，庙号"显宗"。由此，后世才将从未做过皇帝的完颜允恭称为"显宗皇帝"。

《从显宗幸潭柘》的诗文中，记录的正是作为皇太子的完颜允恭亲临潭柘寺，代替父皇金世宗完颜雍礼佛的场景。透过诗句的描绘，仿佛回到了八百多年前的胜境。潭柘山上古树林立，怪石嶙峋，显宗在众人的护拥下游寺赏景，当时的场面应该是十分壮观的。如果显宗皇帝的寿命长一些，他或许会是潭柘寺迎来的又一位帝王吧。

金代的统治者都非常重视佛教，潭柘寺禅学因此得以昌盛，广慧通理禅师开性就是其中的代表人物。开性，俗姓侯，九岁出家为僧，拜嘉福寺戒振禅师为师，学习临济宗佛学。天眷初年，参礼临济宗高僧佛日禅师于汴梁，后赴辽阳、韩州等地弘扬佛法。天德初年，奉海陵王旨令，开性任竹林禅寺住持。竹林寺是中都名寺，住持皆为临济宗耆宿。

大定初年，潭柘寺善海禅师带领僧众来到竹林寺，恭请开性主持潭柘寺法席。开性任潭柘寺住持期间，对寺院进行了大规模整修和扩建，前后长达十余年。明代《补续高僧传》记载了潭柘寺修建工程中的开性："其始工也，凿山之际，有巨石崩坠，轰声如雷，众骇避。师恬弗为顾，石至师而止，不远寻尺，若有神御之者。"扩建后的潭柘寺，殿宇堂舍焕然一新，整体布局更加雄伟气派。开性还制定了《寺中规条》作为寺内僧众的生活规范，整顿了寺院的僧务。在朝廷的支持及开性的努力下，潭柘寺的禅学得以振兴。开性在寺内弘扬佛法，并著有《语录》三篇。他是金中都地区公认的禅宗临济宗的领袖，并使潭柘寺成为临济宗的中心寺院，大大提高了潭柘寺的地位。开性终老于潭柘寺中，圆寂后被佛门尊为"广慧通理"禅师。

经历了金代的繁盛，潭柘寺并没有再次因为改朝换代而荒废。北京成为元代的都城后，潭柘寺也以其金代在北京地区的巨大声誉理所当然地再次成为元朝统治者的皇家寺院。

在潭柘寺的观音殿内，至今仍供奉着大元妙严公主的"拜砖"，这是一件极为珍贵的历史文物。妙严公主有着显赫的身世，她是元世祖忽必烈的女儿，是成吉思汗的孙女。如此金枝玉叶之身，本该过着锦衣玉食、安逸享乐的生活。然而，为了赎清自己和家人杀人无数的罪过，在元统一天下之后，她毅然来到了潭柘寺出家为尼。

在斡难河辽阔的草原上，她骑着骏马，在原野里自由地奔驰，那时的她是一个快乐的少女，高傲却善良；在蒙古军队四处征伐，横扫千军的战场上，她挥舞马刀，从容地指挥着千军万马，那时的她是一个为国征战的将军，坚毅却残忍。如今，在远离尘世的潭柘寺里，她每日诵经念佛，拜地祈祷。见惯了尸横遍野、血流成河的人间地狱，本以为那就是自己今生的宿命，当一切都成过往，世界和平的时候，她那曾经无比坚硬的灵魂，终于再也经不起良心的拷问。寻找归宿的时候，除了佛门，似乎已无他处可以安身。

我们相信妙严公主是虔诚的，因为日复一日的跪地祈祷，竟把殿内的方砖磨出了两个深深的脚窝，不知道早已故去的妙严公主那无处安放的灵魂是否得到了最终的宁静。约八百年后，当人们看到她的拜砖时，谁又能再强求这个本性善良的公主做什么呢？

元代统治者在中原的统治时间并不长，前后不到百年。到了元末，元顺帝对潭柘寺的喜爱到了无以复加的地步。他不仅经常到潭柘寺上香，而且还请潭柘寺住持雪涧禅师享用御宴，并且由他的皇妹亲自下厨。这样的礼遇对潭柘寺来说，也可以算是前无古人后无来者了。

元朝的统治虽然短暂，但是有了妙严公主和元顺帝的推崇，潭柘寺皇家寺院的地位得到了前所未有的巩固。

潭柘寺与明朝皇室的关系更加紧密，这还要从一个不像佛家弟子的和尚说起。之所以说他不像佛家弟子，是因为在他人生的大部分时间里，他都在做着与僧人毫不相干，甚至有违佛家教义的事情。

这个和尚叫姚广孝，江苏长洲（今江苏省苏州市）人，生于1335年，当时正值元末，天下大乱。姚家世代为医，然而生于乱世的姚广孝并没有继续家族事业，在十四岁的时候就出家为僧了，法号道衍。出了家的僧人本应每天念经诵佛、打扫庭院、修身养性。然而，也许姚广孝生来就与众不同。他不在寺院安心礼佛，居然拜道士席应真为师，向他学习阴阳术数之学。

《明史》记载，姚广孝曾经到嵩山寺云游，路上遇到了一个叫袁珙的相士。袁珙见到姚广孝，当即大惊失色，指着姚广孝说："是何异僧！目三角，形如病虎，性必嗜杀，刘秉忠流也。"袁珙所说的刘秉忠也是一个出家人，但是他最重要的角色却是元代的政治家，帮助忽必烈制定了元朝的典章制度。姚广孝听了袁珙的话居然非常高兴，可见，他并不是一个一心向佛的善人。

但是，明朝建国初期，在朱元璋的努力下，社会逐渐稳定，姚广孝只是一个僧人，国家大事并不需要他的参与。年华流逝，转眼已快六十岁的姚广孝眼看功名无望，渐渐陷入了绝望之中。

然而历史终究没有抛弃心有大志的道衍和尚。1382年，马皇后去世，朱元璋为他的几个儿子挑选高僧，请他们在王府为马皇后诵经荐福。道衍和尚抓住了这个机会，选择当时还是燕王的朱棣，并与他一同回到了燕王的封地北京。

自打进入燕王府之后，姚广孝就不断与朱棣密谋，劝说他造反。然而，朱棣一直犹豫不决。朱元璋去世后，他的孙子朱允炆继承皇位，为了解决藩王对皇权的威胁，建文帝朱允炆决定削藩。在形势的逼迫和道衍和尚的周密策划之下，燕王朱棣终于在1399年农历七月起兵造反。经过三年的艰苦拼杀，朱棣最终在1402年攻陷南京，并自立为皇帝，这就是后来的永乐大帝。在整个造反过程中，道衍和尚都是朱棣的重要谋士。

在朱棣登上皇位之后，道衍和尚却放弃了唾手可得的荣华富贵，他虽然接受了官职，却没有还俗。在他看来，他成就一番伟业的志向已经完成，生来就与众不同的他并不是为名利才起兵造反的。这其实并不容易被常人理解，要知道"造反"是要冒生命危险的，拿生命做赌注，总得换回更多的东西才算值得，比如无上的权力，比如享之不尽的荣华……然而，道衍和尚什么都没要，功成之后，居然来到潭柘寺继续修行，过起了隐居生活。也许，他有着和当年的妙严公主相同的心境。他虽然没有亲自杀人，但是整个行动都来源于他的策划，他是不折不扣的主谋。

道衍和尚在潭柘寺修行期间，明成祖朱棣曾几次来寺中看望他的老战友。在寺里，相信两人谈论的再也不是起兵造反的阴谋与杀戮，而是社会安宁与天下苍生。后来，朱棣对编撰一年而成的《文献大成》甚为不满，钦点道衍和尚主持编撰。道衍和尚离开潭柘寺，耗时数年，终于帮助朱棣完成了他心目中的史书巨著，即闻名世界的《永乐大典》。虽然离开了潭柘寺，但道衍和尚在寺院修行时的住所，时至今日仍留存完好。

沿着东观音洞上行不远便可以看到一处断壁残垣，残垣四周长满了高大的树木。这个现在看来十分简陋的小院子，就是道衍当年在潭柘寺的居所。由于他生前曾被朱棣封为"太子少师"，因此他居所的门庭上书写着"少师静室"四字。如今，当年那个如病虎、性嗜杀的道衍法师早已随着历史的车轮不见了踪影，只剩下"少师静室"一段破败的围墙和一个窄窄的门洞与潭柘寺的青山绿树为伍。

此后，明代的统治者都非常重视潭柘寺，潭柘寺在皇室的支持下进行了多次整修和扩建，其影响也不断扩大。

宣德年间（1426—1435），诚孝昭皇后用自己的私房钱对潭柘寺又进行了整修和扩建。正统三年（1438）二月到第二年九月，潭柘寺再次大兴土木，在皇室的资助下，扩建寺院，广造佛像。

万历二十三年（1595），神宗皇帝朱翊钧任命达观大师为潭柘寺的钦命住持。达观大师，本名真可，为"明代四大高僧"之一。他经常奉诏进宫为皇室讲经说法，使潭柘寺与朝廷的联系愈发密切，也因此得到了来自皇室的资助。在达观大师的主持下，潭柘寺进行了大规模的整修。

至此，潭柘寺的规模已经十分庞大，寺院建筑众多，佛像遍布。不仅明朝皇室出资整修潭柘寺，民间的善男信女也大多到潭柘寺上香拜佛、祈福消灾，就连宫里的太监也争相为潭柘寺出力。明代的潭柘寺已经成为北京地区乃至全国具有代表性的宏刹巨寺，许多外国人也慕名来到这里学习佛法，其中包括日本的无初德始禅师、东印度的底哇答思大师、西印度的连公大和尚等高僧大德。他们将潭柘寺视为"西天佛国"，甚至终老于此，比如九十岁的底哇答思大师就在潭柘寺圆寂，墓塔建于寺院塔林。

1644年，清军入关，明亡清兴。中国历史上最后一个封建王朝诞生了，古老的潭柘寺也进入了最辉煌的历史时期。

有清一代，共有康熙、雍正、乾隆、嘉庆四位皇帝到潭柘寺拜佛赏景。康熙皇帝曾两次驾临潭柘寺，他在位期间又对潭柘寺进行了大规模的整修，使其成为北京地区乃至全国最大的一座皇家寺院。雍正皇帝虽然忙于政务、深居简出，但是他也抽出时间特意到潭柘寺进香。雍正皇帝之后，乾隆皇帝和嘉庆皇帝也都到过潭柘寺，如今在潭柘寺到处都可以看到乾隆皇帝的墨宝。

有了帝王的重视，潭柘寺不断扩张。鼎盛时期的潭柘寺有房九百九十九间半，俨然是皇宫的缩影。

所谓"物极必反，盛极必衰"，达到鼎盛的潭柘寺最终随着封建

潭柘寺内大雄宝殿

王朝的结束而走上了下坡路。虽然北京市园林局在 1950 年接管了潭柘寺，对它加以保护并对游人开放。但是，在 1966 年开始的"文化大革命"中，曾被无数帝王将相参拜扩建的潭柘寺自然无法逃脱厄运。在那段混乱的时期，潭柘寺遭受了严重的破坏。1968 年潭柘寺彻底关闭，停止对游人开放。

1978 年，改革的春风吹来，北京市人民政府重新修缮了潭柘寺。1980 年 8 月 1 日，潭柘寺再次正式向游人开放。

2007 年，潭柘寺举行了隆重的建寺一千七百周年庆祝活动。

如果潭柘寺也有生命，它该高傲还是卑微？曾经在一部纪录片里出现过这样的描绘："他是宠儿，也是弃儿；他被追逐，也被放逐。"这句话是写给当年一位已经失意的足球明星的。今天，再回望潭柘寺，不知为什么，突然想起了这句话。

面对这样一座附着了皇家恩宠的寺院，我们是应该如古人一样继续尊崇它还是批判它？面对历史，我们似乎应该多一些思考。

长城何止万里千年

被称为"世界中古七大奇迹"之一的长城，是古代中国为抵御侵袭而在不同历史时期断续修建的一类军事防御工程的统称。它不仅是中国古代劳动人民智慧的结晶，也是中华民族的象征。自春秋时期开始，长城陆续修建了两千多年，分布于中国北部和中部广阔的土地上。

如此浩大的工程不仅在中国，就是在世界上也是绝无仅有的。正如联合国教科文组织世界遗产委员会对长城的评价："约公元前220年，一统天下的秦始皇，将修建于早些时候的一些断续的防御工事连接成一个完整的防御系统，用以抵抗来自北方的侵略。在明代（1368—1644），又继续加以修筑，使长城成为世界上最长的军事设施。长城在文化艺术领域的价值，足以与其在历史和战略上的重要性相媲美。"

作为中国和世界上修建时间最长、工程量最大的一项古代防御工程，长城何止万里？又何止千年？

人们常说：不到长城非好汉。这项伟大的建筑奇迹背后，究竟蕴藏着怎样的神奇历史呢？

　　长城的修建始于春秋战国时代，最早的时候由楚国建造，叫作"方城"，此后各诸侯国为了防止北方的匈奴、东胡等游牧民族的侵袭，相继修筑烽火台，并用城墙连接起来，这便是日后长城的雏形。不过，修筑了城墙的齐、楚、魏、赵、韩、燕都没有摆脱灭亡的命运，秦始皇扫平六国，实现了统一大业。不过，一统天下的秦始皇，仍旧对游牧民族心存畏惧，正如史书所载："至于战国，井田始废，而车变为骑。于是寇钞易而防守难，不得已而有长城之筑。"因此，秦始皇不仅将秦、赵、燕三国的北部长城予以修缮连接，又于嬴政三十三年（前214），委派大将军蒙恬率领三十万大军北伐匈奴，占据河套，在新扩展的疆域上修筑长城。

　　可以说，秦长城的修建充满了血泪，带着"用险制塞"的理想，大将军蒙恬调动了数十万军队和百姓修筑长城。虽然修筑者在工程中死伤无数，可谓每一段长城都浸染了鲜血，但在蒙恬看来，修建长城的意义已经超过了所付出的代价。嬴政三十五年（前212），因敢于直谏而触怒秦始皇的皇长子扶苏，被发配到了上郡（今陕西榆林东南鱼河堡镇），协助蒙恬进行长城的修筑。一位是深得秦始皇信任的大将军，一位是秦始皇心中所属的皇位继承者，为了秦的未来，他们对长城的修建不遗余力。但造化弄人，这两个人却都在秦始皇病逝后难逃被赐死的命运。秦长城前前后后修建了十二年，伴随着秦始皇的逝去与秦王朝的灭亡，长城的修建也不了了之。然而，这十二年却成为正史中记载的大规模修筑长城的工程中持续时间最长的一次。

　　汉朝继续对长城进行修建，以抵御北方匈奴的侵袭。汉朝是当时世界上的东方第一帝国，从汉文帝到汉宣帝，筑成了一条全长近一万公里的长城，成为中国历史上最长的长城。

南北朝时期，统治中原地区的北朝各朝代北魏、东魏、北齐、西魏、北周都不同规模地修筑过长城，其中北齐修筑的长城规模最大。

隋朝是一个短命的王朝，修筑长城的记载比较清楚。隋文帝时，为防范突厥，多次于冬季征发壮丁修筑长城。隋炀帝时，曾两次于夏季大规模征发劳力修筑长城，还留下了赞颂长城的诗篇《饮马长城窟行》："肃肃秋风起，悠悠行万里。万里何所行，横漠筑长城。岂合小子智，先圣之所营。树兹万世策，安此亿兆生……"事实上，整个隋朝修筑长城的时间不过数月。

唐朝时，由于北方的突厥已经被击败，因此，这个时期并未建造长城。宋朝时，幽云十六州已被划入辽、金的疆域，修筑长城用于防御已变得没有意义。金朝为防御蒙古人，继续修筑长城，其修筑的长城在历史上被称为"金界壕"或"金边堡"。到了元朝，作为统治者的蒙古人自然不需要过多考虑对游牧民族的防范，所以仅对一些关口做了必要的修缮，而对于长城的利用也并没有太多军事上的考虑。

如今我们能见到的长城遗迹，基本上都是明长城。明朝统治中国二百七十余年，断断续续从未停止过对长城的修缮和对长城防御体系的经营，大规模的修缮工程达五十余次之多，最终形成了东起辽宁鸭绿江边、西至甘肃嘉峪关，横跨辽宁、河北、天津、北京、山西、内蒙古、陕西、宁夏、甘肃九个区域的明代长城。全长达八千八百五十一点八公里，平均高六至七米、宽四至五米。可以说，在中国历代长城中，明长城建造规模最大，功能最完善，技术水平与质量也最高。

北京地域内的明长城对北京乃至全中国都产生着深远的影响。当时的北京不仅是北方军事重镇，更自永乐十九年始成为明朝的都城。此地的防护屏障与政治、经济、军事、文化息息相关，兵燹之祸与皇权之争无不在长城上留下了清晰的印记。

古北口长城居于山海关、居庸关两关之间，是长城的重要关口之一，素有"京师锁钥"之称，为中原地区与松辽平原、内蒙古之间的咽喉要地。古北口长城包括北齐长城和明长城两部分，由卧虎山长城、蟠龙山长城、金山岭长城和司马台长城共四个城段组成。

早在西周时期，古北口便因战争筑墩设防。至汉代，汉武帝刘彻为防止匈奴入侵中原，决定在古北口驻兵布防，并建造"奚城"，在此地多次阻击匈奴的进犯。虽然秦长城、汉长城的修建都没有经过古北口，但其咽喉地位在当时已十分明显，许多入侵战争都以攻占古北口为发端。

北朝时期，为了防御突厥、奚和契丹等北方游牧民族的侵扰，各朝非常重视长城。据《北史·齐本纪》记载，北齐天保七年（556），"自西河总秦戌（山西大同西北）筑长城，东至海（山海关），前后所筑，东西凡三千余里"。古北口就在这一时期修筑了长城，成为北齐长城中的一段。由于长城是用土石修筑，加之较为低矮，历经岁月的侵蚀后，能够留存后世的遗迹并不多见。

南北朝之后的隋、唐两代，古北口长城均得到了修缮利用。唐代，取义幽州北之重要关口而为"北口"，因此地自古筑墩设防为"古"，始命名"古北口"。依据唐制，边疆设立的驻军机构从大至小依次称为军、守捉、城、镇、戍。唐朝在古北口便设有守捉，屯兵驻守，防备幽州长城之外的奚族，因此，古北口又称"奚关"。

古北口长城的大规模修建是在明朝。明朝初年，明太祖朱元璋命令攻占了元大都的征虏大将军徐达修筑长城城关，其中就包括古北口。明洪武十一年（1378），徐达在古北口修筑了关城，分别在东、南、北三个方向设置大门，增修了多处关口、烽火台等关塞设施，并在北齐长城的基础上加固墙体以增强防御能力，使古北口与居庸关同为保护北平的重要门户。

有明一代，觊觎中原的北方游牧民族屡次扰边，古北口首当其冲成为其入侵之地，最著名的当属"庚戌之变"。明嘉靖二十九年（1550）八月，鞑靼部俺答汗聚兵十余万大举入侵。俺答汗在以骑兵进攻古北口之际，另外派出一队骑兵寻找长城的缺口进入，绕到明军背后发起攻击。腹背受敌的明军全线溃败，退守至北京城内。俺答汗指挥大军长驱直入，不仅进犯天寿山诸皇陵，而且直抵北京城外。虽然明世宗朱厚熜诏令诸镇将帅统兵勤王，但面对兵临城下的敌军，明朝兵马并没有出战的勇气，只是留守城内观望。俺答汗率兵在城外肆无忌惮地焚掠了八天之久，才从容地带着掠夺来的财物、牲口及平民扬长而去。因为这一年是庚戌年，这一事件被称为"庚戌之变"。

"庚戌之变"使明廷深感忧虑，越发意识到了长城的重要作用，于是决定修缮并增建长城。事件发生之后的第二年，朝廷便开始长城的修筑工程，不仅修缮了损坏的墙体，而且从镇边城向东至山海关将千里长城连为一体，并将蓟镇黄花城所辖长城向北与宜镇四簿治所辖长城相接。但此次修筑工程并未修筑墩台、烽火台，城墙也较为低矮，一旦鞑靼骑兵入侵，仍难以抵挡。

嘉靖四十五年（1566）十二月，明穆宗朱载垕即位，改元隆庆。朱载垕非常重视边疆军事，在大臣张居正的举荐下，任命抗倭名将谭纶和戚继光分别担任蓟辽总督及蓟镇总兵。不久后，谭纶上奏朝廷："蓟、昌二镇东起山海关，西至镇边城，延袤二千四十余里，防守甚艰，宜择要害，酌缓急，分十二路，每百步或三五十步，筑一墩台，共计三千座。计每岁可造千座。"三千座墩台最后改为了一千五百座，至隆庆五年（1571）八月全部建完，"楼堞相望，二千里声势相援"。戚继光在修复古北口长城时，在北齐长城墙外加砌了城砖，起到加固作用，从而形成了著名的古北口双长城。

时光荏苒，古北口长城已经经历了千年风雨。如今的古北口长城作为北齐长城和明长城的代表，较为完整地保留了原貌，文物和历史价值不言而喻。特别是古北口长城线上的司马台长城，构思精巧、设计奇特、结构新颖，独具"险、密、奇、巧、全"五大特点。墙体有单边墙、双边墙、垛口障碍墙等七种；城墙有单面墙、双面墙、梯形石墙；敌楼样式有两层、三层、扁形、圆形、拐角形、两眼、三眼、四眼、六眼、二十四眼；楼顶样式，有平顶、穹隆顶、八角藻井顶等六种：许多都是司马台长城独有，堪称万里长城的精华。著名长城专家罗哲文教授曾赞誉道："中国长城是世界之最，而司马台长城又堪称中国长城之最。"

八达岭长城位于北京延庆区军都山关沟古道北口，海拔一千余米，盘踞在崇山峻岭之中，是历史上有"天下九塞"之称的中原长城要塞中的一个，代表了明长城的精华。

八达岭长城地理位置十分重要，拱卫京师，守卫皇陵。明代蒋一葵所著《长安客话》中说："出居庸关，北往延庆州，西往宣镇，路从此分，故名八达岭，是关山最高者。"可见八达岭的地理战略地位。

从明代弘治十八年起，八达岭长城开始长达八十余年断断续续的营建，最终成为城关相连、墩堡相望、重城护卫、烽火报警的严密防御体系。关城的东门额题"居庸外镇"，刻于嘉靖十八年（1539）；西门额题"北门锁钥"，刻于万历十年，记载了八达岭长城在嘉靖、万历年间的修葺经历。

从八达岭向南，是一条狭长的溪谷，俗称"关沟"，蜿蜒约四十里，依次经过上关、居庸关、南口等关城。广义的居庸关是指整个

八达岭长城

峡谷区域，狭义的居庸关则指居庸关关城所在地。居庸关位置重要，为北京西北门户，是华北平原通向内蒙古高原的唯一捷径，自古便是兵家必争之地。作为居庸关的前哨和外镇，八达岭高踞关沟北端最高处，居高临下扼住关口，即为北口，"自八达岭下视居庸关，如建瓴，如窥井"，也便有了"居庸之险不在关而在八达岭"的说法。

长城无言，却见证了无数历史事件的发生，特别是作为中原要塞的八达岭，更历经了岁月的洗礼。

秦始皇统一六国后，十年间曾五次巡游天下。嬴政三十二年（前215），第三次巡游的秦始皇东临碣石（今河北省昌黎县境内），之后又巡视北部边疆，返程时就是经过八达岭前往上郡，再返回咸阳。

元太祖铁木真重创金兵，围攻中都，首先便要经过八达岭。元代统一天下由上都迁都大都（北京）以后，每年四月至九月，皇帝往上都避暑，秋后再回大都，"岁以为常"，每年都要两次经过八达岭。

洪武元年正月，明太祖朱元璋在应天府（南京）即皇帝位，国号大明。此前，朱元璋已封徐达为征虏大将军，以"驱逐胡虏，恢复中华，立纲陈纪，救济斯民"为纲领，率二十五万大军北进中原，以推翻元朝统治。徐达领兵北伐，矛头直指大都。此时，大都城内一片混乱，元顺帝妥懽帖睦尔早已吓得心惊胆寒，准备逃离大都向北躲避。大臣们听说元顺帝的想法后，一时议论纷纷，虽然明知大厦将倾，仍建议死守。元顺帝也是内心凄凉，思索良久，叹气说："时至今日，岂可再当宋朝的徽钦二帝！"当年，宋徽宗、宋钦宗就是在大势已去时被金兵所掳，亡国后受尽凌辱。元顺帝不想步其后尘，才做此决定。于是，就在这天深夜，元顺帝一行出了健德门，一路向北疾行，天亮时已经走到了关沟。元顺帝每年往返大都、上都之间，都是走这条路，如今再走此路，却是百感交集。以往元朝江山稳固时，"上都避暑频来往，飞鸟犹能识衮龙"，一路上一片热闹，曾有诗人写出"碛中十里号五里，道上千车连万车"的诗句，形容当时的场景。此时的情境却大相径庭，逃生路上凄凄惶惶。想起日日夜夜"宫中舞女斗腰肢"的生活已成过去，来日未卜，元顺帝内心痛苦万分。日暮时分，车骑登临八达岭长城，元顺帝站在长城之上，回首望向大都的方向，心生悲戚。他与难以割舍的大都相背而行，手中的皇权也已渐行渐远……这是元顺帝最后一次望见大都，也是最后一次登临八达岭长城。元顺帝北逃，标志着元朝作为全国统一政权的终结。在朱元璋看来，元顺帝能够"知顺天命，退避而去"，实为明智之举，所以在其死后特意赐给他"顺帝"的尊号。

此后，明代帝王北伐、李自成攻陷北京、清代天子亲征、慈禧太后西逃……接连上演，八达岭都是必经之地。一段集巍峨险峻、秀丽苍翠于一体的长城，留下了无数珍贵的历史回忆。

慕田峪长城位于北京怀柔区境内，山势缓陡，曲直相间，极富立体感，是明朝万里长城的精华所在。此段长城的建筑构造独具特色，不仅敌楼、敌台、墙台、铺房密集，还拥有双面垛口及内、外支城，且东南面有三座敌楼并矗一台的正关台，为长城之罕见；西北面有建在海拔一千多米的"牛犄角边"和建在山峰峭壁上的"箭扣""鹰飞倒仰"等长城景观，险峻峥嵘，起伏连绵，蔚为壮观。

特别是箭扣一段的长城景观，充分展现了惊、险、奇、特、绝的特点，不仅是北京地区内最险峻、雄奇的长城，也是明代万里长城最著名的险段之一。箭扣长城蜿蜒曲折呈"W"状，形如满弓扣箭。关于它的名称来历，还有一段传说。据说当年修建箭扣长城时，这一段还没有确定的名字。有一天，一位地方官员前来考察长城，发现箭扣长城十分险要、雄伟，而且在群山之中仿佛一个洞口，于

箭扣长城

是就命名为涧口长城。可是当他回到朝廷以后，又觉得名字有些不妥，就反复思索，忽然想到了"一箭扣双雕"的古话，不觉拍案，将这段长城叫作箭扣长城。

慕田峪长城历史悠久，就在正关台的东南侧，有一段名为"半截边"的长城，旁边立有一碑，记录了一段传奇的历史。

当年秦始皇下令修筑万里长城后，向各地发放了修边资金。监修慕田峪长城的官员穆旺十分认真，领到资金后，很快就进行了一番详细规划。他在仔细分析过实地情况以后，觉得有一处山峰地势险要，如果不加以利用，很可能会被犯境的敌人抢占，威胁到长城的防范功效。因此，他认为应该在慕田峪长城的主线之外，于该山峰处加修一段长城，不给敌人以可乘之机。穆旺认为加修工程的规模很小，算不上需要惊动朝廷的大事，就擅自做主开了工。没想到的是，他的举动却被另一位监修官员拿去做文章，上告到朝廷，说他不遵旨意、妄自独断，有藐视朝廷之嫌。秦始皇获悉此事后，当然不满有人私自更改他既定的长城线路，于是便命人将监修官穆旺就地处斩。穆旺在临死前才知道，自己为朝廷利益所做的决定竟被坏人利用了，内心冤屈，却无法辩解。正午时分，监斩官一声令下，刽子手砍下了穆旺的人头。说来也怪，穆旺被砍杀时本来是跪在地上的，可是人头被砍下以后，无头的穆旺却站起身来。此时，满山的官丁民夫都大呼监修官冤枉。监斩的官员想，或许这位监修官果真是冤死，不然怎么会出这等怪事？于是他便冲着直立的无头尸体说道："如果穆监修官果真屈死，那就等我回朝廷禀报圣上，在此处为你树碑立传，歌颂你一世功德。"监斩官的话刚刚说完，直立的尸体便倒在地上了。

碑文中的记载或许是传说，不过不管怎样，今天的慕田峪长城正关台东南侧，果真有一段长城从主长城方向岔出，延伸到东南的一个山头上，又戛然止住。这段"半截边"长城修筑得特别精细，居于要地而易守难攻，仿佛在诉说着已经远去的历史。

北齐时期，慕田峪曾筑有长城。明朝初年，明太祖朱元璋手下大将徐达在北齐长城遗址上重建。明永乐二年（1404），建慕田峪关。嘉靖二十二年（1543），蒙古朵颜部入侵，围兵于慕田峪长城。经几度鏖战，守备陈舜被杀，慕田峪面临失守危险，幸好总兵王继祖火速增援，最终击退敌军，保卫了京师。隆庆三年，戚继光、谭纶镇守京畿时，又在明初长城的基础上加以修葺。

慕田峪长城地势险要，素有"危岭雄关"之称，自古便是拱卫北京和皇陵的军事屏障，是我国现存的明代长城中保存最完好、最具代表性的段落之一。

长城在明代达到发展的黄金时期，在清代却走入营建的终结。

事实上，关于究竟该不该修长城的争论由来已久。

民间流传的孟姜女哭长城的传说和"长城万里长，半是秦人骨。一从饮河复饮江，长城更无饮马窟"的诗句，无不是对长城修建之灾的控诉。

明代朝臣陈建则提出了修建长城的五大弊端："工程浩大，所费不赀，一也；劳役军民，怨烦兴，二也；逼近寇境，胡骑出没，丁夫惊扰不时，三也；筑之纵成，旷远难守，久益颓废，四也；胡寇倏来，动辄数万，溃墙而入，无异平地，反为所笑，五也。兴此役者，殆所谓运府库之财，以填庐山之壑，百劳而无一益。以此为策，策斯下矣。"

尽管反对之声不绝于耳，但一直到明末，修筑长城的举动都未曾停止。然而，当明朝气数已尽时，气势雄伟的万里长城却阻挡不了汹涌而来的满洲铁骑。伴随着明朝的灭亡，清政权统治了中国。在清朝皇帝的眼中，长城的修建则成为值得商榷的话题。

　　清圣祖康熙皇帝是一个既尊重游牧传统，又崇尚汉传统文化的皇帝，他当然不愿意让长城隔断南方与北方游牧民族的联系。他视主张"天下一家"的"参天可汗"唐太宗李世民为榜样，对李世民的一些思想也颇为认同。李世民认为修长城是"重困我民"，曾经说："隋炀帝不能精选贤良，安抚边境，惟解筑长城以备突厥，情识之惑，一至于此。朕今委任李勣于并州，遂使突厥畏威遁走，塞垣安静，岂不胜远筑长城耶？"康熙皇帝对李世民的观点很有共鸣，他认为：守国之道，不在修长城，而在修德安民。民心悦，则"众志成城"。

　　康熙三十年（1691）五月，古北口总兵蔡元上疏朝廷，陈述他所管辖的古北口一带长城"倾塌甚多"，请求予以修整。康熙皇帝看过奏折以后，明确表示否定，并御笔亲批："秦筑长城以来，汉、唐、宋亦常修理，其时岂无边患？明末我太祖统大兵长驱直入，诸路瓦解，皆莫敢当，可见守国之道，惟在修德安民，民心悦服则邦本得而边境自固，所谓'众志成城'者是也。如古北、喜峰口一带，朕皆巡阅，概多损坏，今欲修之，兴工劳役，岂能无害百姓？且长城延袤数千里，养兵几何方能分守？蔡元见未及此，其言甚属无益，谕九卿知之。"

　　在康熙皇帝看来，他宁可去修筑一座无形的"民心"长城，也不愿"兴工劳役"并"养兵分守"。康熙皇帝能够有这样的想法，并不是一朝一夕形成的，而是源自多时的思考。康熙皇帝在位时，曾多次巡狩塞外并来往于北京和盛京之间，长城的不少著名的关口，如古北口、居庸关、山海关等，都留下了他的足迹，也留下了他的诗篇。每次面对多年失修、渐有破败的长城，康熙皇帝都会有所思考。

　　正是在思考之后，康熙皇帝表示："昔秦兴土石之工，修筑长城，我朝施恩于喀尔喀，使之防备朔方，较长城更为坚固。"他还认为，不修长城不是因为不能修，而是因为它无用。以德施于人，使人众志成城，较长城更为坚固。

重民心的康熙皇帝中止了长城修建历史的延续，此后，清代没有一位帝王对长城进行过大规模的修筑。虽然没有继续修建有形的砖石长城，清朝却在长达一百三十四年的康熙、雍正、乾隆时期内，实现了国内安定且又拒敌于边境之外，开创出中国历史上享有盛名的"康乾盛世"，足以成为后世巩固统一多民族国家、协调好民族关系的榜样。在"固国不以山川之险"的思想指引下，明代成为长城修建史的最后一个朝代。

如今，长城作为中国历史上最有名的工程之一，成为载入史册的一项奇迹。到北京旅游，一定要到长城看一看，感受一下长城的辉煌。

参考文献

（明）宋濂等撰：《元史》，中华书局，2005。

（清）张廷玉等编：《明史》，中华书局，1974。

（明）蒋一葵著：《长安客话》，北京古籍出版社，2001。

（清）于敏中等编撰：《钦定日下旧闻考》，北京古籍出版社，2001。

章乃炜等编：《清宫述闻（初、续编合编本）》，紫禁城出版社，2009。

北京市文物保护协会编：《北京古都历史文化讲座》，北京燕山出版社，
　　2009。

侯仁之、邓辉著：《北京城的起源与变迁》，北京燕山出版社，1997。

王剑英著：《明中都》，中华书局，1992。

北京市西城区社会科学界联合会编，王粤主编：《北京的文化名片：什刹
　　海》，中华书局，2010。

北京市西城区文化委员会编、刘季人编撰：《北京西城文物史迹》，北京燕山
　　出版社，2011。

李定一著：《中华史纲》，中国长安出版社，2012。

北京市正阳门管理处编撰：《北京正阳门》，北京燕山出版社，2009。

故宫博物院宣传教育部编：《“紫禁城图片展”巡展图册》，故宫出版社，
　　2012。

陈光主编：《中国历代帝王年号手册》，北京燕山出版社，2009。

高阳著：《明朝的皇帝》，广西师范大学出版社，2006。

陈刚、朱嘉广主编：《明清皇城》，北京出版社，2005。

王南等编著：《北京古建筑地图》（中），清华大学出版社，2011。

陈戍国著：《中国礼制史》（元明清卷），湖南教育出版社，2002。

黄现璠著：《中国封建社会史》，广西大学图书馆，1952。

梁思成著：《中国建筑史》，生活·读书·新知三联书店，2011。

黎先耀、罗哲文著：《中国博物馆》，五洲传播出版社，2004。

北平市政府秘书处编著：《旧都文物略》，1935。

李路珂等编著：《北京古建筑地图》（上），清华大学出版社，2009。

北京大学历史系《北京史》编写组：《北京史》，北京出版社，1999。

故宫博物院编印：《故宫导引》，1954。

国立北平故宫博物院印行：《增订故宫图说》，1935。

金世绪等著：《漫话十三陵》，天津古籍出版社，2000。

北京市颐和园管理处编：《颐和园》，北京出版社，1978。

天坛公园管理处编：《天坛公园志》，中国林业出版社，2002。

中国圆明园学会主编：《圆明园》，中国建筑工业出版社，2007。

詹跃华、金沛霖编著：《北京国子监史话》，首都图书馆编印，2010。

（清）文庆、李宗昉等纂修：《钦定国子监志》，北京古籍出版社，2000。

邹鑫：《北京孔庙的祭孔典礼》，《人民日报》（海外版），2007年11月9日。

地坛公园管理处编印：《记忆中的地坛》，2010。

北海景山公园管理处编：《北海景山公园志》，中国林业出版社，2000。

香山公园史志编写组编印：《香山公园大事记》，中国林业出版社，1990。

赵润星、杨宝生著：《潭柘寺》，北京燕山出版社，1986。